NATURA

Biologie für Gymnasien

bearbeitet von

Bernhard Knauer
Inge Kronberg
Hans-Peter Krull

Evolution

Ernst Klett Verlag
Stuttgart • Leipzig

1. Auflage

1 11 10 9 8 | 2020 19 18 17

Autoren
Bernhard Knauer, Dr. Inge Kronberg, Hans-Peter Krull

unter Mitarbeit von
Dr. Irmtraud Beyer, Prof. Dr. Harald Gropengießer, Prof. Dr. Siegfried Kluge, Hans-Dieter Lichtner, Dr. Horst Schneeweiß, Gerhard Ströhla, Dr. Wolfgang Tischer

Redaktion
Detlef Eckebrecht

Mediengestaltung
Andrea Lang

Layoutkonzeption und Gestaltung
Prof. Jürgen Wirth, Visuelle Kommunikation, Dreieich unter Mitarbeit von Eveline Junqueira, Matthias Balonier und Nora Wirth

Umschlaggestaltung
normal Industriedesign, Schwäbisch Gmünd; unter Verwendung eines Fotos Avenue Images GmbH (Index Stock/Catrina Genovese), Hamburg

Reproduktion
Meyle + Müller, Medien-Management, Pforzheim

Druck
Aprinta, Wemding

Printed in Germany
ISBN 978-3-12-045350-5

Gefahrensymbole und Experimente im Unterricht

Experimente im Unterricht

Eine Naturwissenschaft wie Biologie ist ohne Experimente nicht denkbar. Auch in Natura Oberstufe findet sich eine Reihe von Versuchen. Experimentieren mit Chemikalien ist jedoch nie völlig gefahrlos. Deswegen ist es wichtig, vor jedem Versuch mit dem Lehrer die möglichen Gefahrenquellen zu besprechen. Insbesondere müssen immer wieder die im Labor selbstverständlichen Verhaltensregeln beachtet werden. Die Vorsichtsmaßnahmen richten sich nach der Gefahr durch die jeweils verwendeten Stoffe. Daher sind in jeder Versuchsanleitung die verwendeten Chemikalien mit den Symbolen der Gefahrenbezeichnung gekennzeichnet, die ebenfalls auf den Etiketten der Vorratsflaschen angegeben sind. Dabei bedeuten:

 C = ätzend, *corrosive*: Lebendes Gewebe und Material, das mit diesen Stoffen in Berührung kommt, wird an der betroffenen Stelle zerstört.

 F = leicht entzündlich, *flammable*: Stoffe, die durch das kurze Einwirken einer Zündquelle entzündet werden können.

 Xi = reizend, *irritating* (X für Andreaskreuz): Stoffe, die reizend auf Haut, Augen oder Atemorgane wirken können.

 Xn = gesundheitsschädlich, *noxius* (schädlich): Stoffe, die bei Einatmen, Verschlucken oder Hautkontakt Gesundheitsschäden hervorrufen können.

Inhaltsverzeichnis

Evolution

Seit über dreieinhalb Milliarden Jahren gibt es Leben auf der Erde. Erdgeschichtliche Untersuchungen dokumentieren, dass sich aus ersten einfachen Lebewesen bis heute eine erstaunliche Vielfalt entwickelte. Alle Veränderungen, durch die das Leben auf der Erde von seinen ersten Anfängen bis zu seiner heutigen Vielfalt gelangt ist, bezeichnet man als *Evolution*. Dabei geht es nicht nur um die Vielfalt der Arten, sondern auch um die Vielfalt innerhalb einer Art. Diese Variabilität ist letztlich das Ausgangsmaterial der Evolution. Auch der Mensch macht sich Sorten und Rassen für die Züchtung von Nutztieren und Kulturpflanzen zunutze. Die Erhaltung der Vielfalt der Lebewesen gilt als wichtigstes Ziel in der globalen Entwicklung, aber erhalten kann man nur, wenn man auch versteht, wie diese Vielfalt entstanden ist, wodurch sie beeinflusst oder möglicherweise bedroht wird.

Wohl keine Teildisziplin in der Biologie ist so eng mit einer bestimmten Person verbunden wie die Evolutionslehre mit CHARLES DARWIN. Er formulierte aufgrund detaillierter Naturbeobachtungen die Selektionstheorie, in der er Variabilität, Selektion und Isolation als wichtigste Faktoren der Evolution klar erfasste. DARWIN erkannte die Bedeutung der Variabilität, ohne etwas über ihre Ursachen zu wissen. Erst die Erkenntnisse aus der molekularen Genetik und der Populationsgenetik ließen eine Vertiefung von DARWINS Idee zur *Synthetischen Evolutionstheorie* zu. Mutation und Rekombination des genetischen Materials führen zu den beobachteten abgestuften Ähnlichkeiten unter den Individuen. Neue Arten bilden sich durch Aufspaltung vorhandener Arten. Auf der Grundlage der Verwandtschaft der Arten lässt sich ein Stammbaum der Lebewesen konstruieren.

Im Gegensatz zu vielen anderen wissenschaftlichen Theorien, die nur im engen Kreis der Fachleute diskutiert werden, bewegte die Theorie DARWINS die Öffentlichkeit zu leidenschaftlichen Stellungnahmen. Stein des Anstoßes war eine besondere Konsequenz aus der Selektionstheorie: Auch der Mensch lässt sich in den Stammbaum einbeziehen, er gehört in die Verwandtschaft der Affen. Der Stammbaum der Menschen und damit unsere eigene Geschichte wurde inzwischen durch unzählige Fossilfunde weiter aufgeklärt, wird aber nach wie vor kontrovers diskutiert.

Das Denken und Forschen in Evolutions-Fragestellungen ist heute zum Leitmotiv der meisten biologischen Arbeiten geworden.

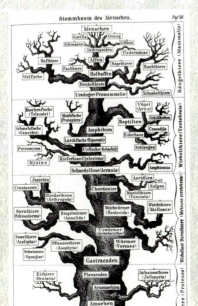

Huhn, Truthahn
Mensch
Affe
Hund
Nilpferd
Schildkröte
Pinguin
Wal
Pferd
Weizen
Neurospora (Schimmelpilz)
Klapperschlange
Kaninchen
Candida (Soorpilz)
Thunfisch
Känguru
Motte
Frosch
Bäckerhefe
Drahtwurm

Stammbaum des Menschen. *Taf.XII.*

ERNST HAECKEL (1874)

„Die Verwandtschaft aller Wesen einer Classe zu einander sind manchmal in Form eines grossen Baumes dargestellt worden. Ich glaube, dieses Bild entspricht sehr der Wahrheit. Die grünen und knospenden Zweige stellen die jetzigen Arten, und die in jedem vorangegangenen Jahre entstandenen die lange Reihe erloschener Arten vor. In jeder Wachstumsperiode haben alle wachsenden Zweige nach allen Seiten hinaus zu treiben und die umgebenden Zweige und Äste zu überwachsen und zu unterdrücken gestrebt, ganz so wie Arten und Artengruppen andere Arten im großen Kampf um's Dasein überwältigt haben."

CHARLES DARWIN (1859)

Artenvielfalt und Variabilität

In einer Schafherde sehen für ungeübte Personen alle erwachsenen Schafe gleich aus (Abb. 2). Der Schäfer kann die Tiere in seiner Herde auseinanderhalten, er hat durch Erfahrung einen Blick für die individuellen Unterschiede. Entsprechendes findet man bei Individuen allerorten auf der Erde. Individuen unterscheiden sich in vielen Eigenschaften, wie z. B. Form und Größe, Färbung, Stimme, Schnelligkeit, Stoffwechselfähigkeiten, Blatt- sowie Blütenanzahlen. Alle Individuen einer Art sind verschieden. Diese Form der Vielfalt wird *Variabilität* genannt. (→ 160/161)

Daneben sieht man in Wiesen und Wäldern auch eine immense Vielfalt an unterschiedlichen Arten. Einige davon fallen kaum auf, da sie zu klein sind oder verborgen leben. Diese Vielfalt der Arten wird *Diversität* genannt. Sie wird besonders deutlich, wenn man einmal in ferne Länder reist und dort unbekannten Pflanzen und Tieren begegnet.

Was ist eine Art?

Jeder aufgeschlossene Beobachter kann in seiner heimatlichen Umgebung Pflanzen und Tierarten eindeutig identifizieren. Man orientiert sich dabei am Aussehen, wie z. B.

2 Variabilität in einer Schafherde

an Gestalt und Färbung, an Stimme, Aktivitätszeiten und anderen Merkmalen. Auch unter Berücksichtigung der Unterschiede zwischen den Geschlechtern oder zwischen Jung- und Alttieren bleiben die Unterschiede zwischen den Arten deutlich. Auf diese Kriterien stützt sich der *morphologische Artbegriff*: Eine Art ist eine Gruppe von Lebewesen, die in allen wesentlichen Merkmalen untereinander und mit ihren Nachkommen übereinstimmen.

Population
Gruppe von Individuen einer Art in einem bestimmten Gebiet

Genpool
Gesamtheit aller Allele in einer Population

morphologischer Artbegriff
Gruppe von Lebewesen, die in wesentlichen Merkmalen untereinander und mit ihren Nachkommen übereinstimmen

biologischer Artbegriff
Gruppe von Individuen, die untereinander potenziell kreuzbar sind und von anderen Gruppen sexuell isoliert sind

Europäische
Kohlmeise

Japanische
Kohlmeise

1 Artenvielfalt

Für die Bestimmung von Organismen im Gelände ist dieser morphologische Artbegriff unverzichtbar. Viele Arten kommen jedoch in weiten Teilen ganzer Kontinente sowie darüber hinaus vor und in entfernter gelegenen Regionen findet man dann auch Individuen, deren Merkmale dem gewohnten Bild nicht mehr ganz entsprechen, wie beispielsweise die Kohlmeisen in Japan (Abb. 6.1). Dann muss die Frage nach der Artzugehörigkeit anders beantwortet werden.

Hierzu kann man sich vorstellen, dass es zwischen allen Individuen einer Art auch indirekte genetische Verbindungen gibt. Anlagen für ein Merkmal können im Laufe vieler Generationen durch den Genaustausch zwischen Artgenossen überallhin verbreitet werden *(Genfluss)*, wo Individuen dieser Art leben. Die Urahnen mancher Individuen können dann auch weit voneinander entfernt gelebt haben. Alle Individuen einer Art gehören damit derselben Fortpflanzungsgemeinschaft an. Darauf gründet der *biologische Artbegriff*:

Alle Individuen aus Populationen, die sich unter natürlichen Bedingungen potenziell untereinander kreuzen können, gehören derselben Fortpflanzungsgemeinschaft und damit derselben Art an; ihre Gene bilden einen gemeinsamen *Genpool*, der von den Genpools anderer Arten isoliert ist.

Arten sind veränderlich

Seit langem züchten Menschen Pflanzen und Tiere nach ihren Vorstellungen. Dabei wählen sie z. B. aus einer Tierart diejenigen Individuen zur Fortpflanzung aus, deren Eigenschaften sie bevorzugen. Durch wiederholtes Auswählen veränderten sie auf diese Weise die Arten, die sich schließlich von ihrer Urform deutlich unterscheiden (s. Seite 24).

Aber auch ohne menschlichen Einfluss verändern sich Arten. So fiel auf der Galapagos-Insel Daphne im Jahr 1977 die Regenzeit praktisch aus. In dieser Zeit vertrockneten die krautigen Pflanzen, deren kleine Samen den dortigen Darwinfinken als Nahrung gedient hatten (s. Seite 38). Viele Vögel verhungerten in dieser Zeit, über 80 % aller Tiere starben. Vor allem traf dies aber die kleineren Individuen, da die verbliebenen großen und harten Samen nur von großen Individuen mit dickem Schnabel verwertet werden konnten (Abb. 1). Nach der Dürre dominierten Individuen mit dickem Schnabel. Die Art hatte sich deutlich verändert.

Das Beispiel zeigt einen Evolutionsprozess. Unter *Evolution* versteht man jede Veränderung von Arten. Natürliche Einflüsse, die wie die Dürre Arten verändern können, sind allgegenwärtig wirksam. Evolution findet darum immer und überall statt, wenn auch nicht immer so drastisch wie auf Daphne. Die Evolutionsforschung beschäftigt sich mit solchen Vorgängen und mit der Entstehung von Vielfalt. Es stehen zwei Fragestellungen im Mittelpunkt des Interesses:

Zum einen geht es darum, gegenwärtig wirkende Mechanismen zu finden, die Arten verändern, wie z. B. die Finken auf Daphne (s. S. 38). Die Mechanismen müssen dabei überprüfbar sein. Zur Klärung dieser Fragestellung dienen auch aus plausiblen Annahmen entwickelte Modellvorstellungen.

Zum anderen enthält Evolutionsforschung eine historische Sicht, indem sie den tatsächlichen Ablauf der Evolution auf der Erde aufzudecken versucht. Dieser ist einmalig und vergangen, kann also nicht mehr direkt beobachtet werden. Man versucht daher, ihn mithilfe bekannter Mechanismen und naturwissenschaftlicher Gesetzmäßigkeiten aus Chemie, Physik und Geologie zu rekonstruieren.

Evolution
alle Prozesse, die zur Entstehung des Lebens in seiner heutigen Vielfalt geführt haben

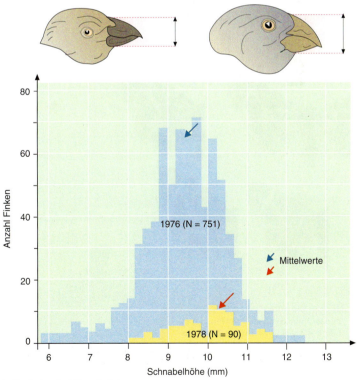

1 Evolution bei Darwinfinken

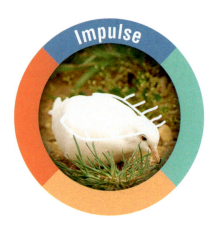

Impulse

Lebendige Vielfalt

Vielfalt erkennen und nutzen

Nur auf den ersten Blick scheinen die Individuen einer Art gleich auszusehen. Alle Falter des Braunen Bären (s. Abb. unten) haben sich aus einem einzigen Gelege des gleichen Muttertieres entwickelt, kein Individuum gleicht dem anderen vollkommen. Die äußerlichen Farbvarianten lassen vergleichbare Varianten im Stoffwechsel, Verhalten und im Genotyp vermuten.

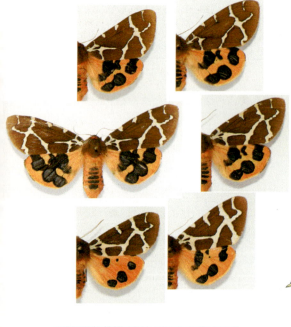

Machen Sie entsprechende Studien an den Nachkommen von Haustieren, indem Sie z. B. eine Guppy-Zucht im Aquarium anlegen oder die Geschwister eines Katzenwurfes miteinander vergleichen.

Vielfalt verstehen und erklären

Schon seit Urzeiten war der Mensch umgeben von anderen Lebewesen, die er für das eigene Überleben nutzte oder mied. Dabei hat er nicht nur Fähigkeiten entwickelt, diese zu unterscheiden, sondern auch nach Erklärungen für die lebendige Vielfalt der Arten *(Diversität)* gesucht. Es lassen sich zwei Grundtendenzen unterscheiden:

— *Konstanz der Arten:* Die aktuell beobachteten Formen hat es immer gegeben, nach Katastrophen können evtl. neue Typen entstehen.
— *Evolution der Arten:* Die aktuell beobachteten Formen unterscheiden sich von vergangenen und von zukünftigen, Populationen entwickeln und verändern sich.

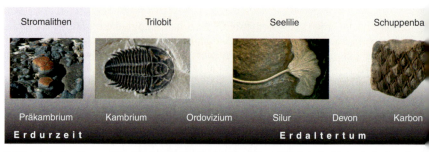

Stromalithen	Trilobit	Seelilie	Schuppenba
Präkambrium	Kambrium	Ordovizium	Silur	Devon	Karbon

E r d u r z e i t   **E r d a l t e r t u m**

Paläontologie, Geografie, Morphologie, Embryologie und Molekularbiologie haben bestätigt, dass Arten sich durch Variabilität, Selektion, Isolation und Zufallseffekte verän

Die Feige ist mit 11 000 Jahren die älteste Kulturpflanze des Menschen.

Varianten sind das Material der Evolution, denn nicht jede Variante ist gleich gut geeignet für die jeweilige Umwelt. Nur die gut angepassten Formen überleben und pflanzen sich erfolgreich fort. Dadurch können sich Arten über Generationen hinweg allmählich verändern. In der Züchtung von Pflanzen und Tieren sucht der Züchter die gewünschten Varianten für eine gezielte Vermehrung aus. Aus Wildformen sind so Nutzpflanzen und Haustiere entstanden, die sich oft stark von der Wildform unterscheiden.

Entwerfen Sie ein Plak auf dem Sie die Kultur-geschichte einer Nutza darstellen (z. B. Taube, Huhn, Hund oder Weize Wein, Baumwolle) und die Eigenschaften von Wildart und Kulturform gegenüberstellen.

Felsentaube

Albino-Stadttaube

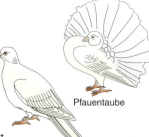

Pfauentaube

Kropftaube

Jakobinertaube

Die Felsentaube ist die Stammart aller Haus- und Stadttauben.

Hinweise auf die Veränderlichkeit der Arten brachten zunächst vor allem Fossilfunde. Bestimmte Formen treten gehäuft in bestimmten geologischen Schichten auf, davor oder danach fehlen sie weitgehend.
Bleibt die Frage nach den Ursachen der Veränderung, auch hier gab es verschiedene Tendenzen:

Arten verändern sich
— durch Gebrauch und Nichtgebrauch von Merkmalen, also durch erworbene Eigenschaften;
— durch einen inneren Antrieb in Richtung größerer Vollkommenheit;
— weil durch natürliche Auslese die angepassten Varianten ausgewählt werden.

Ammonit	Archaeopterix	Mammut
Trias	Jura	Kreide	Tertiär	Quartär
Erdmittelalter			**Erdneuzeit**	

Die verschiedenen Ideen und Theorien haben die Namen bestimmter Naturwissenschaftler berühmt gemacht, ihre Ideen veränderten die Welt. Nennen Sie Beispiele.

Die Dinosaurier wer'n immer trauriger (Lonzo)

Noah baute seinen Kahn,
da rief der liebe Gott ihn an:
„Du nimmst von jeder Art zwei Tiere mit auf Fahrt."
Und Noah sagte:
„Is gebongt, wenn deine Sintflut kommt,
ist das Getier an Bord, da geb ich dir mein Wort."
Noah hievte alle Sorten Tiere in den Laderaum,
bei den letzten beiden brach sogar der stärkste Ladebaum.
Er rief nach seinem Boss: „Mein Gott, was mach ich bloß?
Die Biester sind für meinen Kutter viel zu groß."

Die Dinosaurier werden immer trauriger,
die armen Saurier, die armen Saurier.
Die Dinosaurier werden immer trauriger,
denn die Saurier dürfen nicht an Bord.

Anders als Lonzo in diesem Schlager meinen Biologen, dass weniger die Saurier Platzprobleme auf der Arche Noah verursacht hätten, als die kleinen Lebewesen. Begründen Sie (s. Seite 93).

Vielfalt schützen und erhalten

Biodiversität ist das Schlagwort, unter dem der Artenreichtum, die Variabilität innerhalb einer Art und die Vielfalt der Lebensräume in den Mittelpunkt der Naturschutzbestrebungen gerückt sind. Internationale Abkommen wie das „Übereinkommen über die biologische Vielfalt" *(Rio-Convention)*, aber auch das *Washingtoner Artenschutzabkommen* (CITES = Convention on International Trade in Endangered Species of Wild Fauna and Flora) sollen für den Erhalt der lebendigen Vielfalt sorgen. Das Washingtoner Artenschutzabkommen legt Schutzbestimmungen für selten gewordene Tiere und Pflanzen sowie Beschränkungen für deren Ein- und Ausfuhr fest. Der Handel mit gefährdeten Arten freilebender Tiere und Pflanzen ist weitgehend verboten.

Entwickeln Sie einen systematischen Weg, um zu einer geschätzten Anzahl von Arten auf Ihrem Schulgelände oder in Ihrem Garten zu kommen.

2001 entdeckte Bromelienart

Beteiligen Sie sich an einer Naturschutz-Aktion, z.B. „Leben braucht Vielfalt", „Stunde der Gartenvögel" oder „Tag der Artenvielfalt".

Entwerfen Sie eine Broschüre mit Informationen über den Artenschutz im Urlaub. Gehen Sie dabei von einer beliebten Urlaubsregion (Ägypten, Indonesien, Karibik) aus oder von bestimmten Lebewesen (Reptilien, Elefanten, Orchideen, Kakteen). Informationen finden Sie z.B. im Internet.

Vielfalt messen und schätzen

Zur Messung der Diversität in einem bestimmten Lebensraum wird bei ökologischen Untersuchungen nicht nur die Anzahl der Arten, sondern auch ihre jeweilige Dichte berücksichtigt. Halten Sie ein Referat über die Berechnung der Diversität mit Diversitätsindices.

Das Entdecken und Zählen von Arten ist nicht nur eine Beschäftigung für Biologen, sondern hat auch eine wichtige Bedeutung für die Zukunft der Menschheit. Bisher werden nur wenige Arten als Rohstoffe und Nahrung genutzt, hier ist angesichts einer wachsenden Bevölkerung noch viel Potenzial zu erwarten. Arten, die wie Orchideen, Vögel oder Schmetterlinge auch dem Laien ins Auge fallen, sind besonders gut erfasst, groß ist die Dunkelziffer dagegen bei unscheinbaren und kleinen Formen wie Einzellern oder Pilzen.

Es sind auch nicht alle Lebensräume der Erde gleich gut erforscht. Tiefsee- und Urwaldexpeditionen führen immer wieder zu neuen Entdeckungen. Die Vielfalt auf der Erde ist nicht gleichmäßig verteilt, in den verschiedenen Klimazonen und Kontinenten lebt ein unterschiedliches Arteninventar, das auf unterschiedliche Entwicklungsgeschichten hinweist.

1 Zwei Kartoffelsorten, Pflanzen und Knollen

Die Ursachen der Variabilität

Die Individuen einer Art lassen sich unterscheiden, denn sie besitzen unterschiedliche Kombinationen verschiedener Merkmale. Die Merkmale können diskontinuierlich sein wie rote und weiße Blüten einer Pflanzenart, zwischen denen es keine Übergänge gibt. Bei der überwiegenden Zahl an Merkmalen gibt es aber gleitende Übergänge, wie z. B. bei der Körpergröße. Die Häufigkeitsverteilung ergibt in diesen Fällen meistens eine typische Glockenkurve (Abb. 2). Sie erfasst die Häufigkeit unterschiedlicher Varianten eines Merkmals und wird *Variabilitätskurve* oder *Variationskurve* genannt.

Die Variabilität besitzt genetische und modifikatorische Ursachen. Dies lässt sich beispielsweise an Kartoffeln deutlich machen (Abb. 1). Von Kartoffeln hat man verschiedene Sorten gezüchtet, deren Knollen sich in Geschmack und Kocheigenschaften unterscheiden. Die Pflanzen einer Sorte werden vegetativ aus Knollen gezogen. Sie sind deswegen genetisch identisch und stellen einen Klon dar. Dennoch sehen Pflanzen und Knollen einer Sorte nicht gleich aus. Man findet Unterschiede in Größe, Form, Färbung und anderen Merkmalen. Durch Unterschiede der Umweltfaktoren, wie Bodenfeuchte und Licht während des Wachsens, variieren die Merkmale. Es handelt sich also um *Modifikationen*. Die darauf beruhende Variabilität nennt man *modifikatorische Variabilität*.

Innerhalb einer anderen Kartoffelsorte findet man entsprechende Verhältnisse. Im Vergleich beider Sorten fallen aber weitere Unterschiede auf. Die beiden Sorten sind unterschiedliche Züchtungen und sind genetisch nicht gleich, auch wenn sie derselben Art „Kartoffel" angehören. Die Unterschiede zwischen den Sorten sind genetisch bedingt und die so hervorgerufene Variabilität wird *genetische Variabilität* genannt.

In natürlichen Populationen höherer Organismen kommen Klone jedoch selten vor. Bei der Variabilität natürlicher Populationen lassen sich deswegen modifikatorische und genetische Ursachen nur selten voneinander trennen, sie treten immer kombiniert auf. Jede Merkmalsverteilung enthält damit genetische und modifikatorische Anteile.

Diskontinuierliches Merkmal beim Hohlen Lärchensporn

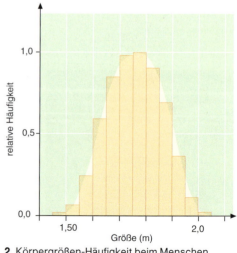

2 Körpergrößen-Häufigkeit beim Menschen

Mutationen erweitern den Genpool

Die genetische Variabilität einer Population wird durch die Gesamtheit aller Gene, den *Genpool*, bestimmt. Neue Allele entstehen ausschließlich durch Mutationen. Die meisten Mutationen treten in Körperzellen auf und gehen damit nach dem Tod des Individuums wieder verloren, nur Mutationen in den Keimzellen werden an die Folgegeneration weitergereicht. Die Wahrscheinlichkeit einer Mutation an einem Genort pro Generation *(Mutationsrate)* liegt bei 10^{-6}. Da ein Mensch etwa 30 000 Genorte hat, ist etwa jede 33. Keimzelle betroffen. Das bedeutet, dass etwa jeder 16. Mensch ein mutiertes Allel von einem Elternteil erhalten hat.

Eine Mutation ist also ein seltenes Ereignis. Zudem wirken sich die meisten dieser neuen Allele nicht aus, weil sie beispielsweise rezessiv sind. Andererseits können Mutanten in Populationen mit kurzer Generationszeit sehr schnell die genetische Variabilität erheblich verändern. Auf diese Weise entstanden neue Resistenzen von Bakterien gegen viele Antibiotika. Sie bereiten den Medizinern zunehmend Sorgen (s. Seite 16).

Auch Rekombination erhöht Variabilität

Eine weitere Ursache der genetischen Variabilität einer Population liegt bei diploiden Organismen in der Neukombination existierender Allele. Die Anzahl der möglichen Keimzellen steigt exponentiell mit der Anzahl der Chromosomenpaare. Der Mensch beispielsweise kann mit seinen 23 Chromosomenpaaren 2^{23} unterschiedliche Keimzellen bilden, das sind mehr als 8 Millionen (Abb. 1). Bei der Bildung einer Zygote sind dann 2^{46} Kombinationen möglich, das sind über 70 Billionen. Weiterhin können durch Crossingover einzelne Genabschnitte homologer Chromosomen ausgetauscht und dann nach dem Zufallsprinzip auf die vier Keimzellen verteilt werden. Damit liegt die Anzahl möglicher Keimzellen noch weit höher. Dementsprechend erhält jede aus einer Ei- und Spermienzelle hervorgehende Zygote eine einzigartige Ausstattung. Alle Menschen sind Individuen einer Population mit großer Variationsbreite.

Modifikationen, Mutationen und Rekombination beeinflussen die aktuelle Variabilität einer Population. Modifikationen gehen aber stets mit dem Tod des Individuums verloren. Darum können nur Mutationen und Rekombination die Variabilität einer Population generationsübergreifend verändern. (→ 158/159)

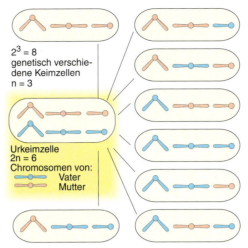

$2^3 = 8$ genetisch verschiedene Keimzellen $n = 3$

Urkeimzelle $2n = 6$ Chromosomen von: Vater / Mutter

1 Genetische Vielfalt bei der Keimzellenbildung

Typusdenken und Populationsdenken

Menschen neigen dazu, vielfältige Erscheinungen zu vereinfachen, indem sie Dinge zusammenfassen und Kategorien bilden. Es erleichtert einfach den Alltag, wenn man vorwiegend das Typische wahrnimmt, das stellvertretend für alle Dinge stehen kann. Das Denken in Typen *(Typusdenken)* ist aber gegenüber realen Populationen wenig hilfreich, denn man verliert schnell die Variabilität aus dem Blick. So liegen z. B. die Körpergrößen der meisten Individuen einer Population über oder unter der mittleren (typischen) Größe. „Typische" Individuen kommen daher also eher selten vor (Abb. 2). Es ist darum angemessener, die Variabilität innerhalb von Populationen im Blick zu behalten *(Populationsdenken)*.

2 Typus und natürliche, variable Population

1 Helle und dunkle Birkenspanner auf flechtenlosen und flechtenbewachsenen Eichenrinden

Selektion verändert Populationen

Birkenspanner bei der Paarung

Birkenspanner sind nachtaktive Schmetterlinge. Tagsüber sitzen sie meist bewegungslos auf der Borke von Bäumen, insbesondere von Birken und Eichen (Abb. 1). Bis zur Mitte des 19. Jahrhunderts gab es in England, abgesehen von seltenen Einzelfunden, ausschließlich die helle Form dieser Schmetterlingsart. Im Jahr 1848 wurden erstmals einige wenige dunkle Exemplare entdeckt. Bestandsaufnahmen aus den 60er-Jahren des 20. Jahrhunderts belegen, dass sich die Zusammensetzung der Birkenspannerpopulation gravierend verändert hatte. In manchen Teilen Großbritanniens herrschte die dunkle Form vor, in anderen war nach wie vor die helle Form häufiger zu finden (Abb. 13.1).

H. D. B. KETTLEWELL untersuchte die Veränderung der Birkenspannerpopulation und entwickelte folgende Erklärung: Die dunkle Flügelfarbe ist auf eine Mutation zurückzuführen, die eine verstärkte Produktion des Farbstoffs Melanin bewirkt. Dabei ist das Allel für Melanismus dominant. In den industriefernen Gebieten waren die Stämme der Birken und Eichen mit hellen Flechten bewachsen. Mit zunehmender Industrialisierung starben diese empfindlichen Organismen in den Wäldern nahe der Industriezentren ab, da der Gehalt an Schwefeldioxid in der Luft stieg. Zusätzlich schwärzten Staub und Ruß die Borken. Die hellen Birkenspanner, die auf den hellen flechtenbewachsenen Baumstämmen tagsüber kaum zu entdecken waren, fielen auf den rußverschmierten braun-schwarzen Rinden bereits von weitem auf. Dagegen waren die dunklen Falter auf dem veränderten Untergrund hervorragend getarnt (Abb. 1). Sie konnten Nachkommen hervorbringen, während die hellen Formen meist von den Vögeln erkannt und gefressen wurden, bevor sie geschlechtsreif waren.

KETTLEWELL belegte seine Hypothese in mehreren Freilandexperimenten. Dazu markierte er Birkenspanner durch kleine Farbtupfer auf der Flügelunterseite und setzte sie in Wäldern in der Nähe von Birmingham aus. In den nachfolgenden Nächten wurden die ausgesetzten Falter durch Lichtfallen wieder angelockt. Es zeigte sich, dass mehr als doppelt soviel dunkle wie helle Formen zurückkehrten, also überlebt hatten. In einem Parallelexperiment ließ er Birkenspanner in

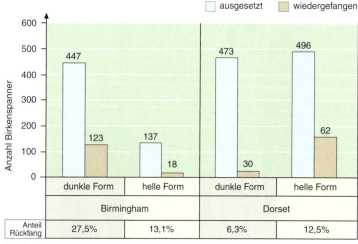

	ausgesetzt	wiedergefangen

2 Rückfangexperiment

	Birmingham		Dorset	
	dunkle Form	helle Form	dunkle Form	helle Form
Anteil Rückfang	27,5%	13,1%	6,3%	12,5%

einem Wald in Dorset, also einem ländlichen, industriefreien Gebiet, frei. Hier fing er mehr als zweimal soviel helle wie dunkle Falter (siehe Abb. 12.2). Ferner konnte KETTLEWELL anhand von Filmaufnahmen belegen, dass die natürlichen Fressfeinde Blaumeisen, Singdrosseln, Rotkehlchen und Gartenrotschwänze nur wenige Tage brauchen, bis sie die bis dahin „unbekannten", nicht getarnten Schmetterlinge erkennen und blitzschnell fangen können (Abb. 2).

Anhand der Körperfarbe der Birkenspanner wird das Wirken der *natürlichen Auslese (Selektion)* deutlich. Die dunklen Falter waren in den Industriegebieten besser getarnt als die hellen. Damit waren sie an die veränderten Umweltbedingungen besser angepasst und bekamen im Vergleich zu den hellen Spannern mehr Nachkommen. Folglich gelangten auch ihre Allele vermehrt in den Genpool der Folgegeneration. Dunkle Birkenspanner besaßen so in den Industriegebieten eine höhere *reproduktive Fitness* als helle. Im Laufe der Generationen nahm ihr Anteil an der Gesamtpopulation zu, der der weniger gut Angepassten sank. Dementsprechend definieren Biologen Evolution als eine Veränderung der Genotypen- und Allelhäufigkeiten von Generation zu Generation. Evolution ist also ein Prozess, der durch Selektion hervorgerufen wird und auf der Ebene von Populationen abläuft. Individuen können nicht evolvieren. (→ 160/161)

1898 hatten 99 % der Birkenspanner in den Industriegebieten dunkle Flügel. Die Evolution der Schmetterlinge war so rasch verlaufen, weil sich die Umweltbedingungen so schnell verändert hatten und Schmetterlinge eine Generationsdauer von nur einem Jahr haben. Auf viele andere Populationen treffen diese Voraussetzungen nicht zu. Deshalb verlaufen evolutive Prozesse in der Regel wesentlich langsamer. In der Evolution muss man in für uns Menschen ungewohnt langen zeitlichen Größenordnungen denken.

Aufgaben

1. In den vergangenen 30 Jahren hat man in den Industriegebieten Englands den Umweltschutz vorangetrieben. Beobachtungen belegen, dass die Häufigkeit der hellen Birkenspanner zugenommen hat. Erläutern Sie den Zusammenhang.
2. Begründen Sie, warum die geschlechtliche Fortpflanzung gegenüber der ungeschlechtlichen bei sich ändernden Umweltbedingungen Vorteile hat.

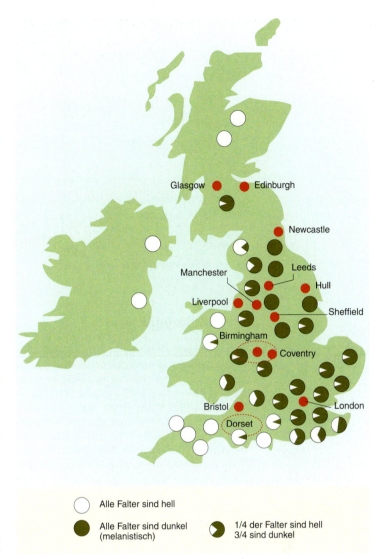

Glasgow Edinburgh
Newcastle
Manchester Leeds
Hull
Liverpool
Sheffield
Birmingham
Coventry
Bristol
London
Dorset

○ Alle Falter sind hell

● Alle Falter sind dunkel (melanistisch)

◑ 1/4 der Falter sind hell 3/4 sind dunkel

1 Häufigkeit von Birkenspannern in Großbritannien (1958)

Selektion
natürliche Auslese durch Umweltbedingungen

reproduktive Fitness
Die Fähigkeit eines Organismus im Vergleich zu anderen, seine Erbanlagen in den Genpool der nächsten Generation einzubringen.

Evolution
Veränderung der Genotypen- und Allelhäufigkeiten im Laufe von Generationen

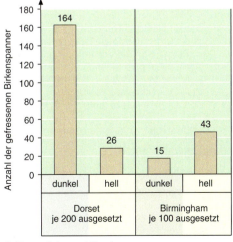

2 Fangerfolg von Vögeln

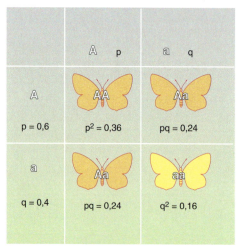

1 Genotypen-Häufigkeiten

Populationsgenetik

Das Beispiel Birkenspanner (s. Seite 12) zeigt, dass sich Populationen verändern, indem sich die Häufigkeiten der Allele im Genpool ändern und damit zusammenhängend die Häufigkeiten der Genotypen. Evolution lässt sich daher verstehen als *jede Veränderung der Allelhäufigkeiten im Genpool.* Die Populationsgenetik beschäftigt sich mit den Gesetzmäßigkeiten solcher Veränderungen.

Bei der Evolution der Birkenspanner scheint auf den ersten Blick plausibel zu sein, dass sich die Allele für dunkle Färbung in der Population durchsetzen müssten, weil sie dominant sind. Mithilfe der Populationsgenetik kann man diese Hypothese überprüfen. Die Genetiker HARDY und WEINBERG entwickelten 1908 ein mathematisches Modell, das entsprechende Berechnungen ermöglicht. Zum einen kann man damit zeigen, wie die Allelhäufigkeiten im Genpool die Häufigkeiten der Genotypen bestimmen. Zum anderen lässt sich damit verdeutlichen, dass sich die Häufigkeiten im Verlauf mehrerer Generationen nicht verändern, wenn die Bedingungen einer *idealen Population* (s. Seite 15) gegeben sind.

Häufigkeiten der Genotypen

Als Beispiel soll eine Birkenspannerpopulation von 100 Tieren dienen, in deren Genpool also 200 Allele für die Flügelfarbe vorkommen. Darunter sollen sich 120 Allele A (für dunkel) und 80 Allele a (für hell) befinden.

Die *Häufigkeit des Allels A* im Genpool wird p genannt und beträgt in diesem Fall $120 : 200 = 0,6$ oder 60%. Die *Häufigkeit des Allels a*, q genannt, beträgt $80 : 200 = 0,4$ oder 40%. Das ergibt zusammen: $p + q = 1$ oder 100%.

Die Häufigkeiten der Genotypen ergeben sich dann aus den möglichen Kombinationen, wie man sie aus Kreuzungsquadraten kennt (Abb. 1):
— Die Häufigkeit von AA beträgt p^2, im Beispiel 0,36 oder 36%.
— Die Häufigkeit von Aa bzw. aA beträgt $2pq$, im Beispiel 0,48 oder 48%.
— Die Häufigkeit von aa beträgt q^2, im Beispiel 0,16 oder 16%.

Das ergibt für die Summe aller Alllelkombinationen wieder 1,0 oder 100%:
$$p^2 + 2pq + q^2 = 1$$

Mit den im Beispiel gewählten Allelhäufigkeiten gibt es also nur 16% helle Falter neben 84% dunklen Faltern.

Allelhäufigkeiten in der Folgegeneration

Elterntiere geben mit den Keimzellen entsprechend ihrem Genotyp entweder A oder a an ihre Nachkommen weiter. p_E und q_E bezeichnen die Allelhäufigkeiten in der Elterngeneration sowie p_N und q_N die in der Nachkommengeneration.

— Jedes Elternteil mit dem Genotyp AA gibt ein Allel A in den Genpool der Nachkommen. Diese Eltern kommen mit der Häufigkeit p_E^2 vor, ihr Häufigkeitsanteil für das Allel A wird p_E^2 sein. Das sind mit den Beispielwerten 36 %.
— Eltern mit dem Genotyp Aa geben eines der beiden Allele, also A oder a mit gleicher Wahrscheinlichkeit bei der Fortpflanzung in den Genpool der Nachkommen weiter. Diese Eltern kommen mit der Häufigkeit $2p_E q_E$ (48 %) vor. Der Häufigkeitsanteil für die Allele A und a wird dann jeweils $p_E q_E$ (24 %) sein.
— Eltern mit dem Genotyp aa geben entsprechend ein Allel a mit der Häufigkeit q_E^2 (16 %) in den Genpool der Nachkommen.

Summiert man die Anteile für das Allel A auf, ergibt sich die Häufigkeit von A in der Nachkommengeneration $p_N = p_E^2 + p_E q_E$, d.h. $36\% + 24\% = 60\%$. Dies entspricht der Häufigkeit von A in der Elterngeneration.

Allgemein gilt:
$p_E + q_E = 1$
und damit
$q_E = 1 - p_E$.
Setzt man dieses ein, so ergibt sich
$p_N = p_E^2 + p_E(1 - p_E)$
$= p_E^2 + p_E - p_E^2 = p_E$
Die Häufigkeiten des Allels A ist demnach in beiden Generationen stets gleich!

Die Berechnung für die Häufigkeit von a führt auf das entsprechende Ergebnis: $q_N = q_E$. Im Verlauf der Generationen ändern sich die Allelhäufigkeiten im Genpool also nicht. Da sich aus den Allelhäufigkeiten auch die Häufigkeiten der Genotypen ergeben, werden auch diese gleichbleiben. Es findet unter diesen Bedingungen keine Evolution statt.

Zettelkasten

Selektion mit dem Hardy-Weinberg-Gesetz

Kennt man in einer Population den Genotyp, der durch Selektion benachteiligt ist, so kann man die Modellgleichungen um den Selektionseinfluss erweitern. Man erhält so eine Möglichkeit, Selektionsstärken im Modell zu variieren und Einflüsse nachvollziehbar zu machen. Dazu wird ein Selektionsfaktor s eingeführt, der das Ausmaß der Fitness-Beeinträchtigung beschreibt. Eine Benachteiligung um 20 % bedeutet s = 0,2.

vor Selektion: $p^2 + 2pq + q^2 = 1$

nach Selektion: Bei Benachteiligung z. B. von aa wird ein entsprechender Anteil abgezogen: $p^2 + 2pq + q^2 - sq^2 = 1 - sq^2$

Da dies alle betrachteten Genotypen sind, erfolgt eine Umrechnung auf 100 % bzw. 1: $(p^2 + 2pq + q^2 - sq^2)/(1 - sq^2) = 1$
bzw.: $p^2/(1 - sq^2) + 2pq/(1 - sq^2) + (q^2 - sq^2)/(1 - sq^2) = 1$

Die drei Summanden stellen die Genotypen-Häufigkeiten nach Selektion dar. Daraus lassen sich anschließend die Allelhäufigkeiten zurückrechnen. Das Verhalten dieses Systems über mehrere Generationen lässt sich am besten in einer Computersimulation untersuchen:

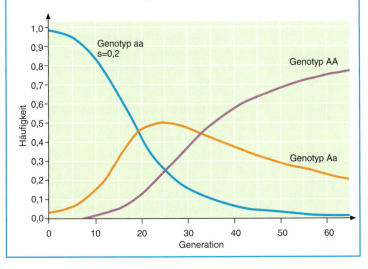

Ideale Population

Für die Berechnung wurde vorausgesetzt:
— keine Selektionsnachteile bestimmter Genotypen
— keine Mutationen
— keine Bevorzugung bestimmter Genotypen bei der Zeugung der Nachkommen
— vollständige genetische Mischung in der Population *(Panmixie)*
— keine Zufallseffekte; die Population muss so groß sein, dass die Häufigkeiten den Wahrscheinlichkeiten entsprechen
— keine Zu- oder Abwanderung

Wenn diese Bedingungen erfüllt sind, spricht man von einer *idealen Population*. In der Realität sind diese Voraussetzungen jedoch nicht gegeben. Das bedeutet, dass sich die Allelhäufigkeiten in realen Populationen verändern. Der Genpool einer Population verändert sich daher ständig, Evolution findet statt. Im Umkehrschluss lassen sich damit alle Faktoren, die die Allelhäufigkeiten verändern, als *Evolutionsfaktoren* identifizieren.

Aufgabe

① Die Unverträglichkeit von Milchzucker *(Lactose-Intoleranz)* ist genetisch bedingt und wird rezessiv vererbt. In Norddeutschland sind etwa 9 % aller Personen betroffen.
Berechnen Sie die Häufigkeiten der Allele und Genotypen für diese Region.

Prädisposition

In kaum einem Lebensraum sind die Umweltbedingungen über längere Zeit konstant. Eiszeiten, Vulkanausbrüche, aber auch der mit den Jahreszeiten verbundene Klimawechsel verändern die Lebensbedingungen. Paläontologische Befunde zeigen, dass manche Populationen sich den veränderten Bedingungen anpassen konnten, andere dagegen ausgestorben sind. Experimentell kann man den Prozess der Anpassung nur an Populationen untersuchen, deren Individuen eine kurze Generationsdauer haben.

Unter optimalen Bedingungen teilen sich manche Bakterien alle 20 Minuten. Streicht man sie auf einem Nähragar aus, der ein Antibiotikum wie Penicillin enthält, wachsen im Regelfall keine Kolonien heran, da das Penicillin sie abtötet. In wenigen Fällen erhält man dennoch Kolonien, bei denen das Antibiotikum offenbar unwirksam ist. Diese Bakterien sind gegen Penicillin *resistent*.

Resistenz
erblich bedingte Widerstandsfähigkeit gegenüber Medikamenten, Giften oder klimatischen Faktoren

Für die Entstehung der Resistenz gibt es zwei mögliche Erklärungen. Entweder sind einige der ausplattierten Bakterien unter dem Einfluss des Penicillins, also durch den Umweltfaktor selbst, resistent geworden oder die resistenten Kolonien sind aus Mutanten hervorgegangen, die bereits vor dem Ausplattieren existierten und gegen Penicillin unempfindlich waren.

Ein Stempelversuch gibt über die Entstehung der Resistenz Aufschluss (Abb. 1): Auf Normalagar werden Bakterien ausplattiert und bebrütet, bis einzelne Kolonien entste-

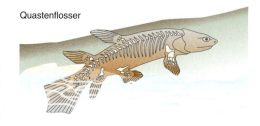
Quastenflosser

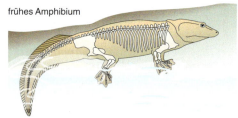
frühes Amphibium

2 Quastenflosser und frühes Amphibium (Devon)

hen. Überträgt man mit einem samtüberzogenen Stempel Bakterien dieser Kolonien auf eine penicillinhaltige Agarplatte, so entwickeln sich nach Bebrütung wenige Kolonien resistenter Bakterien. Vom Normalagar werden nun Bakterien aus einem Bereich abgenommen, in dem auf dem Penicillinagar resistente Organismen wachsen. Plattiert man diese Bakterien vom Normalagar auf einem neuen Penicillinagar aus, so wachsen sie weiter. Sie sind resistent. Verwendet man dagegen Bakterien aus anderen Bereichen, geschieht dies nicht. Die Resistenz war also bereits vor dem Einwirken des Penicillins vorhanden. Penicillin erzeugt keine resistenten Individuen, sondern selektiert diejenigen aus, die bereits vorher resistent waren. Diese Bakterien besitzen ein Merkmal, das unter den veränderten, nicht vorhersehbaren Umweltbedingungen einen Selektionsvorteil erbracht hat, sie waren *prädisponiert*.

Auch in der Evolution höherer Organismen gibt es Beispiele für Prädispositionen. *Quastenflosser* waren, so schließt man aus Fossilfunden, bodenlebende Süßwasserfische im Devon. Ihre Flossen wurden so durch Teile des Skeletts gestützt (Abb. 2), dass sie sich auf dem „Grund laufend" fortbewegen konnten. In regenarmen Zeiten, wenn z.B. die eigene Wasserstelle austrocknete, konnten diese Fische sich zum nächsten Tümpel schleppen. Vermutlich sind aus einer Gruppe der Quastenflosser die ersten Vierfüßler hervorgegangen. Prädispositionen beschreiben also Eigenschaften und Strukturen, die im Rahmen der Variabilität einer Population vorkommen und unter veränderten Bedingungen vorteilhaft werden.

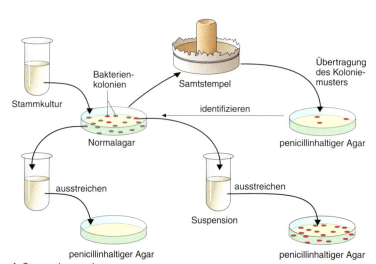

Stammkultur

Bakterienkolonien

Samtstempel

Übertragung des Koloniemusters

identifizieren

Normalagar

penicillinhaltiger Agar

ausstreichen

ausstreichen

Suspension

penicillinhaltiger Agar

penicillinhaltiger Agar

1 Stempelversuch

Selektionstypen

Birkenspanner sind entweder hell oder dunkel gefärbt. Ihre Körperfarbe ist ein Merkmal mit zwei alternativen Ausprägungen. Die meisten Merkmale haben ein kontinuierliches Ausprägungsmuster. Dies deutet auf einen polygenen Erbgang hin. Das Beispiel der Körpergröße der Maulwürfe zeigt, wie sich die Änderung von Umweltbedingungen auf derartige Merkmale auswirkt (Abb. 1).

Während die Winter 1938 – 1941 in Deutschland normal kalt waren, war der von 1946/47 einer der härtesten und längsten seit Jahrzehnten. Der Boden war über 100 Tage tief gefroren. Die Maulwürfe waren nur schwer in der Lage, zu ihren Hauptnahrungsquellen, den Regenwürmern und Insektenlarven, vorzudringen. Da größere Tiere absolut gesehen mehr Nahrung brauchen als kleinere, verhungerten hauptsächlich die großen Maulwürfe. Dementsprechend setzten sich die Populationen der Jahre 1949/50 vermehrt aus kleineren Individuen zusammen. Aufgrund der Nahrungsknappheit war ein Selektionsdruck zugunsten der „Verminderung der Körpergröße" entstanden. Eine solche Verschiebung der Häufigkeitskurve bezüglich eines Merkmals ist Folge einer *gerichteten (transformierenden) Selektion* (Abb. 2a).

Allzu kleine Maulwürfe hatten jedoch ebenfalls einen Selektionsnachteil. Aufgrund ihrer größeren relativen Oberfläche verloren sie pro Flächeneinheit mehr Wärme an die Umgebung als größere Individuen. Es bestand also ein Selektionsdruck, der dem durch die Nahrungsknappheit erzeugten entgegenwirkte und verhinderte, dass die Körpergröße der Maulwürfe eine untere Grenze unterschritt. Sind die einander entgegenwirkenden Selektionsdrücke in ihrer Wirkung gleich stark, verschiebt sich die Häufigkeitskurve nicht. Die Selektion wirkt gegen die extremen Varianten und begünstigt alle dazwischenliegenden. Man spricht von *stabilisierender Selektion* (Abb. 2b).

In einer Population afrikanischer Finken treten Individuen mit zwei unterschiedlichen Schnabelgrößen auf. Die kleinschnäbligen Formen fressen bevorzugt weiche Samen, die großschnäbligen harte. Finken mit mittelgroßem Schnabel gibt es kaum, ihr Schnabel ist bei beiden Nahrungstypen weniger effizient. Bei diesem Selektionstyp werden die extremen Varianten gegenüber den mittleren begünstigt. Man spricht von *aufspaltender (disruptiver) Selektion* (Abb. 2c).

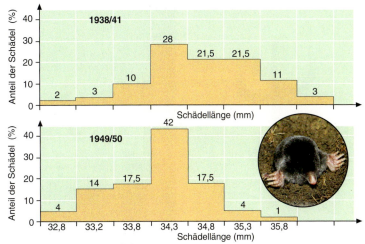

1 Variabilität der Maulwürfe

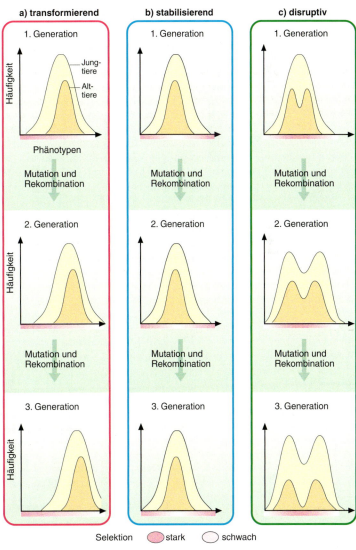

2 Selektionstypen

1 Kakteen sind Trockenpflanzen: der Kandelaberkaktus

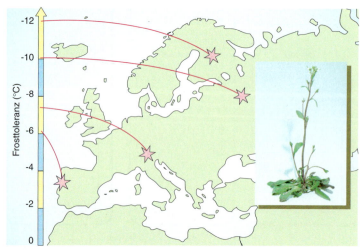

nach dem Regen
mit Wasser gefüllt

fast aus-
getrocknet

Querschnitt der Rippenform

2 Fasskaktus nach Regen und nach Trockenperiode

3 Frosttoleranz bei der Ackerschmalwand

Selektionsfaktoren

Organismen stehen in vielfältiger Wechselwirkung mit den Umweltfaktoren ihres Lebensraumes. Sie sind an diese angepasst. Ursache dieser Anpassung sind Evolutionsprozesse, bei denen Umweltfaktoren als auslesende Faktoren *(Selektionsfaktoren)* wirken. Diese Faktoren begünstigen die besser angepassten Individuen. Solche Lebewesen können mehr Nachkommen zeugen, also mehr eigene Gene in den Genpool der Folgegeneration einbringen und besitzen daher eine höhere *reproduktive Fitness* (s. Seite 55). Ihre Eigenschaften werden sich auf längere Sicht in der Population durchsetzen.

Abiotische Selektionsfaktoren

Die Faktoren der unbelebten Umwelt, z. B. Hitze, Kälte, Licht, Dunkelheit, Trockenheit, Feuchtigkeit, Sturm, Salzgehalt des Wassers, Gifte usw. bestimmen wesentlich die Lebensbedingungen einer Population. Man bezeichnet sie als *abiotische Selektionsfaktoren*. Daran angepasste Organismen weisen Merkmale auf, die ihnen das Leben in ihrer jeweiligen Umwelt gestatten.

Unter den Vorfahren der Kakteen waren diejenigen in trockenen Lebensräumen begünstigt, die in ihrem Gewebe Wasser speichern konnten. Sie hinterließen besonders viele Nachkommen, unter denen wieder diejenigen mit der besten Wasserspeicherfähigkeit am erfolgreichsten waren. So erschlossen die Pflanzen den konkurrenzarmen Lebensraum „Wüste" und es entstanden die heute bekannten Kakteen (Abb. 2).

Innerhalb einer Art können durch abgestufte abiotische Selektionsfaktoren auch regionale Unterschiede entstehen. So unterscheiden sich z. B. die Populationen der *Ackerschmalwand* in verschiedenen Regionen Europas deutlich hinsichtlich der Frosttoleranz der überwinternden Generation (Abb. 3).

Biotische Selektionsfaktoren

Organismen unterliegen auch einer Selektion durch andere Organismen. So wirken Konkurrenten, Räuber und Parasiten als *biotische Selektionsfaktoren*:
— Konkurrenten machen sich Ressourcen streitig. Individuen, die neue Ressourcen erschließen, sind im Vorteil.
— Räuber schließen durch ihren Nahrungserwerb Beuteindividuen von der Reproduktion aus. Beutetiere, die sich dem

1 Biotische Selektion durch Wechselwirkungen zwischen Arten

Räuber entziehen können, sind im Vorteil. Umgekehrt erhalten Räuber mit effektiven Fangmethoden mehr Nahrung.

— Parasiten befallen erfolgreicher empfindliche Wirte, während Wirte mit besserer Abwehr Vorteile haben.

— In einer Symbiose können die Partner umso erfolgreicher gemeinsam existieren, je besser sie aufeinander eingestellt sind.

— Sexualpartner suchen innerhalb ihrer Art einen geeigneten Erzeuger ihrer Nachkommen. Bei der Balz wählen meistens die Weibchen einen Partner aus. Männliche Tiere mit großer Attraktivität werden häufiger gewählt und können mehr Nachkommen zeugen als andere (Abb. 2). Männliche Rivalen kämpfen oft um die beste Präsentation. Bei festen Paarungen sind besonders diejenigen Weibchen im Vorteil, die den besten Partner rasch auswählen und ihn lange binden. Merkmale, die bei der Partnerwahl von Bedeutung sind, stellen Faktoren der *sexuellen Selektion* dar (s. Seite 54 f.).

Biotische Selektionsfaktoren sind meistens wechselseitig wirksam. Sie verändern die reproduktive Fitness der beteiligten Arten und führen so zur Koevolution.

Aufgabe

① Rauchschwalbenmännchen mit langen Schwanzfedern haben eine bessere Konstitution und weniger Parasiten. Sie ziehen mehr Weibchen an als solche mit kurzen Schwanzfedern. Stellen Sie eine Hypothese zur Erklärung der Bevorzugung auf.

2 Balzendes Kampfläufer-Männchen

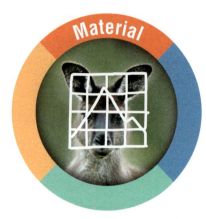

Selektion auf Körpergröße

Die Vorfahren unserer heutigen Pferde besaßen vor 58 bis 36 Mio. Jahren etwa 30 cm Schulterhöhe und ernährten sich von Beeren und weichen Blättern. Moderne Pferde erreichen Schulterhöhen bis zu 210 cm und fressen hauptsächlich Gräser. Welche Konsequenzen eine derartige Körpergrößenveränderung hat, soll im Folgenden verdeutlicht werden.

Oberfläche und Volumen

Wird ein Körper maßstabsgerecht größer, dann wächst sein Volumen und damit normalerweise auch seine Masse mit der 3. Potenz ($V = \frac{4}{3}\pi r^3$; Kugel), seine Oberfläche mit der 2. Potenz ($O = 4\pi r^2$; Kugel). Daraus folgt, dass sich das Verhältnis von Fläche zu Volumen mit zunehmender Körpergröße verändert.

Aufgabe

① Berechnen Sie das Oberflächen/Volumen-Verhältnis für Würfel von 1, 2, 3, 4 und 5 cm Kantenlänge und stellen Sie dies in einem Schaubild dar.

Körpergröße und Knochengewicht

1 Skelettvergleich

Abbildung 1 zeigt das Skelett eines Lemmings (Wühlmaus) und das eines Flusspferdes auf den gleichen Maßstab gebracht. Abbildung 2 gibt Ihnen für verschiedene Säugetier- und Vogelarten den prozentualen Anteil des Skelettgewichts am Körpergewicht an.

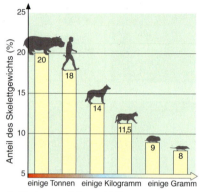

2 Skelettgewicht und Körpergewicht

Aufgaben

② Beschreiben und begründen Sie die in beiden Abbildungen dargestellten Unterschiede zwischen den Skeletten großer und kleiner Arten.

③ Erläutern Sie, wie sich das Knochenwachstum eines großen Tieres von dem eines kleineren unterscheidet.

Körpergröße und Stoffwechsel

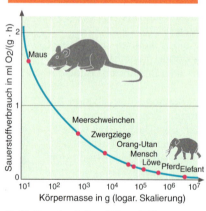

3 Stoffwechselintensität und Körpergröße verschiedener Tierarten

Bei gleichwarmen Tieren nimmt mit Abnahme der Körpergröße die Stoffwechselintensität pro Einheit Körpermasse zu (Abb. 3).

Aufgabe

④ Fassen Sie die genaue Aussage des Schaubildes zusammen.

Körpergröße und Kraft

Muskeln dienen der Beschleunigung von Körpermasse. Da letztere mit dem Volumen des Körpers zunimmt und die Kraft von der Querschnittsfläche des Muskels abhängt, verändern sich auch die relativen Kräfte der Tiere mit der Körpergröße. Graue Riesenkängurus werden bis zu 95 kg schwer, die viel kleineren Rattenkängurus bis zu 3 kg und die Zwerggalagos — Verwandte der Halbaffen — nur um die 60 g schwer. Trotzdem hat man bei allen drei Arten Sprunghöhen beobachtet, die zwischen 2,3 m und 2,7 m liegen.

Aufgabe

⑤ Erklären Sie, weshalb die großen Tiere, obwohl sie absolut mehr Kraft als die kleinen haben, keine wesentlich höheren Sprünge schaffen.

4 Kängurus und Galagos

Körpergröße und Verbreitungsgebiet

Die Körpertemperatur wechselwarmer Tiere hängt von der Umgebungstemperatur ab. Durch Wärmeaustausch an der Oberfläche können sie sich erwärmen oder abkühlen. Alle großen Schlangenarten, wie z. B. die bis zu 10 m lang werdenden Pythons, leben in den Tropen.

Aufgabe

⑥ Erläutern Sie, warum die größten Schlangenarten in den Tropen leben, während in nördlichen Ländern nur kurze Arten vorkommen.

Angepasstheiten sind Kompromisse

Die Merkmale von Lebewesen sind das Ergebnis einer Fülle von Selektionsvorgängen. Die vorteilhafte Anpassung an einen Selektionsfaktor kann bezüglich eines anderen nachteilig sein. So entstehen häufig Kompromisse. Dies ist an einigen Vogelgruppen besonders gut untersucht. (→ 160/161)

Körpergröße und Fliegen

Eine einheimische Vogelgruppe, deren Vertreter bei ähnlicher Körperform verschiedene Größen erreichen, sind die *Möwen* (Abb. 1). Da bei den größeren Möwen das Volumen im Verhältnis zur Flügelfläche größer ist, sinken sie im Flug aber ab und erreichen dadurch höhere Fluggeschwindigkeiten als kleine. Große Möwen können daher entferntere Nahrungsgründe in kürzerer Zeit erreichen und deshalb ökonomischer nutzen.

Die vergleichsweise höhere Fluggeschwindigkeit geht mit einer höheren Start- und Landegeschwindigkeit einher. Kleinere Möwen wie die *Lachmöwe* können aus dem Stand hochfliegen, größere Möwen müssen Anlauf nehmen. Da das Starten für den großen Vogel länger dauert, muss er es vorausschauender planen und hat bei Annäherung eines Feindes eine höhere Fluchtdistanz. Die großen Möwen müssen bei der Landung zum Abbremsen einige Schritte machen, daher kann nur ein entsprechend ausgewählter Landeplatz genutzt werden. Dies macht es ihnen z. B. unmöglich, an Brutfelsen zu nisten, was die kleineren *Dreizehenmöwen* problemlos können.

Fliegen und Tauchen

Die den Pinguinen ähnlichen *Alkenvögel* bewohnen die Meere der Nordhalbkugel, fangen ihre Beute im Wasser tauchend und brüten in steilen Felsen der Küste oder auf feindfreien Inseln. An unterschiedlich großen Alkenarten lassen sich die widersprüchlichen Anforderungen gut erkennen (Abb. 2).

Da sie beim Tauchen schwimmend ihren Körper mit den halb geöffneten Flügeln rudernd vorantreiben, standen die Vögel unter einem Selektionsdruck, der zu kleinen dicken Flügeln führte. Außerdem waren für das Tauchen größere und schwerere Arten besser geeignet als kleine leichtere. Die an das Tauchen gut angepassten Flügel sind jedoch für das Fliegen schlecht geeignet. Landende *Trottellummen* z. B. können bei Windstille nur sehr schlecht vom Wasser starten, müssen sehr schnell mit den Flügeln schlagen, um genug Auftrieb zu haben und können bei der hohen Fluggeschwindigkeit nur mit einem Trick in ihren Brutfelsen landen (s. Randspalte). Die kleineren *Krabbentaucher* dagegen bremsen mit wenigen Flügelschlägen und landen sicher. Dafür können sie unter Wasser nicht so schnell schwimmen. Ihre Nahrung besteht aus langsam schwimmenden Krebsen und Schnecken.

Da die Füße den Alkenvögeln sowohl unter Wasser als auch im Flug zum Steuern dienen, sind sie an das Körperende verlagert. Damit der Schwerpunkt des Körpers an Land über den Füßen liegt, ist eine aufrechte Haltung wie bei den Pinguinen notwendig.

Landende Trottellumme

1 Möwen

Mantelmöwe
69–76 cm

Lachmöwe
38–43 cm

Heringsmöwe
51–61 cm

Riesenalk (†)
bis 85 cm

Krabbentaucher
bis 20 cm

Trottellumme
bis 40 cm

2 Alkenvögel

1 Paarung von Zweipunktmarienkäfern

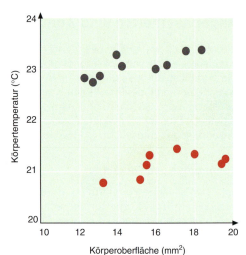

2 Körpertemperatur bei Beleuchtung

Veränderliche Selektionsfaktoren

Abiotische Umweltfaktoren, wie Temperatur, Licht oder Feuchtigkeit, wirken selektiv auf Populationen ein. Die jeweils besser angepassten Varianten können sich erfolgreicher fortpflanzen, sodass der Bestand der Population nicht gefährdet wird. Allerdings sind auch die Umweltbedingungen nicht immer gleich, sie verändern sich z.B. periodisch mit der Tages- und der Jahreszeit. Es sind also nicht immer die gleichen Varianten im Vorteil. Viele Lebewesen pflanzen sich jedes Jahr einmal um die gleiche Jahreszeit fort; dadurch erlebt jede Generation mehr oder minder den gleichen jahreszeitlichen Wandel der Umweltbedingungen. Anders ist es bei Arten, die sich zweimal jährlich fortpflanzen: Hier erlebt die Wintergeneration andere Umweltbedingungen als die Sommergeneration. Entsprechend wechselnde Varianten haben den größten Fortpflanzungserfolg.

Zweipunktmarienkäfer kommen in roten und schwarzen Farbvarianten vor. Dass sie zur gleichen Art gehören, beweist Abbildung 1. Die Färbung der Flügeldecken beim Zweipunktmarienkäfer ist genetisch fixiert. Die rote Form ist rezessiv gegenüber der schwarzen, multiple Allele bestimmen die Ausdehnung der schwarzen Flecken.

Der Zweipunktmarienkäfer durchläuft zwei, selten drei Generationen pro Jahr. Käfer der Wintergeneration legen im Frühjahr Eier, woraus Larven schlüpfen, die sich schließlich verpuppen und im Juni/Juli die Sommergeneration hervorbringen. Aus den Eiern der Sommergeneration gehen wiederum nach der Metamorphose die überwinternden Käfer der Wintergeneration hervor. Aufgrund der genetischen Dominanz überwiegt im Herbst die schwarze Variante anteilsmäßig (s. Randspalte). Während der Winterstarre zehren die Marienkäfer von ihren Fettreserven. Im Frühling wachen überwiegend rote Individuen aus der Winterstarre auf. Offenbar ist die Wintersterblichkeit der schwarzen Form größer als die der roten. Neben der Farbvariabilität gibt es also Unterschiede in der Kältetoleranz des Zweipunktes.

Marienkäfer gehören zu den *poikilothermen* (wechselwarmen) Tieren, d.h. ihre Körpertemperatur richtet sich in erster Linie nach der Umgebungstemperatur. Daneben kann das Licht die Körpertemperatur verändern: Beleuchtet man einen Marienkäfer, so steigt seine Körpertemperatur, da ein Teil des Lichtes absorbiert und in Wärme umgewandelt wird. Schwarz gefärbte Körperteile absorbieren besonders stark: Bei Beleuchtung liegt die Körpertemperatur der schwarzen Varianten 3°C, die der roten 1°C über der Umgebungstemperatur von 20°C (Abb. 2). Mit der Körpertemperatur steigt die Stoffwechselaktivität. Im Winter bedeutet die erhöhte Aktivität einen Nachteil, da schwarze Marienkäfer ihre Fettreserven schneller verbrauchen und leichter verhungern als die roten. Die Umweltbedingungen der Sommer- und Wintergeneration unterscheiden sich deutlich voneinander, also haben in jeder Generation andere, äußerlich unterscheidbare Varianten einen Selektionsvorteil (*Saisondimorphismus*).

Selektionsspiele

Im Modellspiel lässt sich das Wirken der Selektion auf mehrere Generationen einer Population nachvollziehen. Wie bei allen Modellen handelt es sich aber nur um Annäherungen an die Wirklichkeit.

„Alles Geschehen in unserer Welt gleicht einem großen Spiel, in dem von vornherein nichts als die Regeln festliegen. Ausschließlich diese sind objektiver Erkenntnis zugänglich. Das Spiel selber ist weder mit dem Satz seiner Regeln noch mit der Kette von Zufällen, die seinen Ablauf individuell gestalten, identisch."
(MANFRED EIGEN, Nobelpreis 1967)

Material:
DIN A3-Kopien von hellen und dunklen Musterblättern, Protokollbögen

Vorbereitung:
Bereiten Sie am PC ein Blatt Papier mit einem Muster vor, das an eine natürliche Oberflächenstruktur erinnert. Verwenden Sie dazu z. B. ein Digitalfoto von Borke oder den Füllmustereffekt Marmor. Kopieren Sie dieses Blatt zweimal mit deutlich verschiedenen Helligkeiten. Schneiden Sie nun jeweils einen 1 cm breiten Streifen ab und zerschneiden Sie ihn in kleine Dreiecke.

Ausführung:
Das Spiel erfolgt in Gruppen mit einem Spielleiter und lässt sich in verschiedenen Varianten durchführen. Ausgangspunkt ist zunächst eine gleiche Anzahl heller und dunkler Dreiecke jeweils auf einem hellen und einem dunklen Blatt Papier.
1. Variante: Der Spielleiter gibt eine Zeit vor, in der die Spieler versuchen, möglichst viele Dreiecke abzusammeln. Protokolliert werden die verbleibenden Dreiecke nach Farbe und Unterlage.
2. Variante: Sammeln Sie eine genaue Anzahl von Dreiecken (z. B. 15) ohne Zeitvorgabe und protokollieren Sie die verbliebenen.
3. Variante: Verändern Sie die Helligkeit im Raum und wiederholen Sie das Absammeln.

Aufgaben

① Entwickeln Sie eine Variante des Spiels über mehrere Generationen. Für die „Reproduktion" werden nach dem ersten Absammeln Dreiecke der gleichen Helligkeit nachgelegt, bevor wieder abgesammelt wird.
② Wechseln Sie nach der zweiten Generation die Unterlage für die verbleibenden Dreiecke.
③ Stellen Sie dar, inwieweit das Spiel die Selektionssituation beim Birkenspanner modelliert.

Spielmaterial:
Brett mit 6 x 6 Feldern und jeweils 36 Farbchips (Knöpfe, Perlen) in blau, gelb und grün, 2 verschiedenfarbige Würfel

Vorbereitung:
Jeweils 12 Chips von jeder Farbe beliebig auf dem Spielfeld verteilen. Jeder Wurf mit beiden Würfeln ergibt die Koordinaten eines Chips.

Ausführung Basisversion:
1. Wurf: Betreffender Chip wird entfernt.
2. Wurf: Leerfeld wird durch Chipfarbe des erwürfelten Feldes ersetzt. Nach diversen Würfen wird sich eine Farbe durchsetzen, welche ist nicht vorhersehbar.

Variante Mutation:
Vor jedem zweiten Wurf wird ein zusätzlicher Mutationswurf eingeschoben. Bei Würfen von 1 bis 5 gilt wie immer die Farbe der anschließend erwürfelten Koordinaten, würfelt man aber die 6, wird das Leerfeld durch die seltenste Farbe besetzt.

nach ca. 100 Würfen

Endstand

Variante Reproduktion und Selektion:
Vor jedem Wurf wird ein weiterer Wurf eingeschoben, der 1. Zwischenwurf entscheidet, ob der Chip entfernt wird *(Selektion)*, der 2. entscheidet, ob das Leerfeld durch die erwürfelte Chipfarbe ersetzt wird *(Reproduktion)*. Für jede Farbe gelten andere Punktwerte, z. B.

	Selektion	Reproduktion
gelb	1	1, 2, 3, 4, 5, 6
blau	1, 2, 3	1, 2
grün	1, 2, 3, 4, 5, 6	1

Aufgaben

④ Wie lässt sich das Spiel am PC verwirklichen, z. B. in einer Tabelle?
⑤ Würfeln Sie die Koordinaten aus, bis eine Farbe dominiert. Wurde das Ergebnis geradlinig erreicht?
⑥ Wie wirkt sich die Variante Mutation auf den Endstand der Farben aus?
⑦ Wie wirkt sich die Variante Reproduktionsrate auf den Endstand aus?

1 Hunderassen und ihre Ursprungsart

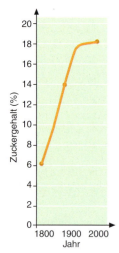

Zuckergehalt der
Zuckerrübe

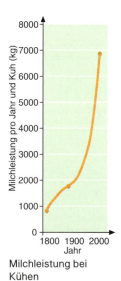

Milchleistung bei
Kühen

typische Veränderungen fest: Haustiere haben geringere Hirngewichte. Dabei zeigen genauere Untersuchungen, dass bei Arten mit hoch entwickelten Gehirnen (Katzen, Hunde) die relative Abnahme der Gehirngewichte stärker ausgeprägt ist als bei Arten mit einfacheren Gehirnen (Nagetiere, Hasen).

Die Fruchtbarkeit der Haustiere ist höher. Sie werden früher geschlechtsreif, sind häufiger brünstig und haben pro Wurf eine höhere Zahl an Jungtieren. Die Eierstöcke der Weibchen sind größer und enthalten mehr Primärfollikel. Häufig treten Hängeohren auf, wie z. B. bei Schweinen und Kaninchen. Die Zähne sind oft schwächer, der Gesichtsschädel ist kürzer. Aggressivität und Bewegungsbedürfnis sind weniger ausgeprägt als bei vergleichbaren Wildformen. Diese unter natürlichen Bedingungen nachteiligen Eigenschaften sind bei der Tierhaltung vorteilhaft.

Bei Pflanzen können alle Pflanzenorgane durch Züchtung stark verändert werden: Beim Rhabarber sind die Blattstiele verstärkt, beim Blumenkohl die Achsen der Blütenstände und bei der Zuckerrübe die Wurzel. Bei der Kartoffelknolle handelt es sich um unterirdisch wachsende verdickte Sprosse. Bei der Pflanzenzucht konnten sogar extreme Zuchtziele verwirklicht werden: Bananen bilden Früchte, ohne dass es vorher zu einer Befruchtung gekommen ist *(Apokarpie).* Sie bilden keinen Samen mehr, müssen also durch ungeschlechtliche Fortpflanzung vermehrt werden, indem vom Rhizom der Mutterpflanze Schösslinge abgetrennt werden. Auch manche Sorten von Zitrusfrüchten sind kernlos, d. h. sie bilden keine Samen mehr.

Bei Pflanzen lässt sich der Erfolg der Züchtung leicht quantitativ auswerten. In einigen Fällen lässt sich sogar die Abhängigkeit des Zuchterfolgs von der Dauer der Züchtung erfassen.

Ähnlich wie bei Tieren zeigt sich auch in der Pflanzenzucht eine hohe Variabilität der Merkmalsausbildung. Ein beeindruckendes Beispiel ist der *Kohl (Brassica oleracea,* Abb. 25.1). Auch bei der Pflanzenzucht zeigen sich generelle Entwicklungstendenzen: So kommt es häufig zu Riesenwuchs. Ein typisches Beispiel zeigt der Vergleich der Kulturform der Tomate mit der entsprechenden Wildform. Nutzpflanzen weisen oft einen Verlust an Giftstoffen und Bitterstoffen auf, die Pflanzen sind dadurch empfindlicher ge-

Künstliche Selektion —
Tier- und Pflanzenzucht

Die Vielfalt der Haustierrassen und ihre Zucht war für CHARLES DARWIN ein Modell, das die Möglichkeit der evolutiven Veränderbarkeit belegte. Ihm war aber auch klar, dass der Vorgang der *Domestikation* — d. h. der Züchtung von Haustieren aus Wildtieren — nicht von Anfang an gezielt gewesen sein konnte. Kein steinzeitlicher Vorfahre konnte die Ergebnisse von Jahrtausende dauernder Zucht vorhersehen. Man hielt Wildtiere zunächst aus Freude an der Sache oder womöglich als Vorrat an Opfer- bzw. Nahrungstieren. Wenn die kleinen Tiergruppen sich in Menschenobhut fortpflanzten, wurden automatisch diejenigen ausgeschlossen, die zu aggressiv waren oder nicht mit den geänderten Bedingungen zurechtkamen. Da sie aber weitgehend vor natürlicher Selektion geschützt waren, konnten sich auch Mutationen erhalten, deren Träger in der Natur nicht überlebensfähig gewesen wären.

Die Veränderungen der Haustiere durch den Menschen umfassten nicht nur anatomische Merkmale, wie die Körpergröße und die Wuchsform, sondern auch physiologische Merkmale, wie Milchproduktion oder Eintritt der Geschlechtsreife. Selbst ethologische Merkmale wurden beeinflusst. Beispielsweise können Pointer (eine Hunderasse) das erlegte Wild nicht mehr greifen, sondern nur auf dieses hinweisen.

Vergleicht man die unterschiedlichen Arten von Haustieren mit ihren wild lebenden Stammformen, so stellt man immer gleiche,

| Veränderung von | Haupttrieb | Seitentrieben | Strunk | Blütenstand |

Wildkohl

Krauskohl Weißkohl Rosenkohl Kohlrabi Blumenkohl

Romanescu

2 Zuchtformen des Wildkohls

Der Mensch war bei der Züchtung nicht in der Lage, bestimmte Gene gezielt zu verändern. Die Veränderungen der Tiere und Pflanzen können deshalb als Anpassungen an bestimmte vom Menschen geschaffene Umweltbedingungen angesehen werden. Es gibt keinen Grund für die Vermutung, dass die Faktoren, die diese Anpassung bewirken, grundsätzlich andere sein könnten als die, die unter natürlichen Bedingungen Anpassungen hervorrufen. Die Züchtung hat bisher bei Pflanzen und Tieren im Allgemeinen nur zur Bildung neuer Arten geführt. Sie zeigt trotzdem modellmäßig die hohe Variabilität der verschiedenen Arten und die Anpassungsfähigkeit an bestimmte Umweltbedingungen.

Anpassungen des Menschen an die Haustiere

Es wird immer wieder betont, dass der Mensch die Haustiere für seine Zwecke veränderte, aber es wird oft übersehen, dass auch der Mensch an die Haustiere angepasst wurde oder sich sogar bewusst diesen angepasst hat. Die Tatsache, dass die Nachfahren der viehzüchtenden Völker heute Milch als Nahrungsmittel nutzen können, da sie auch als Erwachsene *Lactase* produzieren, zeigt, dass diese Menschen genetisch an ihre Haustiernutzung angepasst wurden. Indem Menschengruppen ihre Kultur an bestimmte Haustiere anpassten, wie es z.B. die Yak-Nomaden im Himalaja und die Tuareg in der Sahara mit dem Dromedar taten, eroberten sie vorher unbewohnbare Gebiete.

gen Parasiten und Fressfeinde. Oft kommt es zu einer Verringerung des Keimverzugs, d.h. die Samen keimen schon kurze Zeit nach der Reife. Dadurch keimen die Samen alle gleichzeitig.

Die Ergebnisse der Tier- und Pflanzenzucht lassen wichtige Schlussfolgerungen für die Evolutionstheorie zu: Populationen von Tieren und Pflanzen beinhalten eine hohe Mannigfaltigkeit an Entwicklungsmöglichkeiten, die unter dem Einfluss natürlicher Umweltbedingungen nicht überleben können. Die Tier- und Pflanzenzucht fußt außer auf der großen Variabilität der Merkmale auch auf dem hohen Überschuss an Nachkommen. Der Züchter wählt nun Individuen zur Weiterzucht aus, die aus seiner Sicht vorteilhafte Merkmalskombinationen aufweisen: Diese Auswahl nennen wir *künstliche Zuchtwahl* oder *künstliche Selektion*. Sie führt schneller zu evolutiven Änderungen als die *natürliche Zuchtwahl*.

Haustiere und Nutzpflanzen entstanden aus kleinen Teilpopulationen frei lebender Arten. Weil der Mensch seine Haustiere von den Wildpopulationen isolierte, wurde der Genaustausch unterbrochen. In derart kleinen Populationen wirken sich Veränderungen der Lebensbedingungen schneller aus als in den meist viel größeren Wildpopulationen. Da der Züchter bei der Auswahl seiner Pflanzen und Tiere stets nur relativ wenige Individuen aus der natürlichen Population entnahm, waren sicher nicht alle genetischen Möglichkeiten der Wildpopulation repräsentiert. Die genetische Vielfalt der Zuchtformen ist daher oft geringer als die der Wildformen.

Aufgaben

1. Vergleichen Sie in Stichworten oder in einer Tabelle natürliche und künstliche Zuchtwahl.
2. „Züchtung zeigt die Leistungsfähigkeit der Evolutionsfaktoren Mutation, Rekombination und Selektion." Nehmen Sie zu diesem Zitat Stellung.
3. Viele Merkmale, die sich unter den vom Menschen geschaffenen Bedingungen als vorteilhaft erweisen, wären unter natürlichen Bedingungen nachteilig. Erläutern Sie dies. Berücksichtigen Sie dabei auch das Beispiel der reduzierten Keimungsverzögerung bei Nutzpflanzen.
4. Informieren Sie sich in einem Lehrbuch der Genetik über die verschiedenen Methoden der Tier- und Pflanzenzucht. Stellen Sie Zuchtziele des Menschen für je zwei Beispiele aus der Tier- und Pflanzenzucht zusammen.

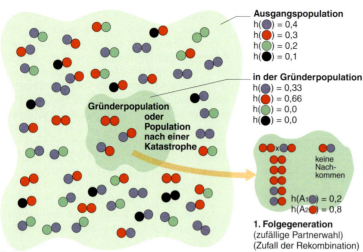

Ausgangspopulation
h(⬤) = 0,4
h(⬤) = 0,3
h(⬤) = 0,2
h(⬤) = 0,1

in der Gründerpopulation
h(⬤) = 0,33
h(⬤) = 0,66
h(⬤) = 0,0
h(⬤) = 0,0

Gründerpopulation
oder
Population
nach einer
Katastrophe

keine
Nach-
kommen

h(A₁⬤) = 0,2
h(A₂⬤) = 0,8

1. Folgegeneration
(zufällige Partnerwahl)
(Zufall der Rekombination)

1 Schema zum Flaschenhalseffekt (h = Häufigkeit)

2 Seitenfleckenleguane

Gendrift — der Zufall verändert Populationen

Urnenexperiment

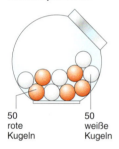

50
rote
Kugeln

50
weiße
Kugeln

Durchführung:
Nach jeder Ziehung wird die
Kugel wieder zurückgelegt
und die Urne geschüttelt.

Versuch A:
1000 Ziehungen
Versuch B:
10 Ziehungen

mögliche Ergebnisse:

Vers.	A	B
A	502	498
B	7	3

Seitenfleckenleguane sind Reptilien, die vorwiegend im Westen Nordamerikas vorkommen. Auf einigen Inseln im Golf von Kalifornien leben kleine Populationen, die im Gegensatz zu den bräunlichen Individuen auf dem Festland dunkelgrün gefärbt sind. Deutlich heben sie sich vom hellen Untergrund ab. Da diese Tiere für Fressfeinde gut genießbar sind und die Färbung bei der Balz keine Bedeutung zu haben scheint, ist Selektion als Erklärung für ihr auffälliges Erscheinungsbild auszuschließen. Biologen gehen davon aus, dass es unter den getarnten Festlandsindividuen immer wieder einzelne grünliche Leguane gegeben hat, die allerdings aufgrund ihrer Auffälligkeit eine vergleichsweise geringe reproduktive Fitness besaßen. Sind kleine Gruppen dieser grünlichen Individuen zufällig auf Inseln ohne Feinde gelangt, konnten sie sich vermehren. Tiere mit diesem Erbgut sind also in den Inselpopulationen viel häufiger vertreten als in denen auf dem Festland. Solche Veränderungen des Genpools durch Zufallsereignisse bezeichnet man als *Gendrift.* (→ 162/163)

Modellhaft kann man die Auswirkungen des Zufalls in der Natur durch ein Urnenexperiment veranschaulichen (siehe Randspalte). Zieht man 1000-mal eine Kugel aus der Urne, würde ein Ergebnis von 700-mal rot zu 300-mal weiß erstaunen. Zieht man dagegen nur 10-mal, ist ein Ergebnis von 7:3 aufgrund der wenigen Versuche durchaus denkbar. Je kleiner die Anzahl der Ziehungen, desto stärker kann sich der Zufall auf das Versuchsergebnis auswirken.

Gründereffekt

Bei den Seitenfleckenleguanen unterscheiden sich die Genpools der Insel- und Festlandpopulationen, weil kleine, nicht repräsentative Teilpopulationen ausgewandert sind und neue Lebensräume besiedelt haben. Diese Form der Gendrift nennt man *Gründereffekt* (Abb. 1).

Flaschenhalseffekt

Kleine Populationen kommen nicht nur auf Inseln, in Bergtälern und Oasen vor, sie entstehen auch nach Katastrophen, Seuchen, Waldbränden oder der Zunahme der Feinde. Bei einer drastischen Reduktion der Populationsgröße kann sich die Zusammensetzung des Genpools durch Zufall verändern. Manche Allele nehmen in ihrer Häufigkeit zu, andere ab, dritte gehen ganz verloren. Diese Form der Gendrift bezeichnet man als *Flaschenhalseffekt* (Abb. 1).

Die Verringerung einer Populationsgröße führt in der Regel zu einer Abnahme der Variabilität, da einzelne Allele nicht mehr vertreten sind. Diese genetische Verarmung wird häufig durch Inzucht und den Zufall bei der Rekombination weiter verstärkt (Abb. 1). Periodische Dürren während der letzten Eiszeit, Krankheiten, aber auch die Bejagung durch den Menschen haben die Geparden fast ausgerottet. Die Populationen sind extrem gefährdet, da ihre genetische Variabilität der von Labormaus-Stämmen ähnelt. An Veränderungen der Umwelt werden sie sich kaum noch anpassen können.

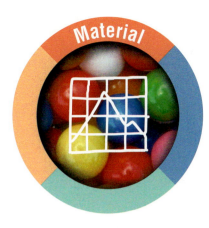

Simulationen zur Gendrift

Evolution der Dunker

Im Jahre 1708 gründete sich im Rheinland eine kleine Baptistensekte, die *Dunker*. Zwischen 1709 und 1729 wanderten etwa 50 Familien dieser Gruppe nach Amerika aus. Sie ließen sich in Pennsylvania nieder. Abgesehen von ihrer etwas altmodischen Kleidung entspricht ihre Lebensweise der der übrigen Amerikaner: Ihre Kinder gehen auf normale Schulen, die medizinische Versorgung ist gut und sie essen typisch amerikanische Speisen. Trotzdem ist es zu keiner echten Integration der Dunker gekommen, da es zu ihren religiösen Vorschriften gehört, ihre Ehepartner nur aus ihrer Religionsgemeinschaft zu wählen.

Anfang der 50er-Jahre des 20. Jahrhunderts untersuchte H. B. GLASS die Häufigkeit der Blutgruppenallele des MN-Systems. Dieses Blutgruppenmerkmal ist vergleichbar mit dem AB0-System, seine Vererbung ist kodominant. Die Untersuchungen von GLASS basierten auf so großen Stichproben, dass kleine Unterschiede in den Allelhäufigkeiten von Bedeutung sind.

	Allelhäufigkeiten	
	h(M)	h(N)
Dunker	0,66	0,34
Rheinländer	0,55	0,45
Amerikaner	0,54	0,46

Aufgaben

1. Ein Ehepaar besitzt die Genotypen MM bzw. MN. Bestimmen Sie die Wahrscheinlichkeit, dass
   a) ihr erstes Kind den Genotyp MM hat,
   b) vier Kinder alle den Genotyp MM haben.

2. Vergleichen Sie die in der Tabelle angegebenen Häufigkeiten der Allele des MN-Systems und deuten Sie das Ergebnis.

Simulation zur Dunker-Evolution

Experimentell lassen sich Zufallsprozesse in Populationen nicht überprüfen. Die Simulationen solcher Vorgänge sind demzufolge eine wichtige wissenschaftliche Methode, um die möglichen Abläufe genauer zu analysieren.

Material:
100 Spielmarken: Sie symbolisieren die Genotypen der einzelnen Individuen in den verschiedenen Populationen.

Urnen, Würfel und folgende Spielmarken

Farbe	Genotyp	Anzahl der Steine
weiß	MM	25
grau	MN	50
schwarz	NN	25

Durchführung der Simulation

1. Spielabschnitt
Bildung der Gründerpopulation in der Gesamtgruppe:
Legen Sie die 100 Spielmarken in die Urne (Ausgangspopulation). Ziehen Sie mit geschlossenen Augen 16 Spielmarken (Gründerpopulation).

2. Spielabschnitt
Bildung der Folgegenerationen:
Legen Sie 16 Marken entsprechend der oben gebildeten Gründerpopulation in die Urne. Ziehen Sie 4-mal 2 Marken (4 Elternpaare); geben Sie die restlichen 8 Marken zum Vorrat. Ermitteln Sie für jedes „Elternpaar" nach folgender Regel 4 Nachkommen:
— MM x MM → 4-mal MM
— NN x NN → 4-mal NN
— MM x MN und NN x MN → Die Genotypen der Nachkommen sind wegen des 2. Elternteils nicht bestimmbar, das zweite Allel (M oder N) muss für alle 4 Nachkommen ausgewürfelt werden (Vorschlag: ungerade Augenzahl des Würfels: M; gerade Augenzahl des Würfels: N).
— MN x MN → Für alle vier Nachkommen muss ausgewürfelt werden, welches Allel er vom „Vater" und welches er von der „Mutter" bekommt.

Alle Nachkommen werden in die Urne gelegt, sie bilden die Folgegeneration.

Aufgaben

3. Bestimmen Sie die Allelhäufigkeiten der Ausgangs-, der Gründer- und der 1. Folgegeneration.
4. Wiederholen Sie den 2. Spielabschnitt 7-mal und bestimmen Sie die Allelhäufigkeiten aller Folgegenerationen. Stellen Sie Ihr Ergebnis grafisch dar.
5. Vergleichen Sie Ihr Ergebnis mit den Ergebnissen der anderen Gruppen. Deuten Sie die Kurvenverläufe.
6. Vergleichen Sie Ihre Simulation mit den in der Population der Dunker vermutlich abgelaufenen Prozessen.

Mehlkäferexperiment

Amerikanische Wissenschaftler experimentierten mit Mehlkäfern, deren Körperfarbe durch die Allele A und B eines Gens bestimmt wird. Für den Versuch verwendeten sie heterozygote Individuen. Die Ausgangspopulationen unterschieden sich lediglich in der Anzahl der Individuen (10, 20, 100). Alle Populationen wurden unter gleichen Bedingungen gehalten. Da der Erbgang intermediär ist, konnten die Allelhäufigkeiten direkt bestimmt werden.

Aus jeder neu gezeugten Generation wurden zufällig Larven ausgewählt, die die Elterntiere der Folgegeneration darstellten. Die Anzahl der ausgewählten Larven war so bemessen, dass die Populationsgrößen während der 20 Generationen unverändert blieben.

Aufgabe

7. Vergleichen Sie die drei Grafiken. Deuten bzw. erklären Sie die Unterschiede und Gemeinsamkeiten.

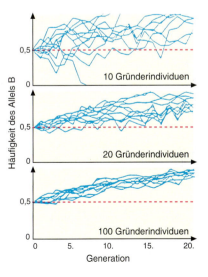

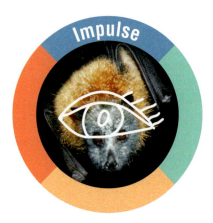

Bionik

Mitte der 50er-Jahre des 20. Jahrhunderts wurde ein belgischer Wissenschaftler von den Klettfrüchten des Nelkenwurz inspiriert, den heute überall verwendeten Klettverschluss zu entwickeln. Schon Viele vor ihm hatten — angeregt durch natürliche Vorbilder — versucht, daran orientierte technische Lösungen zu entwickeln und zu optimieren. Mithilfe der Evolutionstheorie verstehen wir heute, dass Lebewesen das Ergebnis von Optimierungsvorgängen sind. Dadurch gibt die Natur eine Fülle von Vorbildern für technische Optimierungen. Seit den 60er-Jahren des 20. Jahrhunderts sucht man in interdisziplinärer Forschungsarbeit gezielt in der Natur nach Lösungen für technische Probleme. Der Begriff *Bionik* wurde zusammengesetzt aus Biologie und Technik. International spricht man auch von *Biomimetik* (*Mimese* = Nachahmung).

Optimierung

„Leben selbst ist ein erkenntnisgewinnender Prozess."
(KONRAD LORENZ)

„Der Wissensgewinn, den das Genom durch sein Probieren und Beibehalten des am besten Passenden erzielt, hat die ... Folge, dass im lebenden System eine Abbildung der realen Außenwelt entsteht."
(KONRAD LORENZ)

„In der Entwicklung technischer Lösungen hat die Natur Milliarden Jahre Vorsprung."
(ANONYMUS)

„Die Bionik ist die Kunst, technische Probleme durch Kenntnis natürlicher Systeme zu lösen."
(LUCIEN GÉRADIN)

Pioniere in der Luftfahrt

LEONARDO DA VINCI war einer der ersten, der Flugmaschinen entwarf und das Vorbild in der Natur suchte. In einem Notizbuch von 1505 hat er auf die Bedeutung der Fledermaus als Modell für einen Flugapparat hingewiesen. Er meinte, dass es leichter wäre, einen Flügel mit einer zusammenhängenden Flügelhaut zu bauen als einen aus nicht zusammenhängenden „Federn". Die Ähnlichkeit seiner Skizze einer Flugmaschine mit dem Flügel der Fledermaus überrascht daher nicht mehr.

Fledermausflügel

Flugmaschine Leonardo da Vincis

Lilienthals Gleitflug

Der Luftfahrtpionier OTTO LILIENTHAL experimentierte mit Tauben, erforschte Flügelprofile und baute Modelle, bis ihm die ersten flugfähigen Gleitmaschinen zur Verfügung standen. Er war der erste Mensch, dem ein — wenn auch nur kurzer — Gleitflug gelang.

Stellen Sie eine kleine Geschichte der ersten Flugmaschinen zusammen.

Der Kofferfisch auf der Autobahn

Viele Bionik-Erfindungen beruhen auf zufälligen Entdeckungen in der Natur. Dies war bei einem Automodell einer großen Firma nicht der Fall. Hier suchten die Ingenieure gezielt nach einem Vorbild für ein geräumiges, umweltverträgliches Auto. Die Forderung nach einem bequemen Innenraum schloss die als strömungsgünstig bekannte schlanke Tropfenform eines Sportwagens aus. Man entdeckte ein geeignetes Modell im Kofferfisch, der trotz seiner kantigen Struktur fast den Strömungswiderstand eines tropfenförmigen Grundkörpers erreicht.

Das Ergebnis ist ein Auto, das bei guter Fahrleistung nur 4,3 Liter Benzin auf 100 km verbraucht.

Bionik-Ingenieure untersuchen zusätzlich aber auch die Baumaterialien und Oberflächenstrukturen. Welche Fragen und Probleme könnten hinter dieser Forschung stecken?

Der Lotus-Effekt

Der Lotus-Tempel der Bahai-Sekte in Neu-Delhi ist ein Gebäude, das in der Form der Lotus-Blüte gebaut wurde. Diese ist im Hinduismus und Buddhismus seit Jahrtausenden ein Symbol der Reinheit. Wer einmal gesehen hat, wie sich eine saubere Lotusblüte über die Oberfläche eines schlammigen Gewässers erhebt, versteht dies.

Erst die Entwicklung der Rasterelektronenmikroskopie ließ seit den 60er-Jahren des 20. Jahrhunderts eine genaue Betrachtung der Oberflächenstruktur der Lotusblüte zu. Es zeigte sich, dass die Oberfläche der „sauberen Blätter" eine raue Oberfläche aus wasserabstoßenden, wachsartigen Substanzen besitzt (Nanostruktur).

Die meisten Schmutzpartikel sind hydrophil und haften daher nicht gut an der hydrophoben Blattoberfläche. Da sie außerdem nur auf den Spitzen der Mikrostrukturen aufliegen, können sie von jedem Wassertropfen abgewaschen werden. Nur wenige Bakterien und Pilzsporen schaffen es, sich auf solchen Blattoberflächen anzusiedeln. Seit man den Lotus-Effekt in den 90er-Jahren des vorigen Jahrhunderts verstanden hat, hat man ihn technisch für Badezimmerkacheln, Waschbecken, Fassadenfarbe usw. umgesetzt.

Neben den Lotusblättern haben u. a. auch das Schilf, der Kohl und die Kapuzinerkresse die Eigenschaft, dass Verschmutzungen mit wenigen Wassertropfen vom Blatt heruntergewaschen werden können.

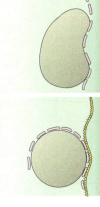

Informieren Sie sich über die kulturgeschichtliche Bedeutung der Lotusblüten im asiatischen Raum.

Warum dürfen technische Oberflächen mit dem Lotus-Effekt nicht mechanisch oder mit Seife gereinigt werden?

Stellen Sie eigene Versuche mit Kohl- oder Kresseblättern an.

Bereiten Sie ein Referat zur Kulturgeschichte und Biologie des Lotus vor.

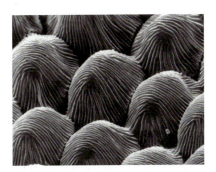

Das Eisbärprinzip im Häuserbau

Eisbären leben in einer kalten Welt, in der jedoch über mehrere Monate die Sonne scheint, ohne unterzugehen. Erst in letzter Zeit hat man die Besonderheiten ihres Fells und ihrer schwarz pigmentierten Haut verstanden. Eisbärhaare reflektieren nicht das gesamte Licht, das auf sie einfällt. Ein Teil dringt in die Haare ein, in denen die Strahlen durch Reflexion bis zu den schwarzen Pigmenten der Haut geleitet werden. Diese Moleküle absorbieren die Lichtenergie und werden dadurch aufgeheizt. Diese Wärme kann dann an Nachbarmoleküle geleitet werden. Da die Luft zwischen den Haaren aber eine schlechte Wärmeleitfähigkeit hat, ist der Eisbär vor Wärmeverlusten geschützt. Der Trick besteht also darin, Wärmeenergie aus Strahlung aufzunehmen und die Verluste durch Wärmeleitung durch Isolation zu verhindern. Im Häuserbau ahmt man dieses Prinzip nach, indem man über einer dunkel gefärbten Wand eine Platte aufbringt, die aus Glasröhrchen zwischen zwei Glasscheiben besteht.

Informieren Sie sich über die Unterschiede von Wärmeleitung und Wärmestrahlung.

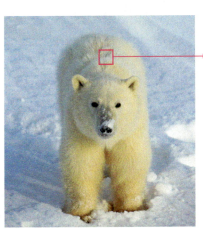

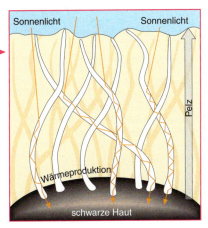

Sonnenlicht   Sonnenlicht

Pelz

Wärmeproduktion

schwarze Haut

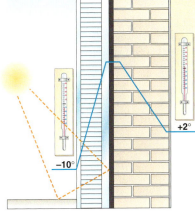

+2°

−10°

1 Grünspecht und Grauspecht

Während die Spechte ursprünglich ein zusammenhängendes Verbreitungsgebiet besaßen, existierten nun zwei getrennte Vorkommen. Die beiden Teilpopulationen hatten jedoch keinen Kontakt mehr, sie waren geografisch voneinander isoliert. Diese *geografische Isolation* hatte für die weitere Entwicklung entscheidende Folgen, denn der Genpool der ursprünglichen Spechtart wurde dadurch in zwei Teile getrennt.

Allgemein können sich vorteilhafte Mutationen durch Rekombination im Verlauf vieler Generationen in einer Population ausbreiten. Dies geht aber nur soweit, wie der sexuelle Austausch der Individuen reicht. Mutationen bleiben darum innerhalb eines Genpools und können nicht auf andere überspringen. Dies war bei den Spechten der Fall. Änderungen im Genpool einer Teilpopulation konnten die anderen nicht erreichen. Außerdem herrschten in den Verbreitungsgebieten der getrennten Populationen unterschiedliche Bedingungen, sodass durch Selektion unterschiedliche Erbanlagen aus den jeweiligen Genpools verschwanden. In der Summe bedeutet dies, dass sich die Genpools beider Teilpopulationen stetig auseinanderentwickelten und mit zunehmender Dauer der Trennung wurden sie immer unähnlicher. Mit dem Rückzug der Gletscher am Ende der Eiszeit breiteten sich die Wälder in Mitteleuropa wieder aus und mit ihnen die Spechte beider Teilpopulationen. Die erneute Begegnung beider Teilpopulationen kann unterschiedliche Folgen haben.

Aus Varianten werden Arten

Grünspecht

Grauspecht

Vorkommen in Europa

Grünspechte und *Grauspechte* leben in ähnlichen Habitaten. Während Grünspechte sich fast ausschließlich am Boden aufhalten und Ameisen fressen, ernähren sich Grauspechte von Insekten und deren Larven aus morschen Bäumen. Zwischen beiden Spechtformen sind Paarungen sehr selten, die Genpools sind getrennt. Grünspecht und Grauspecht stellen deswegen zwei verschiedene Arten dar. (→ 160/161)

Dennoch findet man viele Ähnlichkeiten in Körperbau, Färbung und Verhaltensweisen. Die Unterschiede sind im Vergleich zu anderen Spechtarten sehr gering. Die Ähnlichkeiten führt man auf ähnliche Erbanlagen zurück, und diese wiederum darauf, dass beide Spechtarten von gemeinsamen Vorfahren abstammen. Ein solches Verhältnis wird (in Anlehnung an individuelle Beziehungen) *Verwandtschaft* genannt. Grünspecht und Grauspecht sind nach diesem Verständnis sehr nah verwandte Arten.

Die Entwicklung der Spechtarten

Für die Entstehung beider Arten nimmt man folgenden Ablauf an: Zuerst existierte eine Urart, die in den Wäldern Mitteleuropas verbreitet war. Mit Beginn der Eiszeit vor ca. 100 000 Jahren breiteten sich Eismassen über Mitteleuropa aus (Abb. 2). Damit verschwanden die Wälder, und die Spechte wichen in die verbliebenen Waldbestände im Südwesten und Südosten Europas aus.

Grenze der Vereisung

Alpen

Kältesteppe

2 Eiszeit in Europa vor 65 000 Jahren

Buntspecht

Zum einen kann die Trennung der Populationen erhalten bleiben. Dann gibt es zwei endgültig getrennte Genpools. Die Erhaltung der Trennung kann z. B. daran liegen, dass Balzgesang oder Balzfärbung nicht mehr verstanden werden und sich keine Paare über die Artgrenzen zusammenfinden. Weiterhin ist es möglich, dass solche Paare bei der Aufzucht von Nachkommen erfolglos sind oder dass die Nachkommen solcher Paarungen benachteiligt sind, denn sie stehen z. B. mit beiden Elternarten in Konkurrenz (s. Seite 32). Derartige Isolationsmechanismen haben zur Entstehung der Arten Grünspecht und Grauspecht geführt. Einzelne Eigenschaften, wie z. B. das heutige Vorkommen in Europa, lassen noch die Herkunft aus dem Südwesten bzw. Südosten erkennen.

Zum anderen können Paarungen zwischen Individuen der ehemals getrennten Populationen wieder zu fruchtbaren Nachkommen führen. Dann verschmelzen beide Teilpopulationen wieder und bilden erneut eine einzige Art. Diese besitzt eine große Vielfalt, denn sie vereinigt die genetischen Variabilitäten zweier Populationen. Ein Beispiel hierfür sind die *Blaukehlchen (Luscinia svecica*, s. Abb. Randspalte), die in Europa und im nördlichen Asien vorkommen. Sie haben auf ihrer blauen Brust einen weißen Fleck (Weißsterniges Blaukehlchen, *L. s. cyanecula*) oder einen roten Fleck (Rotsterniges Blaukehlchen, *L. s. svecica*). Das Rotsterniges Blaukehlchen lebt vorwiegend in Tundragebieten und alpinen Hochlagen, das Weißsternige Blaukehlchen ist mehr eine Tieflandform. Man nimmt an, dass die beiden Formen zwei verschiedenen eiszeitlichen Teilpopulationen entstammen.

Allopatrische Artbildung

Die für die Artbildung von Grünspecht und Grauspecht beschriebene Vorstellung enthält ein Ablaufschema, das vielfach als allgemeingültig für alle Artbildungen angesehen wird (Abb. 1). Die *geografische Isolation* ist hierbei ein wesentlicher Schritt im Ablauf, der darum *allopatrische Artbildung* genannt wird. Die räumliche Trennung unterbindet dabei den genetischen Kontakt der Teilpopulationen für längere Zeit, sodass sich die Genpools auseinanderentwickeln können. Ohne räumliche Trennung treffen mögliche Paarungspartner aus den neu getrennten Teilpopulationen weiterhin aufeinander. Sie können dann problemlos Nachkommen zeugen, denn die Genpools besitzen weiterhin große Übereinstimmungen. Damit entsteht

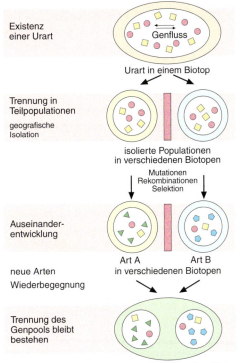

Existenz einer Urart

Genfluss

Urart in einem Biotop

Trennung in Teilpopulationen
geografische Isolation

isolierte Populationen in verschiedenen Biotopen

Mutationen
Rekombinationen
Selektion

Auseinanderentwicklung

Art A Art B
in verschiedenen Biotopen

neue Arten
Wiederbegegnung

Trennung des Genpools bleibt bestehen

beide neue Arten im selben Biotop

1 Schema der allopatrischen Artbildung

allopatrisch
gr. *allos* = anders
lat. *patria* = Heimat

nicht im selben Gebiet vorkommend

ein Genfluss und die Rekombination der Erbanlagen ebnet eventuelle Unterschiede ein. Eine Auseinanderentwicklung ist dann nicht möglich.

Man nimmt darum vielfach an, dass bei der Entstehung von Arten eine geografische Isolation beteiligt gewesen sein muss, dass also Artbildung vorwiegend oder (bei Tieren) sogar ausschließlich allopatrisch geschieht.

Der Ablauf der allopatrischen Artbildung wird aus diesen Gründen als der erste entscheidende Elementarschritt für die Entstehung der Artenvielfalt angesehen. Das Ausmaß der Ähnlichkeit von Arten bildet dabei ein Maß der verwandtschaftlichen Nähe und beschreibt indirekt auch den Zeitpunkt der Auseinanderentwicklung: Je weiter dieser zurückliegt, desto weniger verwandt und desto unähnlicher sind die betrachteten Arten. Beispielsweise besitzen Grün- und Grauspecht auch Ähnlichkeiten mit dem Buntspecht (s. Randspalte Seite 30). Die Unterschiede zum Buntspecht sind jedoch deutlich größer als zwischen den beiden Arten. Sie sind daher untereinander näher verwandt als mit dem Buntspecht, und der gemeinsame Ursprung aller drei Arten liegt weiter in der Vergangenheit.

Blaukehlchen

Isolationsmechanismen trennen Genpools

Grünspecht und Grauspecht sind verschiedene Arten, denn sie paaren sich nicht miteinander. Ihre Genpools sind voneinander isoliert. Artbildung und sexuelle Isolation stehen in engem Zusammenhang.

Jeder Mechanismus, der die Geburt fruchtbarer Nachkommen über die Artgrenzen hinweg verhindert und die Genpooltrennung aufrechterhält, stellt einen *Isolationsmechanismus* dar. Es gibt verschiedene Isolationsmechanismen, die an jedem Schritt der Nachkommenzeugung wirksam sein können (Abb. 1). Man unterscheidet prinzipiell die Isolation, die vor einer potenziellen Befruchtung einer Eizelle bzw. Zygotenbildung wirksam wird *(präzygote Isolation)* von der Isolation, die erst danach wirkt *(postzygote Isolation)*.

1 Isolationsmechanismen

Zu den präzygoten Isolationsmechanismen gehört z. B. die *geografische Isolation*. Sie verhindert die Begegnung potenzieller Partner. Eine *ökologische Isolation* liegt bei spezieller Einnischung vor, wenn zwei Arten z. B. zu verschiedenen Zeiten aktiv sind oder andere Kleinräume bevorzugen. Verhaltenselemente, v. a. zur Balz, enthalten besondere Signale, wie Lautäußerungen und Färbungen, auf die nur Artgenossen reagieren *(ethologische Isolation)*. Bei Insekten gibt es oft artspezifische Begattungsorgane. Die Übertragung des Spermas auf ein artfremdes Weibchen ist dann nicht möglich *(mechanische Isolation)*. Kommt es zu einer Paarung, so kann die Zygotenbildung wegen Unverträglichkeit der Gameten unterbleiben

(gametische Isolation). Bei Pflanzen gibt es z. B. chemische Unverträglichkeiten, die das Austreten des Pollenschlauches auf der Narbe einer artfremden Blüte verhindern.

Bei Pflanzen, die von Insekten bestäubt werden, gibt es weitere Isolationsformen. Viele Insekten zeigen Blütentreue, sie fliegen zu einer Zeit nur Blüten derselben Art und sogar derselben Farbe an. Pflanzen werden dann innerhalb derselben Variante bestäubt. Speziell geformte Blütenblätter bewirken, dass die Bestäubung nur von einer oder wenigen Tierarten vorgenommen werden kann. Beispielsweise besitzen Akelei-Arten verschiedene, mit Nektar gefüllte Blütensporne (Abb. Randspalte). Nur Falter mit passender Rüssellänge gelangen an den Nektar und bestäuben die Blüten. Unter Laborbedingungen kann man zum Teil fertile Nachkommen ziehen, die Bestäuber halten jedoch durch ihren gezielten Blütenbesuch die Isolation der Akelei-Arten aufrecht.

Postzygote Isolationsmechanismen wirken nach erfolgter Befruchtung und Zygotenbildung. Je verschiedener die Genome der Elternindividuen sind, desto wirksamer ist diese Form genetischer Isolation. So kann sich z. B. der Embryo nicht entwickeln und stirbt ab. In anderen Fällen werden zwar gesunde Nachkommen geboren, diese sind aber vielfach steril oder benachteiligt. Das bekannteste Beispiel sind Maultier und Maulesel (Abb. 2), die aus Kreuzungen von Pferd und Esel hervorgehen, aber keine Nachkommen hervorbringen.

Nektarblatt

Akeleiformen

Maulesel (Eselstute und Pferdehengst)

2 Maultier (Pferdestute und Eselhengst)

Beispiele für Isolationsmechanismen

Angesichts der riesigen Artenfülle auf der Erde ist es nicht verwunderlich, dass die Isolationsmöglichkeiten außerordentlich vielfältig sind. Nur in wenigen Fällen kann die Entstehung der sexuellen Isolation zuverlässig rekonstruiert werden. Aber die Bedingungen, die eine bereits vor langer Zeit eingetretene Isolation zwischen Populationen im gleichen Biotop aufrechterhalten, lassen sich auch untersuchen.

Isolation vor Zygotenbildung

a) Geografische Isolation

Im Duisburger Zoo wurde im Jahr 1992 ein Tulu-Fohlen geboren. *Tulus* sind fruchtbare Nachkommen der Kreuzung zwischen Dromedar und Trampeltier, die genetische Distanz der beiden Kamelarten ist also gering. Tulus entstehen nur in Gefangenschaft, da Dromedare und Trampeltiere Verbreitungsgebiete haben, die sich nicht überschneiden. Dromedare kommen natürlich in Nordafrika, Trampeltiere in Zentralasien vor. Sie sind geografisch isoliert.

b) Ökologische Isolation

Ein Beispiel aus dem Bereich der Botanik ist der *Fingerhut*. Der Rote Fingerhut *(Digitalis purpurea)*, der auf sauren Silicatböden gedeiht, ist vorwiegend im Westen zu finden. Im Osten wächst der Großblütige Gelbe Fingerhut *(Digitalis grandiflora)* auf basischen, oft kalkhaltigen Böden. Im Schwarzwald gibt es eine Überlappung der Verbreitungsgebiete. Dennoch können an einem Standort nicht beide Arten zugleich existieren, weil das wechselnde Bodenmilieu jeweils nur für eine Art geeignet ist.

c) Tageszeitliche Isolation

Der *Gelbe Kleefalter* hat sein Aktivitätsoptimum am Tage bei höheren Temperaturen. Die weiße Mutante ist besonders in den frühen Morgenstunden und abends aktiv. Dies zeigt, dass kleine genetische Veränderungen den Genfluss innerhalb einer Population zwischen verschiedenen Varietäten stark behindern können.

d) Ethologische Paarungsisolation

Das Anlocken eines Partners geschieht bei vielen Arten mithilfe artspezifischer Signale, wie Laute, Duftstoffe, Färbungen und anderes. Weibliche Leuchtkäfer reagieren beispielsweise nur auf solche Männchen, die das artspezifische Leuchtmuster aussenden, das durch Leuchtdauer, Dunkelzeiten und Flugbahn charakterisiert ist.

Weitere Ursachen für die Verhinderung des Genflusses zwischen verschiedenen Arten im gleichen Verbreitungsgebiet sind verschiedene Lautsignale bei der Balz von Vögeln, unterschiedliche Sexuallockstoffe bei Schmetterlingen oder Farbmusterdifferenzen bei Fischen. Manchmal kann durch geringfügige Eingriffe die in der Natur sehr wirksame Isolationsschranke beseitigt werden. Beispielsweise konnten bei Möwen Kreuzungen zwischen Arten ausgelöst werden, indem der Kontrast zwischen Augen und Gesichtsfedern verändert wurde.

e) Jahreszeitliche Paarungsisolation

Genfluss kann nur dann auftreten, wenn die Organismen zur selben Zeit fortpflanzungsfähig sind. Ist diese Voraussetzung nicht erfüllt, besitzen sie keinen gemeinsamen Genpool und bilden verschiedene Arten. Frösche haben verschiedene Laichzeiten. Der *Wasserfrosch* laicht von Ende Mai bis Anfang Juni, der *Grasfrosch* zwischen Ende Februar und Anfang April. Bei Pflanzen kommt es auf die Blütezeit an. Die *Gemeine Rosskastanie* blüht am gleichen Standort 14 Tage früher als die *Rote Rosskastanie*. Der *Rote Holunder* blüht von April bis Mai, der *Schwarze Holunder* 2 Monate später.

f) Mechanische Paarungsisolation

Bei Insekten und Spinnen sind die Geschlechtsorgane oft sehr artspezifisch ausgebildet. Aus mechanischen Gründen kann in die Samentaschen des Weibchens kein Sperma übertragen werden, wenn die Begattungsorgane zwischen den Geschlechtern nicht genau wie Schlüssel und Schloss zusammenpassen.

Isolation nach Zygotenbildung

Die zuvor beschriebenen Isolationsmechanismen verhindern Zygotenbildung. Neben der *präzygoten* gibt es aber auch *postzygote Isolation*.

Zwischen den in Nordamerika beheimateten Arten *Leopardfrosch* und *Waldfrosch* kommt es unter Laborbedingungen zur Paarung und es entwickeln sich Keime. Die Entwicklung verläuft aber nur bis zum Gastrulastadium, dann sterben die Keime vermutlich wegen genetisch fehlgesteuerter Differenzierungsprozesse ab. Selbst wenn es in der Natur vereinzelt zu Paarungen käme, entstünden keine lebensfähigen Hybriden.

Material

Evolution der Baumläufer

Baumläufer gehören zur Gattung *Certhia*. In Europa kommen die beiden Arten *Gartenbaumläufer (C. brachydactyla)* und *Waldbaumläufer (C. familiaris)* vor, die sich in vielen Merkmalen gleichen. Sie leben in Gebieten mit größerem Baumbestand. Ihre Nahrung besteht aus kleinen Samen und Spinnen, die in den Ritzen der Borke leben. Ihr Nistplatz ist eine Halbhöhle meist in durch Zweigen geschützten Astgabeln oder Baumvertiefungen. Wegen der großen Ähnlichkeiten bezeichnet man solche Arten als *Zwillingsarten*. Man nimmt bei den Baumläufern eine gemeinsame Abstammung aus einer Stammart an, die vor der Eiszeit in Mitteleuropa existierte. Daneben gibt es auch einige Unterschiede (s. Abb.).

Die Schnabellängen der beiden Baumläuferarten sind unterschiedlich und zwar besonders markant in Mitteleuropa, wo beide Arten nebeneinander vorkommen. Geht man von der Hypothese einer gemeinsamen Stammart aus, sollte man, wie bei vielen anderen Merkmalen auch, eine größere Ähnlichkeit erwarten. Man nennt diese besondere Unterschiedlichkeit in Gebieten des gemeinsamen Vorkommens *Kontrastbetonung*. Auch die Gesänge zeigen eine Kontrastbetonung, sie sind sehr klar unterscheidbar.

Aufgaben

1. Stellen Sie eine begründete Hypothese über die Artbildung von Gartenbaumläufer und Waldbaumläufer auf. Erklären Sie in diesem Zusammenhang auch die heutigen Unterschiede im Vorkommen.
2. Erklären Sie das Zustandekommen der Kontrastbetonungen bei den Schnabellängen. Vergleichen Sie dazu Mitteleuropa mit Regionen, in denen nur eine der beiden Arten vorkommt.
3. Stellen Sie eine begründete Hypothese zur Lösung der Frage auf, wie die ökologischen Unterschiede innerhalb jeder Art entstanden sein könnten.
4. Erklären Sie die Bedeutung des Gesangs bei Singvögeln für Auseinandersetzungen und Partnerwahl. Erklären Sie das Zustandekommen der Kontrastbetonungen beim Gesang.

Gartenbaumläufer

Habitat in Mitteleuropa: Laubmischwälder, Gärten, Parks, seltener Kiefernwälder, insgesamt häufiger im Flachland als im Gebirge

Habitat in Spanien auch Nadelwald, in Nordafrika häufig auch immergrüne Wälder

Vorkommen

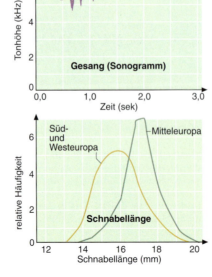

Gesang (Sonogramm)

Tonhöhe (kHz) / Zeit (sek)

Schnabellänge

relative Häufigkeit / Schnabellänge (mm)

Süd- und Westeuropa — Mitteleuropa

Waldbaumläufer

Habitat in Mitteleuropa: dunkler Nadelwald (meist Fichten oder Tannen) im Flachland und im subalpinen Gebirge

Habitat in Asien: Birkenmischwälder, auf den britischen Inseln auch Laubwald und sogar Parks und Gärten

Vorkommen

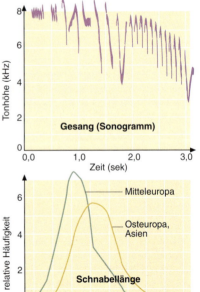

Gesang (Sonogramm)

Tonhöhe (kHz) / Zeit (sek)

Schnabellänge

relative Häufigkeit / Schnabellänge (mm)

Mitteleuropa — Osteuropa, Asien

Hybridisierungen — Problemfälle der Isolation

Löwen und Tiger sind für uns unverwechselbar, denn ihre Artzugehörigkeit ist aufgrund ihrer jeweiligen offensichtlichen Merkmale eindeutig. Deshalb ist es schon ungewöhnlich, einen Liger, also einen Mischling aus Löwe und Tiger zu sehen (s. Randspalte). Solche Mischlinge *(Hybride)* entstehen nur in künstlichen Zoosituationen. Man geht im Allgemeinen davon aus, dass die Faktoren, die Arten voneinander isolieren, eine dauerhafte, stabile Grenze bilden. Hybride galten lange als seltene Ausnahmefälle, doch neuere Erkenntnisse relativieren diese Ansicht.

Ein Beispiel sind Schlickgräser *(Spartina)* von der Nordsee (Abb. 1). Ursprünglich war *S. maritima* (Chromosomensatz AA) an der englischen Südküste heimisch. Im Jahr 1816 wurde dort erstmals *S. alterniflora* (Chromosomensatz BB) beobachtet, die unbeabsichtigt aus Nordamerika eingeschleppt worden war. 1870 entdeckte man sterile Hybridpflanzen *(S. townsendii*, AB) und 1892 konnte man erstmals fertile Pflanzen nachweisen, die *S. anglica* genannt wurden. Spätere genetische Untersuchungen haben gezeigt, dass die Sterilität von *S. townsendii* auf Meioseprobleme zurückzuführen ist. Erst durch die Verdopplung der Chromosomen entstand die fertile Art *S. anglica* (Chromosomensatz AABB), die inzwischen weit verbreitet ist.

Ein weiteres Beispiel für Arthybride ist der Wasserfrosch *(Rana esculenta)*. Er kommt von Frankreich bis nach Sibirien vor. Erst 1967 wurde nachgewiesen, dass er eine Hybridart zwischen Teichfrosch *(R. lessonae)* und Seefrosch *(R. ridibunda)* darstellt. Wasserfrösche besitzen je einen Chromosomensatz beider Elternarten. Reine esculenta-Populationen weisen eine rasch abnehmende Schlüpfrate und vermehrte embryonale Missbildungen auf. Ursache ist eine ungewöhnliche Form der Gametenbildung: Während der Reifung der Keimdrüsen wird der elterliche ridibunda-Chromosomensatz komplett aus der Keimbahn ausgeschlossen und der verbleibende Satz verdoppelt *(Hybridogenese)*. Dadurch gelangt immer ein unveränderter lessonae-Chromosomensatz in die Keimzellen, in dem nachteilige Mutationen bestehen bleiben. *R. esculenta* kann sich deswegen nur durch Rückkreuzung mit *R. ridibunda* fortpflanzen, wobei wieder *R. esculenta* entstehen. Neuere Untersuchungen haben allerdings gezeigt, dass die Variabilität von *R. esculenta* größer ist als vermutet. In machen Populationen gelangt der ridibunda-Chromosomensatz in die Keimzellen, in anderen kommen sogar beide Formen nebeneinander vor. Es scheint nur eine Frage der Zeit zu sein, bis erste *R. esculenta* gefunden werden, die sich unabhängig von den Elternarten fortpflanzen können.

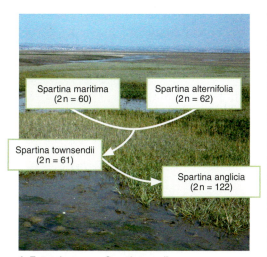

Liger sind Mischlinge aus Löwe und Tiger

Aufgabe

① Bei den Galapagos-Finken wurden unter besonderen Bedingungen (z. B. bei Weibchenmangel) zeitlich begrenzte Hybridisierungen beobachtet. Erklären Sie, welchen Einfluss dies auf den Genpool einer Art haben kann.

Spartina maritima
(2 n = 60)

Spartina alternifolia
(2 n = 62)

Spartina townsendii
(2 n = 61)

Spartina anglicia
(2 n = 122)

1 Entstehung von Spartina anglica

Teichfrosch

Seefrosch

Wasserfrosch

2 Teichfrosch, Wasserfrosch und Seefrosch

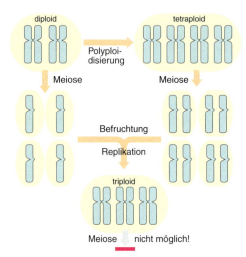

1 Artbildung durch Polyploidisierung

Artbildung ohne geografische Isolation

Die Trennung des ursprünglichen Genpools durch *allopatrische Artbildung* ist leicht zu verstehen. Es stellt sich aber die Frage, ob Artbildungen im selben Lebensraum, d.h. auch ohne vorausgehende geografische Isolation stattfinden können.

Bei der Erforschung von afrikanischen Fischschwärmen hat man Hinweise gefunden, die für eine derartige *sympatrische Artbildung* sprechen. So ist zum Beispiel in einem Kratersee keine räumliche Trennung möglich. Die Fischarten im See sind aufgrund genetischer Analysen untereinander näher verwandt als mit denen aus den angrenzenden

sympatrisch
sym (gr.) = zusammen
patria (lat.) = Heimat

zusammen vorkommend, im selben Gebiet lebend

Flüssen, von denen sie wahrscheinlich abstammen (siehe Kasten). Sympatrische Artbildung kommt demnach tatsächlich vor.

Bei jeder Bildung von Arten aus einer Ursprungsart muss es einen Mechanismus geben, der eine Fortpflanzungsgemeinschaft teilt und die Teilpopulationen voneinander isoliert. Kurz nach der Trennung wäre die Zeugung fruchtbarer Nachkommen problemlos möglich, da die Individuen der Teilpopulationen genetisch noch sehr ähnlich sind (s. Seite 31). Wenn sie aber sympatrisch leben und sich ständig begegnen, ist eine Fortpflanzungsbarriere zwischen ihnen nur schwer vorstellbar.

Einen möglichen Mechanismus kennt man aus dem Pflanzenreich, die *Polyploidisierung* (s. Abb. 1). Durch Fehler während der Meiose können anstelle von haploiden diploide Keimzellen entstehen. Die Befruchtung eines diploiden Gameten mit einem haploiden Gameten der Ausgangspflanzen führt zu triploiden Zygoten. Diese sind eventuell nicht existenzfähig, oder sie sind steril, denn sie können selbst keine Gameten bilden, da die Meiose mit einem ungeraden Chromosomensatz nicht möglich ist. Pflanzen mit verdoppeltem Chromosomensatz können sich daher nur untereinander befruchten. Sie sind dadurch von anderen Pflanzen isoliert und bilden spontan eine neue Art.

Für die sympatrische Artbildung bei Tieren sind bisher keine genaueren Mechanismen bekannt. Man ist dafür auf konzeptionelle Modelle angewiesen, die plausible Mechanismen vorschlagen. Aufgrund der geneti-

ettelkasten

Artenschwarm im Barombi Mbo

Der Vulkan Barombi Mbo liegt in Kamerun, Westafrika. Er ist schon längere Zeit nicht mehr aktiv. In seinem glatten schüsselförmigen Krater befindet sich ein See von 4,2 km² Größe und bis 110 m Tiefe, der einen sehr kurzen Zufluss und einen Abfluss besitzt. Sauerstoff kommt nur bis 40 m Tiefe vor. Im Kratersee des Barombi Mbo leben 11 verschiedene endemische Buntbarsch-Arten, deren verwandtschaftliche Beziehungen zueinander und zu Arten im angrenzenden Flusssystem untersucht wurden. Dazu wurde ein Stück mitochondrialer DNA (340 Basenpaare lang) des Gens von Cytochrom c sequenziert und verglichen. Aus den ermittelten Ähnlichkeiten wurde der wahrscheinlichste Stammbaum ermittelt: Die Arten im See sind untereinander deutlich näher verwandt als mit den Arten aus angrenzenden Flüssen. Die vorher favorisierte Hypothese ging von einer mehrfach erfolgten Besiedlung aus den Flüssen aus; dann hätte aber mindestens eine Seeart, nämlich die zuletzt eingewanderte, eine engere Verwandtschaft mit einer Flussart aufweisen müssen. Dies ist aber bei den 11 Arten in Barombi Mbo nicht der Fall.

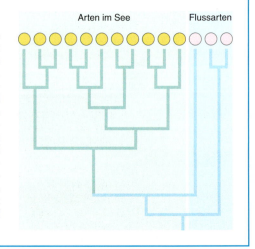

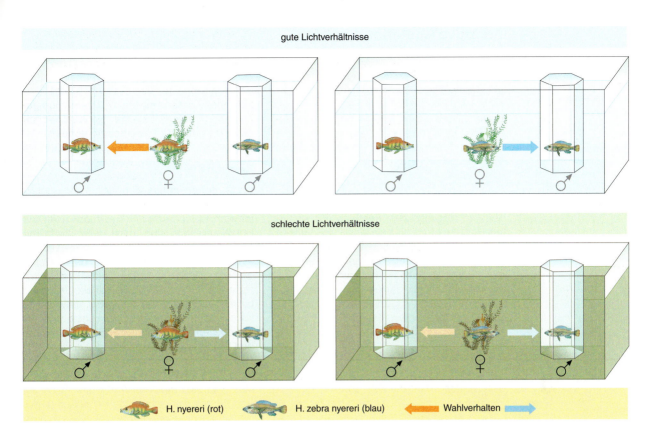

gute Lichtverhältnisse

schlechte Lichtverhältnisse

H. nyereri (rot)   H. zebra nyereri (blau)   Wahlverhalten

1 Experiment zur Partnerwahl mit Buntbarschen (Haplochromis)

schen Nähe von Teilpopulationen kurz nach der Teilung sind nur präzygotische Isolationsmechanismen denkbar, vor allem aus dem Bereich des Verhaltens. Die meisten Modelle basieren auf der Partnerwahl und deren Präferenzen. Weibchen suchen aus dem Kreis der Kandidaten nur Partner mit Merkmalen aus, die ihrer Präferenz am nächsten kommen. Bei einer veränderten Präferenz kann sich auf diese Weise innerhalb der bestehenden Population eine Teilpopulation bilden, die nur untereinander Nachkommen zeugt. Es würde ein Teilgenpool entstehen, der durch die gezielte Partnerwahl vom Rest isoliert ist. Experimentelle Hinweise darauf, dass dieser Mechanismus möglich ist, kann man aus Wahlversuchen erhalten (Abb. 1). Die Buntbarschweibchen bevorzugen Männchen bestimmter Färbung, wenn die Sichtverhältnisse eine klare Unterscheidung ermöglichen.

Einige Beobachtungen lassen sich mit diesem Mechanismus besser erklären als mit der allopatrischen Artbildung. So entstanden in den ostafrikanischen Seen Fisch-Artenschwärme von mehreren hundert nah verwandten Arten in nur wenigen Jahrtau-

senden. Ihre hohe Bildungsgeschwindigkeit kann durch sympatrische Artbildung erklärt werden. Ebenso wird verständlich, dass heute durch zunehmende Trübung, z. B. im Victoriasee, die Farbmerkmale nicht mehr deutlich erkennbar sind und dadurch vorher bestehende Artgrenzen zusammenbrechen. Einige Arten verschmelzen wieder zu einer Art mit indifferenter Färbung. Wegen der immer noch sehr geringen genetischen Distanz zwischen den Ausgangsarten ist dies offenbar problemlos möglich.

Eine weitere Möglichkeit stellt die Partnerwahl an besonderen Orten dar, wie bestimmten Nahrungspflanzen. Wenn beispielsweise Insekten Pflanzen einer Blütenfarbe bevorzugen und dort auch ihre Partner suchen, kann die Bildung eines Teilgenpools aufgrund ökologischer Präferenzen erfolgen. Auch dieser Ablauf beschreibt eine sympatrische Artbildung.

Aufgabe

① Vergleichen Sie präzygote und postzygote Isolationsmechanismen bezüglich der Stabilität von Artgrenzen.

Adaptive Radiation

Auf seiner Forschungsreise erreichte CHARLES DARWIN 1835 die Galapagosinseln. Dieser Archipel liegt 1 000 km westlich des südamerikanischen Kontinents im Pazifischen Ozean. Es besteht aus 14 unterschiedlich großen Inseln. Vor 1 bis 5 Mio. Jahren ist die gesamte Inselgruppe durch unterseeische Vulkanausbrüche entstanden. Landkontakt zum Festland bestand nie.

DARWIN erkannte sehr bald, dass auf den Inseln im Vergleich zum Festland nur wenige Vogelarten leben und Gruppen wie Meisen, Baumläufer, Spechte sowie Fliegenschnäpper völlig fehlen, dagegen aber finkenähnliche Kleinvögel in einer erstaunlichen Vielfalt vorkommen. Trotz der Größenunterschiede ähneln sich diese Vögel in Bezug auf Körper- und Flügelform sowie Gefieder sehr. Auffallend sind die Unterschiede in Form und Größe ihrer Schnäbel. Sie sind so unterschiedlich wie die von Kernbeißer, Specht und Sperling. Heute kennt man 13 verschiedene Finkenarten auf Galapagos. Sie kommen nur dort vor, sind also *Endemiten*. (→ 160/161)

Einnischung

Unter dem Einfluss des kalten Humboldtstromes ist das Klima kühler und trockener, als man es für tropische Inseln erwartet. Die Küstenregionen sind meist wüstenhaft, mit zunehmender Höhe fällt mehr Regen, die Vegetation wird reichhaltiger, in den Mittellagen der großen Inseln mit ihren Regenwaldzonen ist sie sogar üppig. Diese Vielfalt an Lebensräumen bietet ein breit gefächertes Nahrungsangebot. So ernähren sich *Kaktus-Grundfinken* überwiegend vom Nektar und Fruchtfleisch der Kakteen. *Laubsängerfinken* picken mit ihrem spitzen Schnabel bevorzugt Insekten von der Borke der Bäume. *Spitzschnabel-Grundfinken* — oft als *Vampirfinken* bezeichnet — haben ein ungewöhnliches Verhalten entwickelt. Sie setzen sich auf die Rücken von Tölpeln, hacken auf deren Gefieder ein, bis Blut fließt, und trinken davon. *Spechtfinken* besitzen im Gegensatz zu unseren Spechten keine lange Zunge und keinen meißelförmigen Schnabel. Mithilfe eines Kaktusstachels gelingt es ihnen aber, Insektenlarven aus kleinen Bohrlöchern im Holz der Bäume herauszuholen.

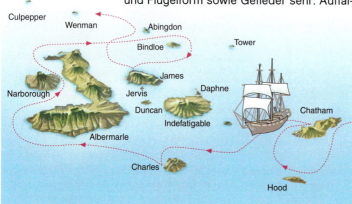

1 Galapagos-Inseln mit DARWINS Route 1835

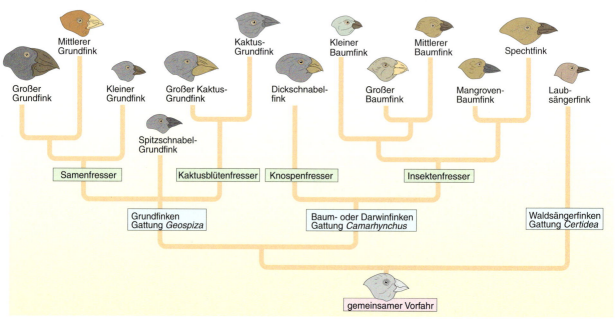

2 Stammbaum der Finken

Art	Regenwald	Kakteen	offenes Gelände und lichter Wald	
	pflanzliche und tierische Nahrung		derbe Samen	Beeren, Sämereien
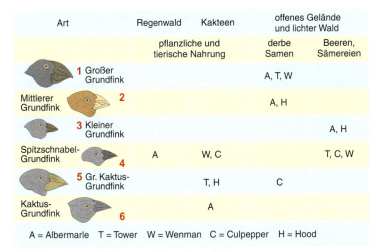 1 Großer Grundfink			A, T, W	
Mittlerer Grundfink 2			A, H	
3 Kleiner Grundfink				A, H
Spitzschnabel-Grundfink 4	A	W, C		T, C, W
5 Gr. Kaktus-Grundfink		T, H	C	
Kaktus-Grundfink 6		A		

A = Albermarle   T = Tower   W = Wenman   C = Culpepper   H = Hood

1 Vorkommen und Nahrung einiger Grundfinken

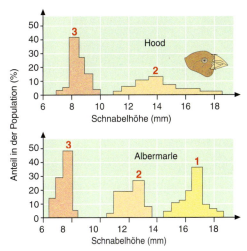

2 Variation der Schnabelhöhe von 3 Finkenarten

Jede der Finkenarten hat ihre eigene ökologische Nische (Abb. 1). Sie kann auf den verschiedenen Inseln unterschiedlich sein (Abb. 2). Leben zwei Arten sympatrisch und konkurrieren um ähnliche Nahrungsquellen, kommt es zu einer verstärkten Spezialisierung *(Kontrastbetonung)* und damit zu Konkurrenzvermeidung (Abb. 1, 2).

Der Radiationsvorgang

Bereits DARWIN war davon überzeugt, dass alle 13 Finkenarten aus einer Stammart hervorgegangen sind (Abb. 38.2). Die Analyse der mitochondrialen DNA bestätigt diese Vorstellung. Man geht heute davon aus, dass vor mehr als 1 Mio. Jahren eine kleine Gruppe von Finken, vielleicht auf einem Floß von Baumstämmen, auf eine der Inseln verschlagen worden ist. Bei ihrer Ankunft waren viele ökologische Planstellen frei. Die Gründerpopulation konnte sich rasch vermehren. Aufgrund von Mutation, Rekombination und Selektion kam es zur Bildung verschiedener Unterarten.

Neue Arten sind jedoch ausschließlich als Folge geografischer Isolation entstanden: Gelangte eine kleine Gruppe von Finken auf eine der Nachbarinseln, wiederholten sich im Prinzip die Evolutionsprozesse, die bei der Erstbesiedlung der Ausgangsinsel abgelaufen waren. Allerdings waren die ökologischen Bedingungen auf den einzelnen Inseln unterschiedlich. Dementsprechend zogen derartige Unterschiede auch divergente Selektions- und Einnischungsprozesse nach sich. Kamen Populationen, die lange Zeit isoliert waren, wieder in Kontakt miteinan-

Kleiner Baumfink

Vampirfink

Spechtfink

Kleiner Grundfink

der, waren sie möglicherweise so verschieden, dass sich ihre Genpools nicht mehr vermischten. Neue Arten waren entstanden, die nun nebeneinander koexistieren konnten, ohne direkte Konkurrenten zu sein.

Diese Vorgänge der Neubesiedlungen, der Einnischung und der Rückwanderung haben sich vermutlich vielfach wiederholt und dazu geführt, dass sich aus einer Gründerart 13 Finkenarten entwickelt haben. Eine solche Aufspaltung einer Stammart in zahlreiche neue Arten unter Anpassung an verschiedene ökologische Bedingungen bezeichnet man als *adaptive Radiation*.

Adaptive Radiationen stehen oft mit der Erschließung neuer Lebensräume im Zusammenhang. Ein besonders eindrucksvolles Beispiel ist die Radiation der Beuteltiere. Sie sind die vorherrschende Säugetiergruppe Australiens und bilden dort die gleichen ökologischen Nischen, die in anderen Teilen der Welt zu den Plazentatieren gehören. Die Beuteltiere haben sich in Südamerika entwickelt. Von dort konnten sie nach Australien wandern, da beide Kontinente lange Zeit über eine Landbrücke verbunden waren. Bis auf die Opossums wurden die Beuteltiere in Südamerika später von den Plazentatieren verdrängt. In Australien blieben sie konkurrenzlos.

Aufgabe

(1) 1000 km nordöstlich der Galapagosinseln liegt die Kocos-Insel. Sie bietet viele verschiedene Lebensräume. Erläutern Sie, warum hier nur eine Finkenart lebt.

Ameisenbeutler	**Ameisenbär**
Beutelmull	**Maulwurf**

1 Stellenäquivalenz bei Beuteltieren und Säugern

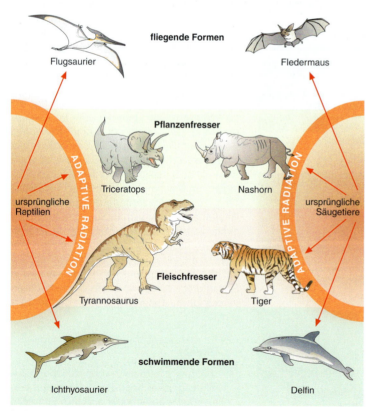

2 Stellenäquivalenz bei Sauriern und Säugern

Ökologische Planstellen

Adaptive Radiationen, also Mehrfachaufspaltungen einer Art, zeichnen sich dadurch aus, dass aus einer Ursprungsart in relativ kurzer Zeit viele neue Arten entstehen (s. Seite 38). Es gibt typische Situationen, in denen adaptive Radiationen möglich sind, da bestimmte Voraussetzungen gegeben sind.

Eine Voraussetzung ist die Existenz unbewohnter oder frei werdender Lebensräume. Beispielsweise fanden Finken in den Galapagos-Inseln einen solchen Lebensraum vor. Dieser bot neu entstandenen Arten so lange genügend Ressourcen, bis die Inseln vollständig in Nischen aufgeteilt waren. Durch *transformierende Selektion* entstanden dabei jeweils Formen, die entsprechend den Möglichkeiten von Kleinvögeln an ihre Umwelt gut angepasst waren. Dies ist der adaptive Aspekt der Radiation.

Dieses Szenario trifft auch auf größere taxonomische Einheiten zu, wenn die Lebensräume und Zeiträume entsprechend groß sind. So haben Radiationen bei den Beuteltieren Australiens zu einer großen Artenvielfalt mit unterschiedlichsten Nischen geführt. Vergleicht man Beuteltiere mit Säugern anderer Kontinente, so stellt man erstaunliche Übereinstimmungen fest. Überall gibt es charakteristische Organismen, die in ihrem Ökosystem dieselben Funktionen (*ökologische Planstelle*) wahrnehmen (Abb. 1). Dies nennt man *Stellenäquivalenz*. Es ist offenbar so, dass eine „Rollenverteilung" in allen Ökosystemen durch Selektion begünstigt ist. Sie stellt sich immer wieder konvergent ein und führt bei den jeweiligen Organismen zu ähnlichem Aussehen. Derartige Radiationen kamen auch in der Erdgeschichte vor: Nach dem Aussterben der Saurier haben neu entstandene Säugerarten die freien Stellen besetzen können (Abb. 2).

Ein weiterer wichtiger Startpunkt für adaptive Radiationen ist das Auftreten sogenannter „Schlüsselerfindungen", die viele neue Möglichkeiten eröffnen. Die wichtigste war sicherlich die Erfindung der Fotosynthese, denn die Nutzung der Sonnenenergie war eine grundlegende Voraussetzung für die Evolution aller weiteren Organismen auf der Erde. Die Entwicklung des Ligninstoffwechsels ermöglichte den Pflanzen die Bildung von Wasserleitungsbahnen und verholzter Stämme. Evolutive Neuheiten waren z. B. der Chitinstoffwechsel, die Vierfüßigkeit der Wirbeltiere und die Entwicklung von Flügeln.

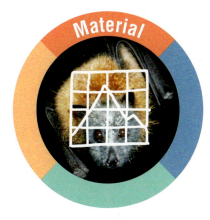

Material

Radiation der Fledertiere

Fledertiere sind nach den Nagetieren die zweitgrößte Säugetierordnung. Sie werden in zwei Gruppen — die Fledermäuse und die Flughunde — eingeteilt. Die Schweinsnasen-Fledermaus ist mit 2 g Körpergewicht und 3 cm Länge der kleinste Vertreter, der größte — ein Flughund — erreicht bei 40 cm Körperlänge ungefähr 1,7 m Flügelspannweite. Während es einige Vertreter nur in Asien und Afrika oder in Amerika gibt, sind andere weltweit verbreitet. Fledermäuse zählen bei neu entstandenen Inseln zu den Pionieren unter den Säugetieren und haben nahezu alle Gebiete besiedelt. Die Kombination von Flugfähigkeit und Ultraschallorientierung macht sie zu einzigartigen Nachtjägern.

Aufgaben

① Nennen Sie Eigenschaften der Fledertiere, die die Artenvielfalt und die weite Verbreitung fördern.

② Welche Bedeutung kann die Körpergröße für die unterschiedlichen Einnischungen der Fledertiere haben?

Stammbaum

Die ältesten bekannten Fledertierfossilien sind 50 Millionen Jahre alt. Insgesamt sind 67 fossile Gattungen nachgewiesen, von denen 37 noch heute existieren. Alle bekannten Fossilien ähneln modernen Arten schon sehr stark, sodass die Entwicklung der Flugfähigkeit noch nicht geklärt werden konnte. Flughunde und Fledermäuse besitzen so unterschiedliche Merkmale, dass ihre gemeinsame Abstammung eine Zeit lang angezweifelt wurde. Eine Untersuchung ihrer DNA und ihrer Parasiten scheint aber einen gemeinsamen Ursprung zu belegen.

Aufgaben

③ Informieren Sie sich über die unterschiedlichen Merkmale von Fledermäusen und Flughunden und stellen Sie diese in einer Tabelle dar.

④ Welche Bedeutung haben gemeinsame bzw. ähnliche Parasiten?

Vielfältige Flugeigenschaften

Fledermäuse können ihre Beute im freien Luftraum, in Waldbeständen oder in halboffenen Landschaften jagen. Dies stellt unterschiedliche Anforderungen an Fluggeschwindigkeit und Manövrierfähigkeit. Je größer eine Fledermaus ist und je schmaler ihre Flügel sind, desto schneller kann sie fliegen. Da die Flügelflächenbelastung dann aber größer ist, kann sie schlechter manövrieren.

Aufgabe

⑤ Charakterisieren Sie die Flugeigenschaften der rechts abgebildeten Fledermausarten.

1 Archaeycteris trigonodon

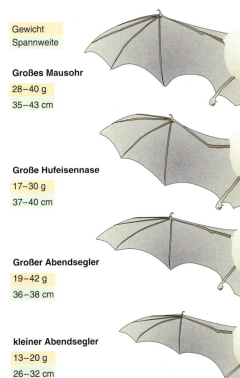

Gewicht
Spannweite

Großes Mausohr
28–40 g
35–43 cm

Große Hufeisennase
17–30 g
37–40 cm

Großer Abendsegler
19–42 g
36–38 cm

kleiner Abendsegler
13–20 g
26–32 cm

2 Flügel europäischer Fledermausarten

Einnischung

In den Wäldern Panamas leben über 20 verschiedene Fledermausarten, von denen einige Arten in Abbildung 3 dargestellt sind.

Aufgabe

⑥ Erläutern Sie, wie es in der Evolution ausgehend von Insekten fressenden „Urfledermäusen" zur Umstellung auf die entsprechend anderen Ernährungsweisen kommen konnte.

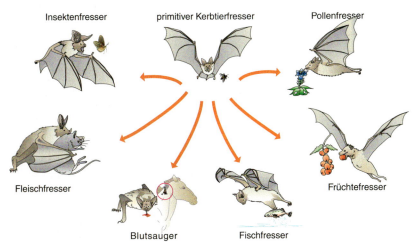

Insektenfresser   primitiver Kerbtierfresser   Pollenfresser

Fleischfresser

Früchtefresser

Blutsauger   Fischfresser

3 Fledermäuse Panamas

Entstehung von Inseln

Als Inseln bezeichnet man von Wasser umgebene Landmassen in Meeren, Binnengewässern oder Flüssen. Inseln entstehen, wenn das umgebende Land überflutet wird oder wenn sich der Gewässerboden lokal hebt.

Viele Meeresinseln ruhen auf dem Festlandsockel, die ozeanischen Inseln ragen dagegen frei von den Kontinenten aus dem Meer auf. Sie gehen meist auf vulkanische Aktivität zurück oder wurden durch Korallen aufgebaut.

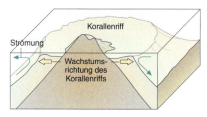

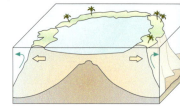

Inseln

Selektion auf Inseln

Die Kerguelen sind Inseln im südlichen Indischen Ozean, die starken Winden ausgesetzt sind. Hier leben mehrere Fliegen- und Schmetterlingsarten, deren Flügel so stark verkümmert sind, dass sie nicht mehr fliegen können. Mutationen, die zu einer Rückbildung der Flügel führten, waren für ihre Träger von Vorteil, denn sie wurden weniger leicht als ihre fliegenden Artgenossen auf das Meer getrieben.

Dokumentieren Sie die Entstehung einer Koralleninsel (Atoll) in einem Poster oder im Modellbau.

Halligen sind kleine Inseln im Wattenmeer. Stellen Sie ihre Entstehung der von Koralleninseln gegenüber.

CHARLES DARWIN machte seine bahnbrechenden Beobachtungen zur Selektionstheorie und Artbildung auf den Galapagosinseln. Die Erforschung von Inseln hat immer wieder zu wichtigen evolutionsbiologischen Erkenntnissen geführt. Worauf ist das zurückzuführen?

Homo floresiensis   *Homo sapiens*

In einer Kalksteinhöhle auf der indonesischen Insel Flores entdeckten Archäologen im Jahre 2004 das nahezu komplette Skelett einer etwa einen Meter großen erwachsenen Frau sowie Knochen und Zähne von weiteren Individuen einer möglicherweise neuen kleinen Menschenart *Homo floresiensis*. In Größe und Gehirnvolumen (380 cm^3) ähnelt der Flores-Mensch („Hobbit") eher den kleinsten afrikanischen *Australopithecus*-Arten, aber die Form der Zähne und des Gesichtsschädels sowie Herstellung und Gebrauch von Werkzeugen weisen ihn als Abkömmling von *Homo erectus*

aus. Er lebte vermutlich vor 38 000 bis 18 000 Jahren, also zur gleichen Zeit wie *Homo sapiens*.

Auch andere Inselarten sind ungewöhnlich klein, z. B. der Zwergelefant *Stegodon*. Auf Inseln mit begrenzten Nahrungsressourcen kann Zwergwuchs einen Selektionsvorteil darstellen, Isolation und Inzucht fördern die Verzwergung.

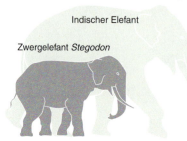

Indischer Elefant

Zwergelefant *Stegodon*

Inseltheorie

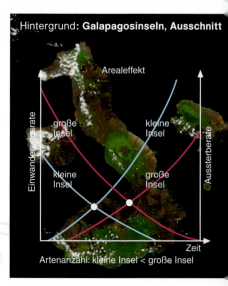

Hintergrund: **Galapagosinseln, Ausschnitt**

Arealeffekt

Einwanderungsrate

große Insel

kleine Insel

kleine Insel

große Insel

Aussterberate

Zeit

Artenanzahl: kleine Insel < große Insel

Neue Inseln

Im November 1963 gab es 30 km entfernt von der Küste Islands einen untersee-ischen Vulkanausbruch. Es entstand die 220 ha große Insel *Surtsey*. Sie wurde zum Naturschutzgebiet erklärt und Biologen untersuchten systematisch ihre Besiedlung. In den ersten Jahren wurden Pionierbesiedler immer wieder durch neue Ausbrüche ausgelöscht. Erstbesiedler von Surtsey waren Stickstoff fixierende Cyanobakterien im Erdboden und an Thermalquellen, Moose und Flechten auf Gestein. Die ersten Gefäßpflanzen keimten auf Ascheboden.

Auch in der Region des heutigen Indonesien entstand im 19. Jahrhundert eine neue Insel. **Beschreiben Sie in einem Referat den Ausbruch der Vulkaninsel Krakatau in der Sundastraße, die Folgen für die Menschen sowie die Entstehung und Besiedlung der neuen Insel.**

Lebewesen können Inseln auf verschiedenen Wegen erreichen:
— durch die Luft: Insekten, Spinnen (aeroplanktisch an Fäden), Vögel, leichte Pflanzensamen und Sporen (Moose, Farne)
— über das Wasser: aktiv schwimmend, aber auch passiv auf Treibholz, treibend wie die Schwimmfrüchte von Pflanzen, austreibende Pflanzenteile im Strandanwurf
— mit anderen Tieren: Ektoparasiten und Kommensalen von Vögeln, Klettfrüchte, unverdaute Samen und Früchte
— mit den Menschen, z. B. Wissenschaftlern, Schaulustigen, Fischern: im Erdreich am Schuhwerk, mit der Nahrung

Inwieweit unterscheidet sich die Erstbesiedlung von Inseln von der erdgeschichtlichen Erstbesiedlung des Festlandes?

Viele für echte Inseln ermittelte biologische Prinzipien lassen sich auf Biotopinseln übertragen, also z. B. Oasen in der Wüste, Seen in der Landschaft, Baumstümpfe in einem Wald oder Naturschutzgebiete in einem „Meer" landwirtschaftlicher Nutzflächen. Auch hier ist die Artenanzahl besonders groß, wenn die Inseln groß sind und dicht beieinander liegen (vgl. *Inseltheorie*).

Was bedeutet die „Verinselung" der Landschaft durch Siedlungsflächen und Straßen für die Vielfalt innerhalb der restlichen Naturflächen?

Oasen sind Lebensinseln in der Wüste

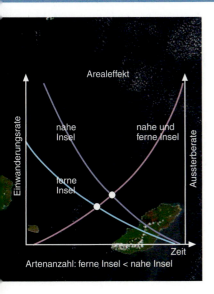

Arealeffekt

Einwanderungsrate

nahe Insel

nahe und ferne Insel

ferne Insel

Aussterberate

Zeit

Artenanzahl: ferne Insel < nahe Insel

Inseln haben eine fest umrissene Fläche, einen messbaren Abstand voneinander bzw. vom Festland und kommen in den unterschiedlichsten Klimazonen vor, sie eignen sich daher in idealer Weise zur Untersuchung biologischer Entwicklungen. Nach der Inseltheorie (MCARTHUR und WILSON) steigt die Artenanzahl mit zunehmender Inselgröße *(Arealeffekt)* und zunehmender Nähe zu anderen Inseln sowie dem Festland *(Entfernungseffekt)*. Ausgeglichen ist die Artenzahl auf einer Insel, sobald ebenso viele Arten zuwandern wie aussterben.

Inseln, die durch einen Damm oder eine Brücke mit dem Festland verbunden wurden, gelten geografisch weiterhin als Inseln, in biologischer Hinsicht haben sich die Bedingungen aber geändert. Begründen Sie.

Sylt mit Hindenburgdamm

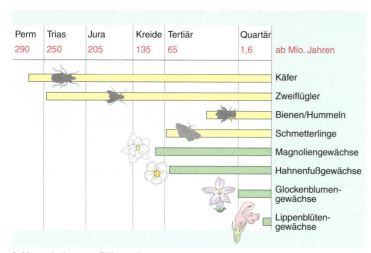

Perm	Trias	Jura	Kreide	Tertiär		Quartär	
290	250	205	135	65		1,6	ab Mio. Jahren

Käfer

Zweiflügler

Bienen/Hummeln

Schmetterlinge

Magnoliengewächse

Hahnenfußgewächse

Glockenblumen-
gewächse

Lippenblüten-
gewächse

1 Koevolution von Blütenpflanzen und bestäubenden Insekten

2 Sternorchidee mit langem Sporn und Schwärmer mit extrem langem Rüssel

röhren-
förmige
Blatt-
scheiden

Vegetations-
punkt

verkürzter
Spross

Wurzel

Bau eines Grases
(Schema)

Koevolution: Anpassung und Gegenanpassung

Keine Art lebt allein, jede Art ist in ihrem Lebensraum gleichzeitig ein Teil der biotischen Umwelt von anderen Mitgliedern der Biozönose. Verändert sich eine Art durch natürliche Selektion, verändert sich damit auch die Umwelt der Mitbewohner und die Selektionsfaktoren sind anders. Eine solche wechselseitige Beeinflussung in der Evolution zweier Arten bezeichnet man als *Koevolution*. Die Koevolution ist für die Geschichte des Lebens auf der Erde von entscheidender Bedeutung und hat erheblich zur Steigerung der Artenvielfalt beigetragen. (→ 162/163)

Die Blütenpflanzen breiteten sich in der Kreidezeit rasch aus und entwickelten viele neue Formen. Fossilfunde belegen, dass zeitgleich auch die Insekten eine Radiation durchmachten (Abb. 1). Ihnen boten die Blütenpflanzen eine reichhaltige Nahrung, besonders der proteinreiche Pollen hatte es ihnen angetan. Für Pflanzen, die Pollen nicht im Überschuss produzieren konnten, bedeutete das oft das Ende. Bei den anderen sorgten die Insekten bei ihren Blütenbesuchen nebenbei für die Bestäubung und förderten so die Vermehrung ihrer Nahrungspflanzen. Energetisch günstiger verfuhren Blütenpflanzen, die die Insekten nicht mit Pollen, sondern mit Zuckersaft aus Nektardrüsen in die Blüte lockten. Einen besonderen Fortpflanzungserfolg hatten sie, wenn der Nektar so untergebracht war, dass die Insekten unweigerlich auch Pollen abstreiften und zur nächsten Blüte trugen. Das gilt besonders dann, wenn Insekten eine gewisse Blütentreue zeigen, also der richtige

Pollen auch auf die richtige, also artgleiche, Blüte gelangt. Blütenvarianten in Form, Farbe und Duft begünstigten Insektenvarianten mit jeweils passenden Mundwerkzeugen und Sinnesleistungen. Auch Insekten profitierten davon, als einzige Art, also konkurrenzlos, für eine bestimmte Blüte in Frage zu kommen. Man kann Blüten oft ansehen, für welchen Bestäuber sie sich eignen. Die *Madagaskar-Sternorchidee* (Abb. 2) weist z. B. einen 30 cm langen Blütensporn auf, in dem sie Nektar bildet. Schon DARWIN sagte 1862 voraus, dass der zugehörige Bestäuber einen ungewöhnlich langen Saugrüssel haben müsse. Im Jahre 1903 wurde der passende Schmetterling entdeckt.

3 Büffelherden und Graslandschaft in Kenia

Bei der Koevolution von Blütenpflanzen und Bestäubern hat sich also aus Pflanzenfressern und Nahrungspflanzen eine Wechselbeziehung zu beiderseitigem Nutzen entwickelt.

Auch andere Wechselbeziehungen, wie z.B. zwischen Wirt und Parasit, entwickeln sich durch Koevolution weiter. Jede Anpassung der Parasiten führt zur Gegenanpassung beim Wirt (s. Seite 46).

Koevolution kann ganze Lebensräume prägen: Graslandschaften, wie Savanne, Steppe, Prärie oder Tundra, sind untrennbar mit dem Vorkommen ganzer Herden grasender Huftiere verbunden (Abb. 44.3). Durch ihren Verbiss verhindern die Huftiere das Aufkommen von Gehölzen, durch ihren Tritt festigen sie den Boden. So sorgen sie für eine offene Landschaft, die ihnen die Flucht vor Raubtieren erleichtert, von der aber auch windbestäubte Gräser profitieren. Grasende Huftiere begünstigen Pflanzen, die wie die Gräser einen bodennahen Vegetationspunkt haben und Seitentriebe bilden (s. Randspalte Seite 44). Die meisten Kräuter und Gehölze wachsen dagegen an den Triebspitzen und gehen bei Verbiss ein. Für Gräser bleibt ein konkurrenzarmer Lebensraum.

Aufgabe

① Beschreiben Sie weitere Beispiele für die Koevolution von Blüten und deren Bestäubern.

Koevolution bei Passionsblume und Heliconius-Falter

Über 500 Passionsblumenarten gibt es in den tropischen und subtropischen Wäldern Südamerikas. Viele von ihnen produzieren giftige Substanzen, die sie vor den zahlreichen Pflanzen fressenden Insekten schützen. Die Raupen des *Heliconius-Falters* haben diesen Abwehrmechanismus überwunden, sie besitzen ein Enzym, das das Gift abbaut und können sich deshalb konkurrenzlos von den Passionsblumenblättern ernähren. Da eine einzelne Raupe ganze Teile einer Pflanze kahl fressen kann, fügt Heliconius seiner Wirtspflanze großen Schaden zu. Daher hatten Pflanzen, die sich gegen Heliconius wehren konnten, einen Selektionsvorteil. Der Schutz vor Raupenfraß setzt schon bei der Eiablage durch die Heliconius-Falter ein. Passionspflanzen bilden Blätter unterschiedlichster Form: spitze, zarte in Bodennähe und breite, festere im Kronenbereich, die den Blättern von Nichtwirtspflanzen der jeweiligen Umgebung gleichen. Für das optisch orientierte Falterweibchen ist es schwer, die richtigen Blätter für die Eiablage zu finden. Außerdem bilden viele Passionsblumenarten Nektardrüsen, die den Eiern von Heliconius zum Verwechseln ähnlich sehen. Diese Nachahmungen täuschen die Falterweibchen und halten sie davon ab, Eier auf diesen Blättern abzulegen. Darüber hinaus sondern die Nektardrüsen ein süßes Sekret ab, das Ameisen und Wespen anlockt. Diese fressen Heliconius-Eier.

Aufgabe

① Belegen Sie anhand der Diagramme, dass Heliconius-Weibchen Blätter ohne Flecken oder Eier bevorzugen.

Passionsblume Heliconius-Raupe Heliconius-Falter

Passionsblume — Nichtwirtspflanze

Die Blätter mancher Passionsblumenarten sehen in der Nähe vorkommenden anderen Arten sehr ähnlich. Ein Zufall?

Eier auf Passionsblumenblatt

Manche Blätter tragen Flecken aus umgewandelten Nektardrüsen, die Heliconius-Eiern täuschend ähnlich sehen.

In Experimenten wurde beobachtet, wie lange es dauert, bis Weibchen auf bestimmten Blättern Eier ablegen.

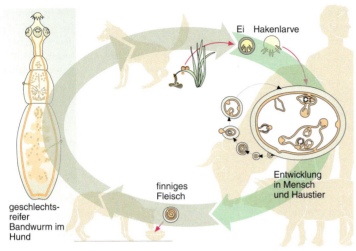

1 Entwicklungszyklus des Hundebandwurms

Labels in figure 1:
Ei Hakenlarve
geschlechts-reifer Bandwurm im Hund
finniges Fleisch
Entwicklung in Mensch und Haustier

Endwirt
Träger des geschlechtsreifen Parasiten

Zwischenwirt
Träger der Larven-stadien des Parasiten

Wirtswechsel
Wechsel des Parasiten von einem Wirt zu einer anderen Wirtsart

Parasiten steuern ihre Wirte

Parasiten, die einen Wirt gefunden haben, sind normalerweise gut mit Nahrung versorgt. Die Schädigung durch den Parasiten war in der Evolution aber ein Selektionsdruck, der Abwehrmechanismen des Wirtes entstehen ließ. So ist es das größte Problem für einige Parasitenarten, den nächsten Wirt zu finden und zu besiedeln. Eine Lösung dieses Problems liegt darin, das Verhalten der Wirte zu verändern.

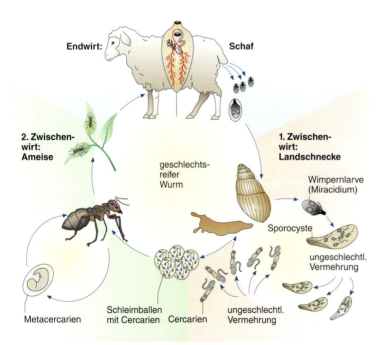

Labels in figure 2:
Endwirt: Schaf
2. Zwischen-wirt: Ameise
geschlechtsreifer Wurm
1. Zwischen-wirt: Landschnecke
Wimpernlarve (Miracidium)
Sporocyste
ungeschlechtl. Vermehrung
Metacercarien
Schleimballen mit Cercarien
Cercarien
ungeschlechtl. Vermehrung

2 Entwicklungszyklus des Kleinen Leberegels

Der „Drehwurm"

Schon im Jahre 1675 erwähnt ein früher Naturkundler den Fund einer „Wasserblase" im Gehirn drehkranker Schafe. Der Pastor und Parasitenforscher GOEZE erkannte 1780 in diesen „Wasserblasen" viele kleine eingestülpte Köpfe mit Saugnäpfen und Hakenkranz. Diese Blase konnte nur das Zwischenstadium eines Bandwurms sein, der sich ungeschlechtlich vermehrt hatte. Derartige Blasen können einen Durchmesser von 3 bis 4 cm erreichen (Abb. 1).

Mitte des 19. Jahrhunderts fand man durch Verfüttern heraus, dass sie sich in Hunden zum Hundebandwurm entwickeln konnten. Ursprünglich war dieser Parasit vermutlich auf Rehe, Hirsche und Wölfe spezialisiert. In diesem Räuber-Beute-System hatte der Parasit keine großen Probleme, einen neuen Wirt zu finden: Wenn ein Pflanzenfresser mit dem Futter ein Bandwurmei aufnimmt, schlüpft aus diesem eine Larve, die die Darmwand durchwandert und mit dem Blut in das Rückenmark oder das Gehirn einwandert, wo sie heranwächst. Dies führt zu Koordinationsstörungen. Infizierte Tiere taumeln *(Drehwurm)*. Diese Verhaltensänderung ist ein Selektionsvorteil für den Parasiten. Im alten Räuber-Beute-System von Reh und Wolf werden die befallenen Tiere mit größerer Wahrscheinlichkeit vom Räuber gefressen.

Der „Hirnwurm"

Der Entwicklungsweg des kleinen *Leberegels* wurde erst in den 50er-Jahren des 20. Jahrhunderts endgültig geklärt. Er kommt in den Gallengängen von Schafen, Rindern, Ziegen, aber auch von Wildwiederkäuern vor. Seine dickschaligen Eier sind sehr widerstandsfähig und müssen von einer Landschnecke aufgenommen werden. In dieser kommt es zu einer ungeschlechtlichen Vermehrung, deren Endprodukt viele Zwischenlarven *(Cercarien)* sind. Diese werden von den Schnecken in Schleimhüllen verpackt ausgeschieden; ein geeigneter Abwehrmechanismus. Nun müssen sie als nächstes von Ameisen gefressen werden. Die Cercarien durchbohren den Kropf und wandern in den Hinterleib, wo sie sich einkapseln. In jeder befallenen Ameise macht sich eine Cercarie auf den Weg ins Gehirn und steuert das Verhalten so, dass die Ameise abends nicht in den Bau zurückkehrt, sondern sich am Oberende von Grashalmen festbeißt. Dadurch wird sie mit großer Wahrscheinlichkeit gefressen und der Endwirt ist erreicht.

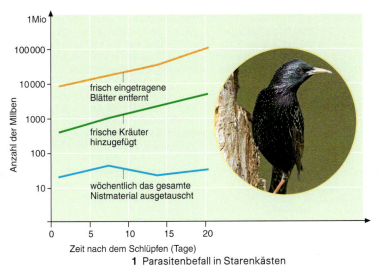

1 Parasitenbefall in Starenkästen

2 Weißschulter-Kapuzineraffen

Die Wirte wehren sich

Der Befall mit einzelligen Krankheitserregern oder auch vielzelligen Parasiten stellte für alle Lebewesen einen derart starken Selektionsdruck dar, dass Individuen mit Abwehrmechanismen Vorteile hatten. Einige Pflanzen bilden, ausgelöst durch Insektenbefall, Giftstoffe in ihren Blättern, die diese ungenießbar machen. Zusätzlich können einige Pflanzen über Pheromone ihren Nachbarn die „Anwesenheit der Insekten mitteilen", die dann mit der Giftproduktion beginnen, bevor sie angefressen werden. Tiere bekämpfen eingedrungene Parasiten mithilfe ihres Immunsystems oder durch Einkapselung. Ein schönes Ergebnis einer solchen Parasitenbekämpfung ist die Perle, die in Muscheln entsteht. Normalerweise ist im Inneren von Wildperlen ein kleiner parasitischer Krebs eingeschlossen.

Mit Schnabel, Kralle und Chemie

Vögel putzen regelmäßig ihr Gefieder mit Schnäbeln und Krallen. Arten wie die Graureiher haben spezielle Putzkrallen entwickelt (s. Randspalte). Die Bedeutung des Putzens für die Parasitenabwehr bestätigte ein Experiment: Wildtauben wurden kleine Abstandhalter an den Schnabel gesetzt, die verhinderten, dass die Tiere diesen völlig schließen konnten. Am Ende des Versuches verglich man die Anzahl der Parasiten in ihrem Federkleid (s. Randspalte).

Einheimische Vögel wie die Meisen, Spatzen und Stare bauen in ihr Nest aus trockenem Pflanzenmaterial über die gesamte Brutzeit frische Blätter ein, die ersetzt werden, sobald sie trocken sind. Diese Blätter, z. B. von der Möhre, enthalten Stoffe, die Parasiten abtöten. Experimente bestätigen die Wirkung der frischen Pflanzen (Abb. 1).

Mückenschutz mit Tausendfüßern

Kapuzineraffen reiben sich regelmäßig ihr Fell mit Tausendfüßern ein, die sich — wenn sie ergriffen werden — mit der Absonderung eines Sekrets wehren, das Benzochinone enthält. In Versuchen konnte man nachweisen, dass diese Benzochinone Mücken abwehren und in hoher Konzentration diese sogar töten. Die Affen verwenden im Experiment auch mit Benzochinonen versehenes Filterpapier, aber kein Papier, das nur Lösungsmittel enthält.

Medizinalpflanzen

Kranke Schimpansen nehmen sehr bitter schmeckende Pflanzenteile und Blätter zu sich, die sie sonst nicht fressen. Diese Blätter schlucken sie meist unzerkaut hinunter. Fast alle untersuchten Pflanzen werden auch von der einheimischen afrikanischen Bevölkerung als Medikamente z. B. gegen Eingeweidewürmer oder Kopfschmerzen eingenommen.

Aufgabe

① Werten Sie die in Abbildung 1 und in der Randspalte dargestellten experimentellen Befunde aus.

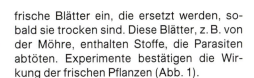

Putzkralle Reiher

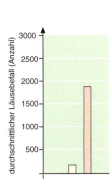

☐ ohne Abstandhalter
☐ mit Abstandhalter
Läusebefall bei Tauben

Malaria und Sichelzell-anämie

Malaria tropicana

Jährlich sterben etwa zwei Millionen Menschen an Malaria. Es ist die am meisten verbreitete Krankheit in den Tropen. Verursacht wird sie von Einzellern der Gattung *Plasmodium*. Durch den Stich infizierter *Anopheles*-Mücken werden die Erreger auf den Menschen übertragen. Dabei gelangen mehrere hundert Krankheitskeime *(Sporozoiten)* in den menschlichen Blutkreislauf. Zunächst befallen sie Leberzellen und vermehren sich dort asexuell. Es entstehen

amöboid bewegliche Zellen *(Merozoiten)*. Zerfallen die Leberzellen, gelangen die Merozoiten ins Blut, dringen in Rote Blutzellen ein, wachsen dort und teilen sich erneut. Alle infizierten Erythrocyten

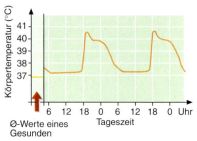

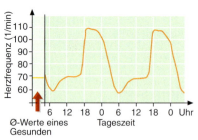

2 Krankheitsverlauf

zerfallen etwa zur gleichen Zeit und geben die Parasiten sowie ihre giftigen Abfallstoffe frei. Dieser Vermehrungszyklus im Blut wiederholt sich mehrfach in bestimmten Zeitabständen.

In einigen Blutzellen des infizierten Menschen wachsen Merozoiten zu geschlechtlichen Formen heran. Werden sie von Stechmücken beim Saugen aufgenommen, können sie im Insekt zur Zygote verschmelzen. Diese geschlechtliche Vermehrung in der Mücke ist temperaturunabhängig. Sie dauert umso länger, je niedriger die Außentemperatur ist.

Aufgaben

① Erläutern Sie, warum Malaria in Deutschland kaum auftritt.
② Erklären Sie die biologische Bedeutung der Fieberschübe.

Sichelzellanämie

Die Sichelzellanämie tritt vor allem bei Menschen afrikanischer Abstammung auf. Sie ist erblich bedingt. Ihr Name leitet sich von der sichelartigen Form ab, die die Erythrocyten unter Sauerstoffmangel annehmen können (Abb. 49.1). Das abnorme Hämoglobin löst bei Sichlern eine Vielzahl von Symptomen aus: Blutarmut, Thrombosen, Nierenversagen und Komazustände. Ohne Behandlung sterben sie häufig vor Erreichen der Geschlechtsreife. Heterozygote Träger des Sichelzellallels (Überträger) zeigen nur unter starkem Sauerstoffmangel Symptome der Krankheit, normalerweise sind sie gesund.

Vorkommen der Krankheit

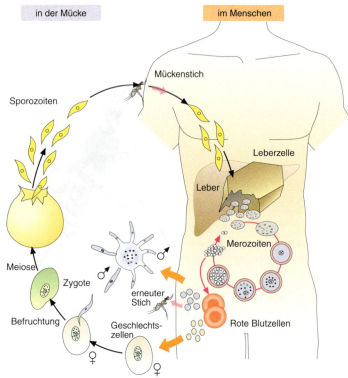

1 Entwicklungszyklus des Malariaerregers Plasmodium

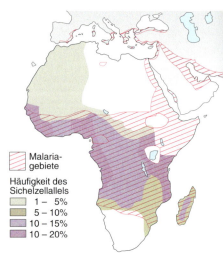

3 Verbreitung der Malaria und des Sichelzellall

Medizinische Befunde

Nachdem LINUS PAULING 1940 in den Roten Blutzellen von Sichelzellanämie-Patienten *(Sichler)* verändertes Hämoglobin nachweisen konnte, begann die intensive Erforschung der Krankheit.

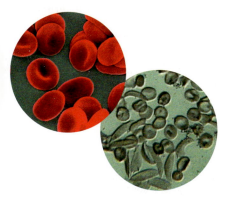

1 Rote Blutzellen unter Sauerstoffmangel

	Gesamtzahl	mit Plasmodien im Blut	ohne Plasmodien im Blut
Sichler	43	27,9 %	72,1 %
keine S.	248	45,7 %	54,3 %

2 Blutuntersuchungen

	Gesamtzahl	Erkrankende	nicht Erkrankende
Sichler	15	2	13
keine S.	15	14	1

3 Impfen von Freiwilligen mit Plasmodien

Aufgaben

③ Beschreiben Sie das Vorkommen der beiden genannten Krankheiten und fassen Sie die medizinischen Befunde zusammen.

④ Formulieren Sie eine Hypothese, die die auffälligen Häufigkeiten des Sichelzellallels in den Tropen erklärt.

Genetische Befunde

Die β-Ketten des Hämoglobins A bestehen aus 146 Aminosäuren (Ausschnitt aus der DNA, Hb S = Sichelzellallel):

Triplett Nr.	5	6	7	8
Hb A	GGA	CTC	CTC	TTT
HB S	GGA	CAC	CTC	TTT

Die elektrophoretische Trennung der Hämoglobine eines Sichlers, eines Überträgers und eines Gesunden (s. Elektrophorese) ergibt folgendes Bild:

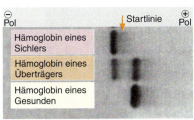

4 Elektrophorese-Ergebnis

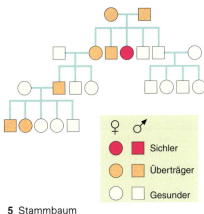

5 Stammbaum

Aufgaben

⑤ Klären Sie die genetischen Ursachen der Sichelzellanämie und analysieren Sie den Erbgang mithilfe von Abbildung 5.

⑥ Entwickeln Sie eine Hypothese, die die verminderte O_2-Bindungsfähigkeit des Sichler-Hämoglobins erklärt.

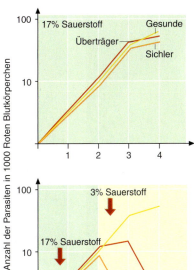

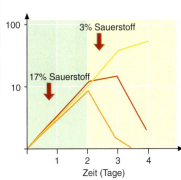

7 Vermehrung von Plasmodien im Blut

Aufgaben

⑦ Erläutern Sie den Zusammenhang zwischen dem Sauerstoffgehalt im Blut und der Vermehrung der Plasmodien (Abb. 6, 7).

⑧ Überprüfen Sie Ihre Hypothese (Aufg. 4) anhand der neuen Befunde.

⑨ Im 19. Jahrhundert war die Sichelzellanämie in Süditalien ziemlich weit verbreitet. Seitdem aber alle größeren Sümpfe trockengelegt worden sind, kommt sie kaum noch vor. Erklären Sie dies.

Physiologische Befunde

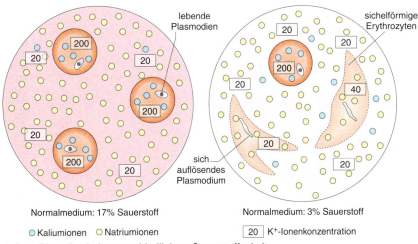

6 Rote Blutzellen bei unterschiedlichem Sauerstoffgehalt

Callima

1 Callima mit ausgebreiteten Flügeln

Sein rotbrauner Körper ist überall mit lappigen und stacheligen Anhängen versehen. Damit ist sein Körperumriss völlig aufgelöst. Er gleicht einer schwimmenden Tangpflanze. Zwischen Tangen ist er perfekt getarnt.

Der indische Blattschmetterling *Callima* gleicht einem dürren Blatt, wenn er die Flügel über dem Hinterleib faltet (siehe Randspalte oben). Der Flügelumriss hat die Form eines spitzen Blattes. Schmale Ausläufer sehen aus wie ein Blattstiel, die Flügelunterseiten tragen Zeichnungen, die Blattrippen und faulende Blattstellen vortäuschen.

Tarnung, Warnung, Mimikry

Merkmale, die vor Fressfeinden schützen, verschaffen einen Selektionsvorteil. In der Natur lassen sich viele erstaunliche und wirksame Schutzeinrichtungen beobachten.

Tarnung findet man bereits bei Einzellern, z. B. in der Gattung *Trypanosoma*. Die begeißelten Einzeller kommen in den Tropen Afrikas vor und verursachen beim Menschen die Schlafkrankheit. Ihre Entwicklung verläuft im Blut, ihr Gegenspieler ist das Immunsystem. Es bildet spezifisch wirksame Antikörper, die mit den körperfremden Molekülen (*Antigenen*) der Parasiten reagieren. Diese Abwehr versagt bei Trypanosomen, denn sie können ihre Oberflächenantigene abwerfen und andere bilden. Noch bevor alle Erreger eines Antigentyps vernichtet sind, existieren schon wieder neue. An diesen Erregern ziehen Antikörper vorbei, ohne zu reagieren. Durch ihre ständig wechselnde molekulare Tarnung sind die Erreger dem Immunsystem meist einen Schritt voraus.

Hornisse

Viele Tierarten haben eine Körperfärbung, mit der sie in ihrem Lebensraum gut getarnt sind. So haben die Schneehasen im Winter ein weißes Fell, während das Fell von Wüstentieren, wie Wüstenmaus oder Kojote, gelbbraun gefärbt ist.

Gleicht ein Organismus in Form und Farbe Objekte seiner Umgebung, die für Fressfeinde bedeutungslos sind, so bezeichnet man dies als *Mimese*. Der australische *Fetzenfisch* (*Phyllopteryx*) gehört zur Familie der Seepferdchen und ist etwa 25 cm lang.

Wehrhafte Tiere sind häufig auffällig gefärbt. Dennoch sind sie geschützt, obwohl auch sie Fressfeinde haben. Es ist aber vorteilhaft, wenn sie ihre Gefährlichkeit durch eine *Warntracht* deutlich machen. Wespen und Hornissen zeigen eine auffällige schwarzgelbe Ringelung des Hinterleibs. Fressfeinde, die bereits mit derart wehrhaften Tieren schlechte Erfahrungen gemacht haben, lernen sie an diesen Merkmalen zu erkennen und meiden sie künftig.

Der *Hornissenschwärmer* ist ein harmloser Schmetterling, der auf den ersten Blick mit einer Hornisse verwechselt werden kann. Er zeigt dieselbe gelbschwarze Färbung wie die Hornissen. Die Gemeinsamkeit geht sogar soweit, dass er häutig durchsichtige Flügel ohne Schuppen besitzt und diese in Ruhe wie das Vorbild neben dem Hinterleib statt über ihm zusammenfaltet. Diese Nachahmung von Warnsignalen durch wehrlose Arten schützt vor Fressfeinden und heißt *Scheinwarntracht* oder *Mimikry*.

2 Fetzenfisch

Wirksamkeit der Mimikry

In der Natur ist nur schwer direkt beobachtbar, wie wirksam die *Scheinwarntracht* für ihre Träger ist, wenn ihnen Fressfeinde begegnen. Beispielsweise sind Experimente zur Wirkung der Mimikry des *Hornissenschwärmers* (Abb. unten) praktisch schwer durchführbar (s. Seite 50).

Zu grundsätzlichen Erkenntnissen über den Mechanismus der *Mimikry* kommt man auch mit Modellen, bei denen schrittweise und konsequent über viele Generationen hinweg die Auswirkungen angenommener Beziehungen zwischen Fressfeinden, ungenießbaren oder wehrhaften Tieren sowie ihren Nachahmern untersucht werden.

Modellexperimente dieser Art lassen sich mithilfe des Computers ausführen. Die hier dargestellten Ergebnisse sind durch Computersimulation entstanden. Das zugrunde liegende Modell sieht folgendermaßen aus: In einem Biotop befinden sich
— Fressfeinde,
— wehrhafte Tiere, die als Vorbilder wirken, sowie
— ihre ungefährlichen Nachahmer. Sie sind zufallsgemäß in ihrem Lebensraum verteilt und bewegen sich nicht.

Die Fressfeinde durchstreifen ständig den Biotop: Sie nehmen zufallsgesteuert immer neue Plätze ein und erreichen damit im Laufe der Zeit alle Orte. Hin und wieder kommt es zu Begegnungen. Dabei sind folgende wichtige Fälle zu unterscheiden:
— Ein Fressfeind trifft erstmals auf ein wehrhaftes Tier (Vorbild): Dabei macht er eine negative Erfahrung. Das Vorbild überlebt.
— Trifft ein Fressfeind ohne Erfahrung mit wehrhafter Beute auf einen Nachahmer, so stirbt der wehrlose Nachahmer.
— Begegnet ein Fressfeind, der bereits Erfahrung mit einem wehrhaften Vorbild hat, einem Nachahmer, so überlebt der Nachahmer.

Die Vorbilder werden nie gefressen. Die Fressfeinde sterben nach Erreichen eines bestimmten Alters. Ihre Gesamtzahl ist stets konstant. Deshalb wird ein gestorbenes Tier sofort durch ein neues, unerfahrenes Tier ersetzt. Die Modellversuche V1 — V5 unterscheiden sich in ihren Anfangsbedingungen. Diese sind in der Tabelle dargestellt.

Die beiden letzten Tabellenzeilen und die folgenden Diagramme zeigen das Simulationsergebnis. Dargestellt ist der zeitliche Verlauf der Populationsgröße der wehrlosen Nachahmer über der Zeit, die in relativen Einheiten angegeben ist.

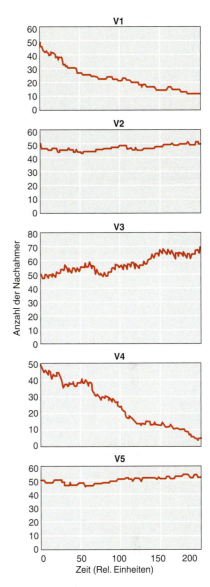

Aufgaben

1. Planen Sie ein Realexperiment, mit dem die Schutzwirkung der Mimikry des Hornissenschwärmers untersucht werden könnte.
2. Welche Vereinfachungen enthält das Simulationsmodell zur Mimikry des Hornissenschwärmers?
3. Von welchen Faktoren hängt die Schutzwirkung der Mimikry ab? Belegen Sie Ihre Aussage anhand der Simulationsexperimente 1 — 5.
4. Vergleichen Sie V1 und V3. Beschreiben und erklären Sie den Verlauf der Populationskurven. Ist die Wirksamkeit der Mimikry bei V1 und V3 verschieden?
5. Bilden und interpretieren Sie das Verhältnis von Begegnungsanzahl Fressfeind — Nachahmer und der Anzahl gefressener Nachahmer.

	V1	V2	V3	V4	V5
Anzahl Fressfeinde	10	10	10	20	10
Generationendauer Fressfeinde in rel. Zeiteinheiten (ZE)	5	25	5	5	5
Anzahl Vorbilder	200	200	200	200	800
Anzahl Nachahmer	50	50	50	50	50
Fortpflanzungsrate Nachahmer (in Prozent je 10 ZE)	2	2	14	14	2
Anzahl Begegnungen Feind/Nachahmer (in 200 ZE)	1033	1879	2371	1982	1974
Anzahl gefressener Nachahmer (in 200 ZE)	46	18	132	110	17

1 Gewöhnliche Gelbflechte und Fruchtkörper

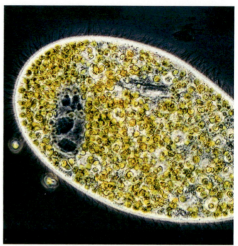

2 Grünes Pantoffeltierchen

Symbiogenese: Neue Lebensmöglichkeiten durch Symbiose

Das Zusammenleben von Organismen ist nicht allein durch Konkurrenz und Räuber-Beute-Beziehungen geprägt, sondern auch durch Wechselbeziehungen unter gegenseitigem Nutzen *(Symbiose)*. Offenbar hat die Symbiose für die Entstehung neuer Lebensformen sogar eine ganz besondere Rolle gespielt, denn der wechselseitige Nutzen für die Arten lässt sich auch als direkter Selektionsvorteil interpretieren. (→ 162/163)

Genau genommen kommt bereits ein Mehrzeller durch das gedeihliche Zusammenleben von Zellen zustande. Er hat gegenüber Einzellern verschiedene Vorteile, z. B. kann er durch Arbeitsteilung unter den Zellen eine bessere Funktionsfähigkeit erlangen. Die Zellen in diesem Zusammenschluss gehören allerdings immer der gleichen Art an, besitzen also die gleiche genetische Ausstattung.

Anders ist es bei den *Flechten*, hier entsteht ein mehrzelliger Organismus durch das Zusammenleben verschiedener Arten: In einem filzartigen Gewebe aus Pilzfäden sind einzellige Grünalgen oder Cyanobakterien eingebettet (Abb. 1). Die einzelnen Partner lassen sich getrennt nur mit großem Aufwand kultivieren. Der Pilz profitiert von der Fotosynthese des Partners, der seinerseits Kohlenstoffdioxid und wichtige Mineralstoffe erhält. Die Partner können gemeinsam in Lebensräume vordringen, die ihnen sonst verschlossen blieben und synthetisieren zusammen Flechtenstoffe, die ihnen eine charakteristische Farbe verleihen. Bei einfachen

Formen pflanzen sich Pilz und Alge getrennt voneinander fort, der Pilz bildet dann Sporen, Grünalgen bzw. Cyanobakterien teilen sich. Andere Flechten, wie z. B. die *Gewöhnliche Gelbflechte*, bilden spezielle Fruchtkörper (Abb. 1). Hier werden Gewebegeflechte aus Pilz und Alge abgeschnürt und verbreitet. Es hat also eine stammesgeschichtliche Weiterentwicklung der Flechten gegeben, sie sind als Gemeinschaft der Selektion unterworfen. Man behandelt Flechten als eigene taxonomische Einheit.

Symbiosepartner können auch, von einer Membran umgeben, in die Zelle aufgenommen werden *(Endosymbiose)*. Im grünen Pantoffeltierchen leben einzellige Grünalgen (Abb. 2). Das Pantoffeltierchen profitiert von der Fotosynthese der Partner und schwimmt zu Plätzen mit günstigen Lichtbedingungen. In Notzeiten kann es die Algen aber auch verdauen. Nach der Endosymbiontentheorie gehen alle Eucyten auf eine Endosymbiose zurück, bei der Bakterien und Cyanobakterien in die Zelle aufgenommen wurden und sich dort zu den heutigen Mitochondrien und Plastiden weiterentwickelten *(Endosymbiontenhypothese* s. Seite 139).

Aufgabe

1 Betrachtet man die Bedeutung von Symbiosen für die Artbildung, scheint das Bild eines *Stamm-Baumes* mit immer feinerer Aufspaltung weniger treffend als das einer *Stamm-Koralle* mit Querverbindungen. Begründen Sie.

Lexikon

Symbiose-Partner

Mit einem geeigneten Partner lebt es sich oft besser. Es kann sogar gelingen, in neue Lebensräume vorzudringen, mehr noch: Es können komplett neue Lebensräume geschaffen werden. Besonders gut funktionierende Gemeinschaften haben einen entsprechend großen Fortpflanzungserfolg und setzen sich gegenüber weniger passenden Partnerschaften durch.

Mykorrhiza-Pilze — Pflanzen

Die Eroberung des Landes durch Pflanzen wurde durch Pilze im Boden erleichtert und geprägt. Die meisten Landpflanzen könnten ohne Pilzsymbiosen an und in ihren Wurzeln nicht gedeihen. Solche *Mykorrhiza-Pilze* verbessern die Bodenstruktur und versorgen die Pflanze mit Wasser und Mineralstoffen wie Phosphat und Nitrat. Die Pflanze bietet einen vor prallem Sonnenlicht geschützten Lebensraum und versorgt den Pilzpartner mit Kohlenhydraten. Das bedeutet jeweils einen Selektionsvorteil gegenüber anderen Arten ohne Partner.

Korallen — Zooxanthellen

Korallenriffe prägen die Küstensäume vieler warmer Meere und können ganze Inseln aufbauen (s. Seite 42). Korallenriffe sind biogene Felsen mit einem dünnen, lebendigen Überzug aus Kolonien bildenden Nesseltieren, den *Steinkorallen*. Für die leuchtenden Farben der Korallenpolypen sind winzige pflanzliche Einzeller in den Polypenzellen verantwortlich, die bis zu 50 % der Korallenbiomasse ausmachen können. Diese sog. *Zooxanthellen* fördern die Kalkabsonderung, versorgen den Polypen mit Assimilationsprodukten und O_2 aus der Fotosynthese und erhalten umgekehrt CO_2 und N-Produkte. Der unmittelbare Stoffaustausch in dieser Symbiose vermindert Energieverluste und trägt dazu bei, dass Korallenriffe mit $106\,kJ/m^2$/Jahr zu den produktivsten Lebensräumen auf der Erde gehören. Durch die Fotosynthese der Zooxanthellen sind 50 bis 95 % des Energiebedarfs einer Koralle gedeckt, den Rest ergänzen sie heterotroph durch Planktonfiltration. Korallen reagieren empfindlich auf Umweltveränderungen.

Huftiere — Pansenciliaten

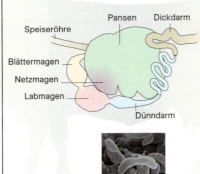

Die Koevolution von Huftieren und Graslandschaften (s. Seite 44) wäre ohne unscheinbare Partner nicht möglich gewesen, denn wie die meisten Tiere sind auch Huftiere nicht in der Lage, die Zellulose der pflanzlichen Zellwände zu verdauen. In ihrem Verdauungskanal beherbergen sie für diese Aufgabe Bakterien, Hefepilze und spezialisierte Einzeller *(Pansenciliaten)*. Wiederkäuer, wie Rinder, Hirschartige und Giraffen, haben dem eigentlichen Labmagen sogar drei Vormägen vorgeschaltet. Hier findet eine Vorverdauung durch die Symbiosepartner statt. In Ruhephasen des Tieres wird der Nahrungsbrei hochgewürgt, nochmals zerkaut und für die eigentliche Verdauung wieder verschluckt. Auf diese Weise können auch die energiereichen Stoffe im Inneren der Pflanzenzelle aufgeschlossen werden. Die Pansenciliaten profitieren von der gleichbleibenden Temperatur und dem konstanten Milieu.

Röhrenwurm — Schwefelbakterien

Heiße Schwefelquellen in der Tiefsee sind unwirtliche Lebensräume, es ist dunkel und heiß, der hydrostatische Druck ist hoch und auf die meisten Lebewesen wirken die chemischen Stoffe im Wasser toxisch. Der Selektionsdruck ist also groß. Das ist die Chance für Organismen, die unter solchen Bedingungen lebensfähig sind. Meterlange Röhrenwürmer konnten sich hier dank einer Symbiose mit Schwefelbakterien entwickeln. Sie besitzen leuchtend rote Kiemen, über die sie aus dem Wasser Sauerstoff und Schwefelwasserstoff aufnehmen. In einem speziellen Organ *(Trophosom)* leben symbiontische Bakterien, die aus diesen Stoffen chemosynthetisch Glucose aufbauen, die auch dem Röhrenwurm zugute kommt.

Evolution des Verhaltens

Fitness
Anzahl überlebender
Jungtiere, die ein Indi-
viduum bis zu seinem
Lebensende hervorge-
bracht hat

Paradigma
Lehrmeinung

Seeelefanten sind hervorragend an das Leben im Wasser angepasst, für die Fortpflanzung suchen sie aber das Land auf. Als Brutstrände bieten sich den Weibchen nur wenige raubtierfreie Küstenbereiche überwiegend auf Inseln an. Sie gebären ihre Jungen innerhalb der ersten sechs Tage nach der Ankunft am Brutstrand. Danach stillen sie ihren Nachwuchs 28 Tage mit sehr fettreicher Milch. In den letzten vier Tagen am Strand sind die Weibchen wieder paarungsbereit.

Vor den Weibchen kommen die annähernd dreimal so schweren Bullen an die Wurfplätze und kämpfen eine Rangordnung aus. Ein Erfolg bei diesen Kämpfen setzt Körpergröße und Kampfkraft voraus, welche die Tiere erst spät erlangen. Männchen sind mit 8 Jahren geschlechtsreif, aber erst mit 10 bis 11 Jahren wirklich erfolgreich. Mit 13 gewinnen sie kaum noch einen Kampf. Die maximale Lebenserwartung liegt bei 14 Jahren.

Jüngere geschlechtsreife Männchen gehen gefährlichen Kämpfen aus dem Weg. Die erfolgreiche Taktik für junge Männchen heißt also abwarten. Ein Männchen von 10 bis 11 Jahren dagegen hat vielleicht die letzte Chance zur Fortpflanzung. Ältere Männchen setzen alles auf eine Karte. Derartige Gegner richten sich voreinander auf, schlagen den Konkurrenten mit Brust und Kopf und fügen sich gegenseitig stark blutende Wunden mit den Eckzähnen zu (Beschädigungskampf), die manchmal auch den Tod des Unterlegenen zur Folge haben. Häufiger werden Jungtiere totgedrückt, wenn die schweren Männchen über sie hinwegrobben.

Auch die Weibchen werden maximal 14 Jahre alt. Sie können mit drei Jahren ihr erstes Junges gebären, tun dies aber oft erst mit 4 oder 5 Jahren. Danach bekommen sie jedes Jahr ein Junges, wenn sie alt genug werden, maximal 10. Alle Weibchen, die die Geschlechtsreife erlangen, bekommen Junge, während viele Männchen sich nicht fortpflanzen können, da die ranghohen Männchen sie daran hindern.

Soziobiologie

1975 veröffentlichte der amerikanische Zoologe EDWARD O. WILSON sein Buch mit dem Titel „Sociobiology" und machte damit mit einem Schlag einen Paradigmenwechsel bekannt, der von den Briten WILLIAM D. HAMILTON und JOHN MAYNARD SMITH sowie den Amerikanern GEORGE C. WILLIAMS und ROBERT L. TRIVERS vorbereitet worden war. Im Gegensatz zu Vertretern der klassischen Ethologie wie KONRAD LORENZ und NICOLAAS TINBERGEN waren sie nicht davon überzeugt, dass Tiere alles zum Wohle ihrer Art tun. Im Gegenteil, sie konnten belegen, dass Tiere — wie z. B. die Seeelefanten — sich auch gegen das Wohl der eigenen Art verhalten konnten, wenn es

1 Seeelefanten

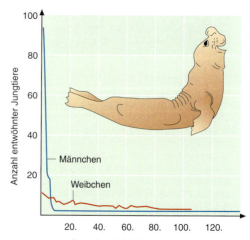

2 Fortpflanzungserfolg bei Seeelefanten

ihnen zu eigenen Fortpflanzungsvorteilen verhalf. Die neue Sichtweise der Verhaltensforscher ging auf der Grundlage der Evolutionstheorie von den folgenden Annahmen und Schlussfolgerungen aus:

1) Tierisches Verhalten hat teilweise genetische Grundlagen.
2) Individuen einer Art unterscheiden sich in ihren Allelen und dadurch auch im angeborenen Verhalten.
3) Individuen mit unterschiedlichem Verhalten sind verschieden gut in der Lage, Nachwuchs aufzuziehen.
4) Diejenigen genetischen Programme, die ihrem „Besitzer" zu der größtmöglichen Zahl erfolgreich überlebender Kinder und Enkel verhelfen, setzen sich in der Evolution durch. Dies führt zu Individuen, die sich verhalten, als würden sie eine Maximierung ihres Lebensfortpflanzungserfolges *(direkte Fitness)* anstreben. Dadurch verhalten Tiere sich so, als ob sie das Ziel haben, möglichst viele eigene Genkopien in die nächste Generation zu bringen. Dies wird auch als genetischer Egoismus bezeichnet. Die Tatsache, dass Eizellen größer, aber auch seltener sind als Spermien, bewirkt, dass sie die Ressource sind, um die Männchen konkurrieren. Aus dieser Tatsache lassen sich Vorsagen zum Verhalten von Männchen und Weibchen ableiten und überprüfen (s. Seite 56).
5) Gene können sich auch in der Population ausbreiten, indem sie ihren Träger veranlassen, Verwandte, in denen gleiche Genkopien vorliegen, bei der Jungenaufzucht zu unterstützen *(Verwandtenselektion)*. Dies führt dazu, dass Tiere sich so verhalten, als würden sie Verwandtschaftsgrade kennen und berechnen. Durch Verwandtenhilfe gewinnen Tiere *indirekte Fitness* (s. Seite 62).
6) Alle Verhaltensweisen verursachen Kosten *(Selektionsnachteil)*, die vom Nutzen *(Selektionsvorteil)* überstiegen werden müssen, sonst würden sie ausgesondert. Es ist zu erwarten, dass die Evolution dann Tiere hervorbringt, die sich so verhalten, als könnten sie Kosten und Nutzen berechnen und so ein Maximum an Nutzen bei einem Minimum an Kosten erreichen(s. Seite 64).
7) Die Qualität der Angepasstheit einzelner Individuen lässt sich mithilfe der am Lebensende erreichten Fitness *(Lebensfortpflanzungserfolg)* vergleichen. Die notwendigen Vergleichszahlen lassen sich jedoch nur in sehr zeitaufwändigen Freilandbeobachtungen ermitteln.

Selektionsfaktoren bei sozialen Gruppen

Welche Selektionsfaktoren sind für die Herausbildung sozialer Gruppen verantwortlich? Einer Antwort kommt man über die Öko-Ethologie und den Vergleich vieler Arten näher, z. B. indem man Arten aus Waldgebieten und Savannen miteinander vergleicht. Dabei zeigt sich z. B., dass Tiergruppen aus den Savannen normalerweise größer sind. Man führt dies auf eine konvergente Entwicklung durch den hohen Räuberdruck in Savannen zurück (Abb. 1).

Aus einem Vergleich von Tieren mit unterschiedlicher Ernährung erschloss man, dass hohe Nahrungskonkurrenz eher zu kleineren Gruppen führt. Dies gilt aber hauptsächlich für Weibchen, da für Männchen die Konkurrenz um Weibchen stärker wirkt als die um Nahrung. Aus den verschiedenen ökologischen Bedingungen der Nahrungsverteilung, des Feinddruckes und der Ansprüche der Individuen ergeben sich dann die entsprechenden sozialen Systeme.

Die Soziobiologie geht davon aus, dass man komplexe soziale Modelle auf eine kleinere Anzahl von Grundvoraussetzungen und Ökofaktoren zurückführen kann. Dabei sind Einzelaspekte dieser Theorie an einzelnen Tierarten besonders gut untersucht und belegt worden. Dies liegt daran, dass sie bei der entsprechenden Tierart besonders klar hervortreten, dass die Tierart einfach zu beobachten ist, oder dass diese zu den beliebtesten Forschungsobjekten eines Wissenschaftlers gehörte. Deshalb erläutern Soziobiologen bestimmte theoretische Aspekte meist an Beispielen.

1 Savannentiere bilden große Gruppen aus

1 Intrasexuelle Selektion

2 Intersexuelle Selektion

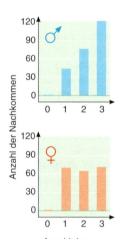

Nachkommenzahlen
bei Drosophila

Bateman-Prinzip
Mit jedem zusätzlichen Paarungspartner steigt der Fortpflanzungserfolg der Männchen, aber nicht derjenige der Weibchen.

Sexuelle Selektion

Schon Jahrzehnte vor den Untersuchungen an Seeelefanten hatte der englische Forscher ANGUS JOHN BATEMAN ähnliche Zusammenhänge entdeckt. Die Bedeutung seiner Ergebnisse wurde vielen Wissenschaftlern aber erst Jahrzehnte später wirklich klar. BATEMAN stellte durch Versuche mit Drosophila schon 1948 fest, dass zwischen den Geschlechtern eine Asymmetrie existiert. Männchen können durch Kopulationen mit mehreren Weibchen ihre Fitness direkt erhöhen, Weibchen jedoch nicht (s. Randspalte). BATEMAN folgerte aus evolutionsbiologischer Sicht daraus u.a., dass Männchen, wenn möglich, Zugang zu vielen Weibchen suchen werden. Da die Fitness der Weibchen dagegen hauptsächlich vom Fortpflanzungserfolg und dem Überleben ihrer Jungtiere abhängt, sagte er voraus, dass die Weibchen besonderen Wert auf die „Qualität" ihrer Paarungspartner, d.h. auf „gute Gene" legen werden.

Ob die Partnerwahl verstärkt von den Männchen oder von den Weibchen ausgeht, hängt hauptsächlich von den ökologischen Rahmenbedingungen ab, die die Verteilung der Weibchen im Raum bestimmen und davon, ob die Weibchen zur Fortpflanzungszeit in Gruppen zusammen sind — wie die Seeelefanten oder permanent wie die Gorillas — dann bietet dies einem Männchen die Möglichkeit, sich den alleinigen Zugang zu den Weibchen zu monopolisieren, indem es fremde Männchen vertreibt. Da die Männchen den Zugang zu den Weibchen untereinander auskämpfen, spricht man von *intrasexueller Selektion*. Sie führt in der Evolu-

tion zu kampfkräftigen Männchen und einem ausgeprägten Sexualdimorphismus, d.h. die Männchen sind wesentlich größer, aggressiver und können „Waffen" wie Geweihe oder Hörner besitzen (Abb. 1).

Sind die Weibchen dagegen nicht in Gruppen vorhanden, sondern verstreut im Raum und in der Fortpflanzung asynchron, dann können die Männchen sie nicht für sich monopolisieren. Kopulieren die Weibchen unter diesen Bedingungen mit mehreren Männchen nacheinander, dann findet der Kampf um die Eizellen nicht mit Körperkraft statt, sondern auf der Ebene der Spermien. Unter diesen Bedingungen zeugt dasjenige Männchen am wahrscheinlichsten Nachwuchs, das sich zum günstigsten Zeitpunkt bzw. am häufigsten mit einem Weibchen gepaart hat und dabei die meisten Spermien abgeben konnte. Diese *Spermienkonkurrenz* als Selektionsdruck führt evolutiv zur Entwicklung besonders großer Hoden und schneller Spermien.

Da Schimpansenweibchen versuchen, sich mit möglichst allen Männchen ihrer Gruppe zu paaren, herrscht bei dieser Art die höchste Spermienkonkurrenz. Entsprechend haben die Männchen die größten Hoden und die schnellsten Spermien aller Menschenaffen ausgebildet.

Kampfkraft alleine reicht aber nicht immer. So ist von Gorillas bekannt, dass die Männchen untereinander den Besitz von Weibchengruppen auskämpfen. Geht der neue

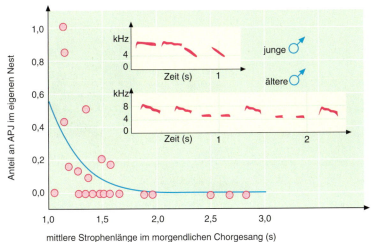

1 Außer-Paar-Junge (APJ) und Gesangslänge

Anteil an APJ im eigenen Nest (y-Achse: 0,0 – 1,0)

mittlere Strophenlänge im morgendlichen Chorgesang (s) (x-Achse: 1,0 – 3,0)

kHz / Zeit (s) — junge ♂

kHz / Zeit (s) — ältere ♂

2 Blaumeise

intrasexuelle Selektion
Männchen kämpfen um den Zugang zu Weibchen

intrasexuelle Selektion
Männchen kämpfen um den Zugang zu Weibchen

intersexuelle Selektion
Weibchen wählen die Männchen zur Paarung aus

Haremshalter jedoch nicht freundlich und fürsorglich mit seinen Weibchen um, dann verlassen diese nach und nach die Gruppe und schließen sich anderen Männchen an.

Geht die Partnerwahl hauptsächlich von den Weibchen aus, dann werden andere Selektionsfaktoren wirksam *(intersexuelle Selektion)*. Diejenigen Weibchen, die Partner auswählen, die Merkmale für gute Überlebensfähigkeit oder Gesundheit besitzen, haben selbst Nachwuchs, der wiederum gut überlebt. Intersexuelle Selektion führt oft zu besonders auffälligen Männchen, bei Vogelarten z. B. mit buntem Prachtgefieder und auffälliger Balz (Abb. 56.2).

Ein ergänzendes Erklärungsmodell für auffallende Ornamente lieferte der Evolutionsgenetiker RONALD FISHER schon 1930. Er ging davon aus, dass Weibchen, die ein attraktives Männchen bevorzugen, auch attraktive Söhne und damit viele Enkel haben werden, selbst wenn dies attraktive Signal nicht mit irgendwelchen Vorteilen des Männchens verbunden ist *(sexy-Söhne-Hypothese)*. Da die Nachkommen von Weibchen, die attraktive Männchen bevorzugen, sowohl die Attraktivität an die Söhne, als auch die Bevorzugung an die Töchter weitervererben, kann dieser Vorgang eine Eigendynamik entwickeln.

Geschlechterkonflikte

Bei vielen Tierarten, wie z. B. bei den monogamen Singvögeln, kommt es zwischen Partnern häufig zu Konflikten. Ein Konflikt entsteht dann, wenn das Verhalten eines Partners seine eigene Fitness steigert, die des anderen jedoch senkt. Dies ist z. B. bei Blaumeisen der Fall, die in monogamen Paaren brüten, wobei beide Partner die Jungen füttern. Mithilfe des Männchens bekommt das Weibchen durchschnittlich 7,5 Jungtiere groß, hilft kein Männchen mit, sind es nur 5,4. Weibchen sind also auf männliche Unterstützung angewiesen. Haben sie jedoch im Frühjahr bei der Partnerverteilung ein weniger attraktives Männchen abbekommen, besitzen andere Männchen in der Nachbarschaft „bessere Gene". Weibchen können dann den Überlebenserfolg des eigenen Nachwuchses erhöhen, wenn sie Gene vom attraktiveren Nachbarn bekommen. Dies würde die eigene Fitness steigern, die des Partners jedoch senken. Blaumeisenmännchen — besonders die weniger attraktiven — bewachen daher ihre Partnerin in der fruchtbaren Zeit kurz vor der Eiablage intensiv.

Wie DNA-Untersuchungen *(genetische Fingerabdrücke)* belegten, stammen bei manchen Blaumeisenweibchen trotzdem rund 10 bis 15 % der Nachkommen nicht vom eigenen Partner, sondern von Männchen aus Nachbarrevieren. Dabei bevorzugen benachbarte untreue Weibchen fast alle dasselbe Männchen, das anscheinend besonders attraktiv ist. Dessen Weibchen macht jedoch normalerweise keine Seitensprünge.

Die Gesangslänge von Blaumeisenmännchen nimmt mit dem Alter und der Erfahrung zu (Abb. 1). Je „schlechter" das eigene Männchen singt, desto wahrscheinlicher paart sich das Weibchen mit Nachbarmännchen, die durch längeren Gesang belegen, dass sie gut überlebensfähig sind.

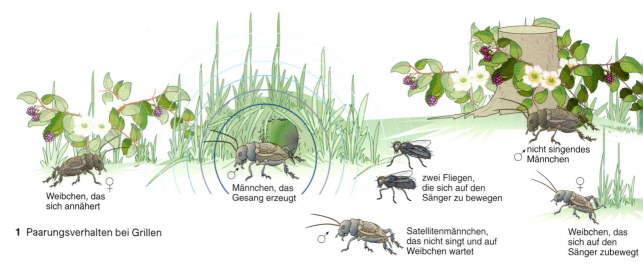

Weibchen, das sich annähert ♀

Männchen, das Gesang erzeugt ○♂

zwei Fliegen, die sich auf den Sänger zu bewegen

nicht singendes Männchen ○

1 Paarungsverhalten bei Grillen

Satellitenmännchen, das nicht singt und auf Weibchen wartet ○♂

Weibchen, das sich auf den Sänger zubewegt ♀

Sexualstrategien

Untersuchungen zum Balzverhalten von Grillen ergaben, dass durch einen Lautsprecher ausgesandter Gesang männlicher Grillen mit zunehmender Lautstärke nicht nur immer mehr Weibchen anlockte, sondern auch nicht singende Männchen, sogenannte *Satellitenmännchen*, sowie parasitische Fliegen. Die Satellitenmännchen warten in der Nähe der singenden Männchen und versuchen, paarungsbereite Weibchen abzufangen. Die Fliegen legen normalerweise ihre Larven auf rufende Grillenmännchen ab, die von den eindringenden Larven langsam von innen aufgefressen werden. Satellitenmännchen werden seltener befallen.

Wie Züchtungsexperimente zeigten, ist weitgehend genetisch festgelegt, wie viele Stunden ein Männchen pro Nacht ruft. Ein Teil der Männchen ruft mehrere Stunden pro Nacht und wechselt sehr selten zum Satellitenverhalten. Andere Männchen rufen selbst dann, wenn sie isoliert gehalten werden, nur wenig oder gar nicht. Viele Männchen können also beide Verhaltensweisen ausführen, schalten aber aufgrund ihrer genetischen Disposition unterschiedlich häufig von einem Verhalten auf das andere um, sie verfolgen verschiedene *Strategien*. Die Verhaltensalternativen Rufen bzw. Schweigen innerhalb der Strategie nennt man *Taktiken*. (→ 158/159)

Rufer haben mehr Fortpflanzungserfolg in kurzer Zeit, leben aber nicht so lange. Der geringe jährliche Fortpflanzungserfolg wird bei Satellitenmännchen durch eine höhere Lebenserwartung ausgeglichen. Der Lebensfortpflanzungserfolg ist für die Vertreter verschiedener Strategien annähernd gleich.

Strategien, die im Laufe der Evolution nicht durch andere, erfolgreichere ersetzt werden, nennt man *evolutionsstabil*. Nimmt die Zahl der parasitischen Fliegen zu, geht die Zahl der Rufer zurück, da sie von den Fliegen geortet und befallen werden. Nicht so lange rufende Männchen sind seltener parasitiert, leben länger und vermehren sich daher besser. Nimmt die Anzahl der Fliegen ab, haben die Rufer wieder einen Vorteil.

Bei anderen Arten scheint hinter dem Verhaltenspolymorphismus nur eine genetisch bedingte Strategie zu stecken, die mehrere Taktiken umfasst. Wenn alle Individuen die gleichen genetischen Grundlagen besitzen, entscheidet die jeweilige Situation darüber, welche Verhaltensalternative das Einzeltier ausführt. Da äußere und innere Bedingungen entscheiden, wie das Tier reagiert, spricht man von einer *konditionalen Strategie*.

Große Krötenmännchen locken im Frühjahr Weibchen mit lauten Rufen an. Häufig sitzen dabei mehrere kleinere Männchen still in ihrer Umgebung.

Entscheidungsregeln für Kröten scheinen zu lauten:
— Sind keine anderen Männchen da, rufe!
— Bist du das größte Männchen, rufe!
— Vertreibt dich ein größeres Männchen, rufe woanders.
— Ist dies nicht möglich, werde Satellit.

Da alle Männchen im Laufe ihres Lebens alle Taktiken nach den gleichen Regeln anwenden, handelt es sich um eine *konditionale Strategie*.

Eltern investieren in ihre Nachkommen

Als *Elterninvestment* definierte der Soziobiologe ROBERT L. TRIVERS jeglichen Aufwand eines Elternteils in seine Nachkommen, der deren Überlebenswahrscheinlichkeit erhöht, das Elterntier aber daran hindert, weitere Nachkommen großzuziehen.

Man kann mütterliches und väterliches Investment unterscheiden. Säugetiermütter investieren mit Schwangerschaft und Stillen intensiv, können dabei aber kein neues Jungtier austragen. Je besser Jungtiere mit zunehmendem Alter alleine überleben können, desto weniger investiert die Mutter in sie. Stattdessen strebt sie weitere Junge an. So entstehen Entwöhnungskonflikte.

Während mütterliches Investment bei den meisten Säugetieren weitgehend übereinstimmt, zeigen Väter verschiedener Arten grundlegende Unterschiede. Ihr Verhalten erregt zunehmend das Interesse der Wissenschaftler. Die Abbildung in der Randspalte zeigt die durchschnittlichen im Zoo gemessenen Häufigkeiten von Kontakten zwischen Vätern und Jungtieren bei Schimpanse, Gorilla und Siamang pro Stunde und schlüsselt die Kontakte qualitativ auf. Väter können sich in der Nähe eines Jungtieres aufhalten *(Kontaktabstand)*, es putzen, mit ihm spielen, es tragen oder mit ihm Futter teilen. Ein Vergleich zeigt, dass Schimpansenmännchen sich am wenigsten um Jungtiere kümmern, während Gorillaväter aktivere und Siamangmännchen die aktivsten Väter sind. (→ 158/159)

Man nimmt an, dass nur Männchen, die mit hoher Wahrscheinlichkeit Vater des Nachwuchses sind, sich auch um diesen kümmern. Bei hoher Vaterschaftsunsicherheit würde intensives Investment in Jungtiere nur Kosten verursachen.

Die Evolution fürsorglicher Väter ist unter den Bedingungen der Monogamie am besten zu verstehen. Durch Übernahme eines Großteils der Brutpflege kann das Männchen sein Weibchen entlasten, sodass dieses sich schneller von der letzten Schwangerschafts-, Geburts- und Brutpflegephase erholt. Durch die Mithilfe des Männchens verkürzt sich der Geburtenabstand. Dies liegt daran, dass das Weibchen die gefressene Nahrung nur für sich selbst und die Produktion von Milch einsetzen kann, da das Männchen das Tragen des Jungtieres übernimmt, wie z. B. bei den südamerikanischen Krallenaffen und den Siamangs. Da das Weibchen eine bestimmte, genetisch festgelegte Zahl an Lebensjahren fruchtbar ist, kann es bei einem verkürzten Geburtenabstand einige Junge mehr im Leben bekommen. Dadurch wird die Fitness von Männchen und Weibchen (beide Werte sind bei Monogamie identisch) gesteigert.

Es kommt vor, dass Weibchen durch Kopulationen mit mehreren Männchen die Vaterschaftssicherheit senken. Als Reaktion auf den daraus resultierenden Selektionsdruck ist bei vielen Arten eine Verhaltensweise bei Männchen entstanden, die „Seitensprünge" verhindert bzw. seltener macht, die *Partnerbewachung*. Partner bewachende Männchen verfolgen, insbesondere in der fruchtbaren Zeit, ihre Weibchen auf Schritt und Tritt.

Die Kosten des Elterninvestments für die erwachsenen Tiere werden daran erkennbar, dass z. B. Hirschkühe, die ein Kalb großziehen, eine wesentlich höhere Sterberate haben als Kühe ohne abhängigen Nachwuchs. Je höher die Anzahl an Jungen ist, die Kohlmeisen im Sommer großziehen, desto größer ist die Wahrscheinlichkeit, dass sie den folgenden Winter nicht überleben.

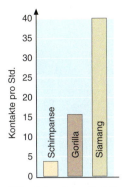

Väterliches Investment bei verschiedenen Menschenaffen.

Schimpanse

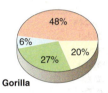

Gorilla

Siamang

Zettelkasten

Infantizid

Neben dem intensiven Umsorgen des Nachwuchses kann es aber auch zur Vernachlässigung oder dem Töten von Jungtieren kommen *(Infantizid)*. So beenden Mäuseweibchen vorzeitig eine Schwangerschaft, wenn sie mit dem Duft von fremden Männchen konfrontiert werden *(Bruce-Effekt)*. Ein neues, fremdes Männchen wird nicht in die Neugeborenen investieren, sondern sie töten. Unter diesen Bedingungen ist es für das Weibchen effektiver, die Schwangerschaft zu beenden sowie die eingesparte Energie und Zeit in eine neue Schwangerschaft mithilfe des neuen Männchens zu stecken.

Fortpflanzungstaktiken der Heckenbraunelle

Heckenbraunellen (kleine Singvögel) leben im dichten Unterwuchs von Wäldern, Gärten und Parkanlagen. Die Weibchen bauen napfförmige Nester in Hecken oder immergrünen Sträuchern.

Geschlechterverhalten und Paarung

1 Brütende Heckenbraunelle

Die Weibchen besetzen im Frühjahr Reviere, deren Größe vom Nahrungsangebot abhängt. Legt man eine Futterstelle an, so wird ein kleineres Revier verteidigt. Den Weibchenrevieren sind diejenigen der Männchen überlagert. Männchen erkämpfen sich Reviere, die sie bis zu einer Größe von 3 000 m^2 verteidigen können. Die Größe ist bei ihnen nicht vom Nahrungsangebot abhängig.

Stirbt bei einem monogamen Paar das Weibchen, wandert das Männchen meist aus. Stirbt das Männchen, bleibt das Weibchen in der Regel im Revier. Benachbarte Männchen, deren Reviere in ein Weibchenrevier hineinreichen, versuchen ihren Bereich auf das gesamte Weibchenrevier auszudehnen. Können sie ihren Bereich bei zunehmender Größe nicht mehr verteidigen, nutzen die Männchen den gleichen Raum und bilden eine Rangordnung aus. Das ranghöchste ist das α-Männchen.

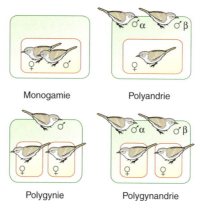

Monogamie   Polyandrie

Polygynie   Polygynandrie

☐ Weibchenrevier   ☐ Männchenrevier

2 Mögliche Sozialsysteme

Aus den unterschiedlichen Überlappungen von Männchen- und Weibchenrevieren ergeben sich vier verschiedene Kombinationen: *Monogamie, Polygynie, Polyandrie* und *Polygynandrie*. Bei Polygynandrie überlappen die Reviere von zwei zusammenlebenden Männchen mehrere Weibchenreviere.

Aufgabe

① Fassen Sie anhand der Informationen aus Text und Grafiken (Abbildung 2 und 3) zusammen, unter welchen Bedingungen die verschiedenen Paarungssysteme entstehen.

Abbildung 4 zeigt die Abhängigkeit der Sterblichkeit von der Anzahl der Schneetage im Winter.

Abbildung 5 stellt den Zusammenhang zwischen der Anzahl der Männchen und der der polyandren Weibchen dar.

Aufgabe

② Beschreiben Sie anhand der Informationen, wie die Häufigkeit der Paarungssysteme von Jahr zu Jahr wechseln kann.

Konkurrenz zwischen Männchen

Männchen versuchen durch Revierbesitz oder eine Rangordnung alleinigen Zugang zu Weibchen zu erreichen.

Monogame Männchen führen pro Stunde durchschnittlich 0,47 Paarungen aus, Männchen in polyandren Systemen mit alleinigem Zugang zum Weibchen 0,87. In Systemen, in denen beide Männchen mit dem Weibchen kopulieren, erreichen beide Männchen ungefähr 2,4 Paarungen pro Stunde. Die Hoden von Heckenbraunellen sind ungefähr 64 % größer als man es von weitgehend monogamen Vögeln gleicher Größe kennt.

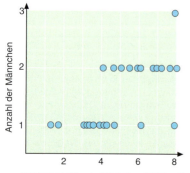

3 Territoriengröße

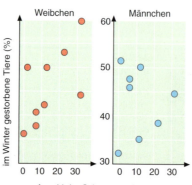

4 Wintersterblichkeit

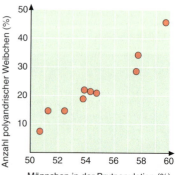

5 Brutdichte

Bei Vögeln mündet der Eileiter in den Enddarm, sodass die *Kloake* auch den Transportweg für die Geschlechtszellen darstellt. Schon 1902 hat der Ornithologe SCHONS ein seltsames Verhalten der Heckenbraunelle beschrieben: „Während das Weibchen flügelzitternd mit angehobenem Schwanz dasteht und die Kloake präsentiert, pickt das Männchen mehrfach dagegen. Das Weibchen vollführt daraufhin pumpende Bewegungen mit der Kloake und gibt einen Tropfen ab" (Abb. 1). Kurz danach findet die Kopulation statt. Mikroskopische Analysen zeigten, dass dieser Tropfen Spermien einer vorherigen Kopulation enthält.

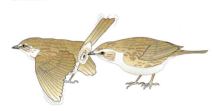

1 Kloakenpicken

Nur in polyandren und polygynandren Systemen, in denen die β-Männchen nicht kopulieren konnten, passierte es mehrfach, dass frisch geschlüpfte Junge verschwanden oder Eier so angepickt wurden, dass keine Jungen mehr schlüpfen konnten.

Es wird vermutet, dass hierfür die β-Männchen verantwortlich waren. Diese versuchten auch wiederholt, das brütende Weibchen vom Nest zu vertreiben, wenn sie sich nicht mit ihm paaren durften. In den meisten Fällen wurden sie jedoch erfolgreich vom ranghöheren α-Tier daran gehindert.

Interessanterweise traten derartige Fälle nur zum Beginn der Brutsaison auf, wenn das Weibchen noch weitere Bruten durchführen konnte und nicht, wenn Folgebruten unsicher waren. Bei einem Verlust des Geleges fangen die Weibchen nach spätestens 1 bis 2 Wochen an, neue Eier zu legen. Ziehen sie eine Brut groß, folgt das nächste Gelege erst nach rund 6 Wochen.

Aufgabe

③ Arbeiten Sie aus den geschilderten Sachverhalten die verschiedenen Mechanismen heraus, die
a) vor der Kopulation
b) nach der Kopulation bzw.
c) nach der Eiablage
wirken und dadurch dem einzelnen Männchen Fortpflanzungsvorteile sichern.

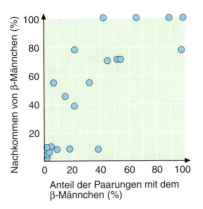

2 Bruterfolg von β-Männchen

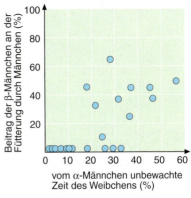

3 Brutpflegebeitrag von β-Männchen

Väterliches Investment

Männchen der Heckenbraunelle können ihren Weibchen entweder dadurch helfen, dass sie es übernehmen, die Eier zu bebrüten oder dass sie für die Aufzucht der Nestlinge Futter herbeischaffen. Dabei zeigte sich, dass sich durch Hilfe beim Brüten die Anzahl der aus den Eiern geschlüpften Jungen nicht änderte, durch Hilfe bei der Fütterung die Anzahl der das Nest erfolgreich verlassenden Jungen jedoch signifikant anstieg. Dieser Effekt war eine Folge davon, dass weniger Nestlinge im Nest verhungerten. Die Mithilfe von Männchen wurde umso wirksamer, je größer die Anzahl der Jungen war.

Während der Paarungszeit bewachen die Männchen ihre Weibchen. Bei monogamen Paaren (*Bewachungsmonogamie*) beschränkt sich das Männchen darauf, Eindringlinge, die eine zusätzliche Paarungsmöglichkeit suchen, zu vertreiben. Am intensivsten ist die Bewachung in polyandren Systemen. In diesen folgt das α-Männchen dem Weibchen auf Schritt und Tritt. Es verliert sein Weibchen aber häufig aus den Augen, während es das β-Männchen vertreibt. Dann versteckt sich das Weibchen sofort in dichter Vegetation, frisst hier in aller Ruhe und paart sich wiederholt mit

dem β-Männchen, wenn es von diesem zuerst gefunden wird. Ist es vom α-Männchen entdeckt, kann das ganze Spiel von vorn beginnen.

Für soziobiologische Überlegungen war es wichtig zu wissen, wie erfolgreich die Paarungen des β-Männchens sind. Um dies zu erfassen, stellte man von allen beteiligten Partnern und den Jungtieren im Nest einen „genetischen Fingerabdruck" her und konnte so die Jungtiere den Vätern zuordnen. Das Ergebnis zeigt Abbildung 2. In Abbildung 3 ist der Zusammenhang zwischen der Fähigkeit des Weibchens, sich dem α-Männchen zu entziehen, und dem Beitrag des β-Männchens an der Brutpflege dargestellt.

Aufgaben

④ Stellen Sie einen Sachzusammenhang zwischen den Aussagen beider Abbildungen (Abb. 2, 3) her.

⑤ Erläutern Sie, wodurch es zwischen verschiedenen Partnern zu Konflikten kommen muss, indem Sie aufzeigen, wie Fitnessgewinn beim einen zu Fitnessverlust beim anderen führt. Werten Sie in diesem Zusammenhang die Daten der Tabelle mit aus.

Paarungssystem	Jungenanzahl pro Jahr	
	pro Weibchen	pro Männchen
Polygynie	4,4	8,8
Monogamie	5,9	5,9
Polyandrie (nur α-Männchen paart sich)	4,9	α: 4,9
Polyandrie (α- und β-Männchen paaren sich und füttern beide)	8,9	α: 4,9; β: 4,0
Polygynandrie	4,0	α: 5,6, β: 2,4

1 Buschblauhäher

Durch die Mitarbeit der Helfer bei Warnung und Verteidigung der Nesthocker steigt die Überlebensrate der Jungen von 10 % auf 15 %.

Stirbt der Revierinhaber, wandern die weiblichen Helfer ab, ein männlicher Helfer jedoch besetzt sofort das frei gewordene Revier und gibt seine Helferrolle auf.

Der Biologe HAMILTON fand 1963 eine Erklärung für den „Verzicht auf eigene Fortpflanzung" mit der Theorie der *Verwandtenselektion*. Er überlegte, dass in Verwandten die Kopien eigener Allele stecken und Tiere zur Ausbreitung eigener Erbinformationen auch dadurch beitragen können, dass sie Verwandten helfen, länger zu überleben und sich zu vermehren (z. B. durch Warnrufe) oder ihnen bei der Aufzucht der Jungen helfen. Erbanlagen, die Helferverhalten verursachen, können sich umso schneller ausbreiten, je größer die Wahrscheinlichkeit ist,

Zettelkasten

Der Verwandtschaftsgrad

Grundlage für die Theorie der Verwandtenselektion ist die Überlegung, dass in verwandten Individuen Kopien gleicher Allele stecken. Der *Verwandtschaftsgrad* (r) gibt an, wie wahrscheinlich es ist, ein bestimmtes Allel eines Individuums auch in einem anderen zu finden. Da jedes diploide Lebewesen normalerweise aus der Verschmelzung zweier haploider Gameten entsteht, hat es 50 % ($r = 0,5$) seiner Allele mit dem Vater und 50 % seiner Allele mit der Mutter gemeinsam. Die Wahrscheinlichkeit, dass ein bestimmtes Allel bei der Meiose weitergegeben wird, ist 0,5. Daher werden Geschwister in der Hälfte aller mütterlichen Allele ($1/2 \times 0,5$) und der Hälfte aller väterlichen Allele ($1/2 \times 0,5$) übereinstimmen, sodass sie insgesamt in $1/2 \times 0,5 + 1/2 \times 0,5 = 0,5$ aller Allele übereinstimmen. Ist L die Anzahl der Generationen, die zwischen zwei verglichenen Lebewesen in direkter Linie liegen, berechnet sich der Verwandtschaftsgrad als $r = 0,5 L$.

Erbanlagen, die dazu führen, dass deren Kopien in Verwandten gefördert werden, können sich umso besser in der Population ausbreiten, je näher verwandt die unterstützten Individuen sind. Die genetischen Grundlagen für „selbstloses" Verhalten breiten sich nach HAMILTON dann in einer Population aus, wenn die Kosten (K) für den Selbstlosen geringer sind als der Nutzen (N) für den Unterstützten, multipliziert mit dem Verwandtschaftsgrad (HAMILTON-Ungleichung: $K < r \times N$).

Verwandtschaft und Selektion

Die Beobachtung, dass manche Tiere, wie z. B. Ameisen und Bienen, anscheinend selbstlos handeln, indem sie anderen helfen und auf Fortpflanzung verzichten, war für DARWIN eigentlich unfassbar. Einige Fälle erschienen ihm so unerklärlich, dass er glaubte, seine Theorie des *survival of the fittest* umwerfen zu müssen. Sein Problem, aus heutiger Sicht, war: Wie können sich Gene in einer Population ausbreiten, die einen teilweisen oder gänzlichen Verzicht auf eigene Fortpflanzung bewirken? Verglichen mit Tieren, die sich selbst fortpflanzen, müssten selbstlos handelnde Tiere selektionsbenachteiligt sein, da sie ihre Gene nicht oder nur selten weitergeben. Dass DARWIN, hätte er seine Studien weiter getrieben, die Lösung seines Problems hätte finden können, sei im Folgenden an zwei Beispielen gezeigt.

Bruthelfer

Bei den Buschblauhähern, die in Florida im Gestrüpp von Eichen brüten, sind aufgrund der dichten Bevölkerung Reviere und Brutplätze, die von den Männchen gehalten werden, knapp. Bei dieser Vogelart hat man beobachtet, dass bis zu sechs erwachsene Vögel brütende Paare, in der Regel ihre Eltern, bei der Aufzucht der Jungen im Nest unterstützten. (→ 158/159)

Diese sog. Bruthelfer sind meist junge Tiere. Sie bringen bis zu 30 % des Futters für die Jungen. Durch dieses Verhalten werden die Eltern bei der Futtersuche entlastet, sodass deren Sterblichkeit von 20 % auf 13 % sinkt.

dass im Unterstützten Kopien dieser Anlagen stecken. Dies ist umso wahrscheinlicher, je näher der Unterstützte mit dem Helfer verwandt ist. Genetische Anlagen, die dazu führen würden, dass auch Nichtverwandten geholfen wird, die diese Anlagen mit großer Wahrscheinlichkeit nicht besitzen, wären selektiv benachteiligt und müssten aus dem Genpool verschwinden. Tiere können also Erbanlagen entweder dadurch vermehren, dass sie sich selber fortpflanzen (*direkte Fitness*) oder indem sie Verwandte unterstützen (*indirekte Fitness*). Beide Anteile zusammen bezeichnet man als *Gesamtfitness*.

Aus der Tatsache, dass Tiere zu helfen aufhören, sobald sie ein Revier besetzen können, wird erkennbar, dass sie nicht auf eigenes Brüten „verzichtet" haben, sondern daran durch Reviermangel gehindert wurden. Bruthilfe war also nicht Alternative zum Brüten, sondern zum Nichtbrüten. Aus dieser Sicht haben Helfer im Vergleich zu Nichthelfern einen Selektionsvorteil, da sie die höhere Gesamtfitness erreichen.

Arbeiterinnen der Honigbiene

Mithilfe der Theorie der Verwandtenselektion kam man auch dem Verständnis der Evolution von Bienenarbeiterinnen näher, die keine eigenen Nachkommen produzieren und stattdessen der Königin helfen, weitere Arbeiterinnen (ihre Schwestern) großzuziehen. Die Lösung liegt in den Verwandtschaftsverhältnissen aufgrund der besonderen Geschlechtsbestimmung. Bienenköniginnen können Spermienzellen speichern und besamte oder unbesamte Eizellen ablegen. Aus unbesamten, haploiden Eizellen entstehen haploide Männchen, die Drohnen. Besamte Eizellen führen zu diploiden Töchtern, die durch das Futter entweder zu sterilen Arbeiterinnen oder zur fruchtbaren Königin werden (Abb. 1 oben). Der Verwandtschaftsgrad zwischen zwei Tieren wird daran gemessen, wie groß die Wahrscheinlichkeit ist, dass ein bestimmtes Allel eines Tieres in einem anderen vorkommt (Abb. 1 unten). Da Söhne der Königin in der Meiose jeweils einen Chromosomensatz von zwei vorhandenen erhalten, ist statistisch zu erwarten, dass jeder zweite Sohn das gleiche Allel erhält, d. h. die Wahrscheinlichkeit, ein Allel eines Sohnes in einem Bruder zu finden, ist 0,5 ($^1/_2$). Da Drohnen haploid sind, enthalten alle Spermien eines Männchens diesen Chromosomensatz, d. h. alle Töchter erhalten vom Vater die gleichen Erbanlagen. Da außerdem durch die Verteilung der Allele

während der Meiose die Chromosomensätze der Eizellen zur Hälfte übereinstimmen, beträgt der Verwandtschaftsgrad bei Schwestern im Mittel 0,75.

An eigene Nachkommen würden Arbeiterinnen, könnten sie sich fortpflanzen, einen Chromosomensatz abgeben, d. h. sie wären mit ihnen weniger eng verwandt (r = 0,5) als mit ihren Schwestern. Arbeiterinnen tragen durch ihr Helferverhalten also mehr zur Verbreitung ihrer Gene in der Population bei als durch die Produktion eigener Nachkommen.

Aufgabe

① Aus evolutionsbiologischer Sicht ist zu erwarten, dass Tiere, die verschiedene Verhaltensalternativen (Taktiken) ausführen können, immer das Verhalten zeigen, das unter den gegebenen Umständen den höchsten Fortpflanzungserfolg hat. Die Untersuchungsergebnisse an den Buschblauhähern bestätigen dies. Erfahrene Eltern ziehen ohne Hilfe im Jahr durchschnittlich 1,62 Junge groß, mit Unterstützung eines Helfers sind es 1,94. Die Anzahl der von einem erstmalig allein brütenden Paar aufgezogenen Jungen liegt dagegen bei durchschnittlich 1,36.
   a) Belegen Sie die erste Aussage des Textes und begründen Sie ihn mit dem Begriff der Gesamtfitness.
   b) Belegen Sie anhand des oben genannten Zahlenmaterials, dass sich Bruthelfen als Alternative zum Nichthelfen ohne Revierbesitz evolutiv durchsetzen konnte.

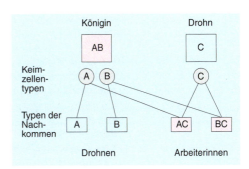

Allelkombinationen von Arbeiterinnen	AC	BC
AC	1	$^1/_2$
BC	$^1/_2$	1

Verwandtschaftsgrad der Arbeiterinnen

1 Verwandtschaft bei Bienen

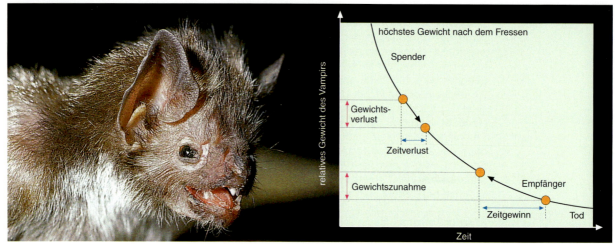

1 Gemeiner Vampir

2 Gewinn und Verlust bei Spender und Empfänger

In figure 2: höchstes Gewicht nach dem Fressen; Spender; relatives Gewicht des Vampirs; Gewichts-verlust; Zeitverlust; Gewichtszunahme; Empfänger; Zeitgewinn; Tod; Zeit

Gegenseitigkeit bei Vampiren

Altruismus
uneigennütziges Verhalten, bei dem ein Tier einem anderen hilft und dabei selbst keinen Vorteil hat

Vampire leben von Blut, das sie bei nächtlichen Nahrungsflügen von Großtieren, wie Pferden, Eseln oder Rindern, erbeuten. Dazu verlassen sie bei möglichst großer Dunkelheit ihre Quartiere, um ihren Feinden, den Eulen, zu entgehen. Sie fügen ihren Beutetieren mit den oberen Schneidezähnen stark blutende Wunden zu und lecken das austretende Blut auf. Pro Nacht kann eine Vampirfledermaus 50 – 100 % des Eigengewichtes an Blutnahrung aufnehmen.

Weibchen bilden feste Verbände, die z. B. in hohlen Bäumen ihre Tagesquartiere haben. 30 % der Jungtiere, aber nur 7 % der Alttiere kehren in der Morgendämmerung erfolglos von der Jagd zurück. Dabei ist nicht vorhersagbar, wer keine Nahrung findet; es kann jeden treffen. Bekommen Vampire länger als zwei Nächte kein Futter, verhungern sie. Hungrige Tiere betteln am Schlafplatz ihre Nachbarn an. Diese sind in vielen Fällen, aber nicht immer, Verwandte. (→ 158/159)

Wie aus Abbildung 2 zu entnehmen, ist der Verlust für einen Blut abgebenden Partner geringer als der Nutzen für den Hungernden, da dieser durch die Spende in der nächsten Nacht auf Nahrungssuche gehen kann. Für den Geber entstehen Nachteile, die nur dadurch ausgeglichen werden können, dass der derzeitige Empfänger bei umgekehrtem Versorgungszustand auch bereit ist, Futter abzugeben. Nicht verwandte Altruisten, deren Hilfe nicht erwidert wird, müssen dauernd Verluste einstecken und sollten eine Nahrungsabgabe verweigern.

Der folgende Versuch zeigte, nach welcher Methode Vampire Nahrung teilen: Im Labor ließ man ein Tier hungern und setzte es anschließend in eine Gruppe von satten Artgenossen, die wiederum aus zwei Untergruppen bestanden. Eine Gruppe kannte den Hungernden, war aber nicht verwandt mit ihm, die andere bestand aus fremden Tieren. Das bettelnde Tier bekam, bis auf eine Ausnahme, nur von seinen Bekannten Nahrung. Hungrige Vampire, die von einem Spender Blut erhalten hatten, gaben bei umgekehrtem Versorgungszustand dem ehemaligen Spender bereitwilliger Blut ab, als es bei einer zufälligen Verteilung des Futters in der Gruppe zu erwarten gewesen wäre. Ohne individuelles Erkennen wären diese Bevorzugungen nicht möglich. Auch Beobachtungsergebnisse aus dem Freiland zeigen diesen Zusammenhang. Da diese Form von Altruismus nur funktioniert, wenn der Partner sich revanchiert, nennt man sie *reziproken Altruismus*. Es zeigt sich, dass für altruistisches Verhalten nicht nur Verwandtenerkennung und individuelles Erkennen vorausgesetzt werden müssen. Die Tiere müssen sich außerdem an die Hilfe der Partner erinnern können. Ob gegenseitiges Kennen bei Vampiren über stimmliche oder geruchliche Komponenten erfolgt, ist ungeklärt.

Aufgabe

① Begründen Sie, warum der Altruismus gegen Verwandte und gegen Nichtverwandte unterschiedliche evolutionstheoretische Erklärungen verlangt.

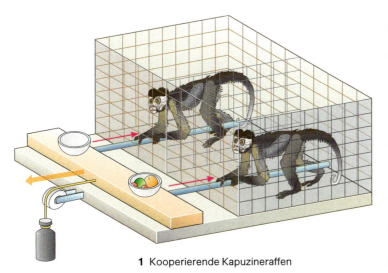

1 Kooperierende Kapuzineraffen

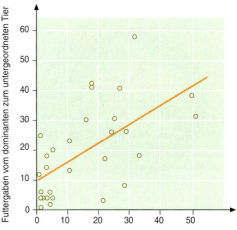

2 Futterteilen bei Schimpansen

Futtergaben vom dominanten zum untergeordneten Tier

Futtergaben vom untergeordneten zum dominanten Tier

Gegenseitigkeit bei Primaten

Der Altruismus zwischen nicht verwandten Tieren in einer Gruppe ist an zwei Merkmalen erkennbar: Er bringt dem Empfänger einen Vorteil, verursacht dem Helfer Kosten und die Hilfe wird zeitverzögert erwidert.

Ein solches System ist aber anfällig für Betrüger, die sich helfen lassen, sich aber nicht revanchieren. Daher ist ein System mit reziprokem Altruismus nur in Gruppen möglich, die lange zusammenleben, sich gegenseitig persönlich kennen und aus Tieren bestehen, die genug Intelligenz und Erinnerungsvermögen besitzen, um sich soziale Interaktionen zu merken. Deshalb sind entsprechende Verhaltensweisen besonders bei Menschenaffen zu erwarten.

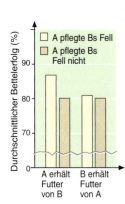

☐ A pflegte Bs Fell
☐ A pflegte Bs Fell nicht

Durchschnittlicher Bettelerfolg (%)

A erhält Futter von B

B erhält Futter von A

Da es in der Forschung oft schwer ist, die Kosten und Nutzen einzelner Aktionen einzuschätzen, gibt es noch nicht viele gut belegte Freilandbeobachtungen, aber schon genügend experimentelle Untersuchungen. Beobachtungen an Schimpansen zeigten, dass die Häufigkeiten der gegenseitigen Futterabgabe zwischen zwei Tieren verschiedenen Ranges ungefähr gleich, also unabhängig vom Rang sind (Abb. 2). Dabei muss nicht unbedingt in der „gleichen Münze zurückgezahlt" werden, d.h. Futterabgabe kann auch mit Fellpflege „bezahlt" werden. Wie Beobachtungen zeigten, kann Schimpanse A mit größerer Wahrscheinlichkeit von B Futter erwarten, wenn er ihm morgens das Fell gesäubert hat, „sieht aber sonst keine Veranlassung", B mehr Futter abzugeben (s. Randspalte). Im Experiment trainierte man

zwei Kapuzineraffen darauf, sich gemeinsam ein Brett mit Futterschalen ans Gitter zu ziehen (Abb. 1). Blieb eine Futterschale leer, so arbeitete dieses Tier nur mit, wenn es vom Partner Futter abbekam.

Die Bereitschaft, anderen zu helfen, konnte aber nicht ohne zwei ergänzende Fähigkeiten evolutiv entstehen:
1. die Fähigkeit Betrüger zu erkennen und
2. diese zu bestrafen.

Verschiedene Forscher fanden inzwischen heraus, dass Menschen nicht nur ein ganz sensibles Hirnmodul zum Aufspüren von sozialen Betrügern besitzen, sondern sich deren Gesichter auch besser und langfristiger einprägen als diejenigen von anderen. Die Reaktion auf Betrüger ist bei Schimpansen und Menschen entweder die soziale Distanzierung, d.h. man bricht Sozialkontakte ab, oder Aggression.

Affen entwickelten in diesem Zusammenhang auch einen „Sinn für Gerechtigkeit". Im Experiment brachte man Kapuzineraffen bei, kleine Steine gegen Gurkenstücke zu tauschen. Musste ein Tier zusehen, wie ein anderes für die gleichen Steinchen Weintrauben bekam, wurde es aggressiv und warf mit den Steinen um sich.

Aufgabe

① Biologen sehen im Altruismus die Grundlagen menschlicher Moral. Begründen Sie.

Lebenslaufstrategien

Organismen sind darauf selektiert, sich in ihrem Leben möglichst erfolgreich fortzupflanzen, d. h. möglichst viele überlebende Nachkommen zu produzieren. Um dies zu erreichen, müssen Individuen ein Leben lang „Entscheidungen treffen". Da die durch Nahrungsaufnahme gewonnene Energie bzw. Materie beschränkt ist, müssen Lebewesen „entscheiden", wann und wofür investiert werden soll.

1 Einsiedlerkrebs

Einsiedlerkrebse verbergen ihren empfindlichen Hinterleib in einem Schneckenhaus. Wird der Krebs größer, muss er eine neue Behausung finden, die etwas größer, aber nicht zu groß ist. Passende Schneckenhäuser sind selten. Ohne passendes Haus könnten die Krebse nicht weiterwachsen. Forscher hielten Einsiedlerkrebse mit einem begrenzten Angebot an Schneckenhäusern und in einem 2. Versuch mit einem unbegrenzten Angebot. Sie untersuchten die Größe der Krebse bei der Fortpflanzung und die entsprechende Gelegegröße. Sie stellten u. a. fest, dass Krebse mit unbegrenztem Angebot sich erst in höherem Alter fortpflanzten (Abb. 2).

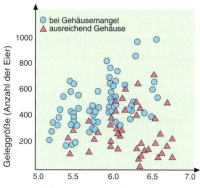

2 Fortpflanzung bei Einsiedlerkrebsen

Aufgabe

① Werten Sie den Text und die Abbildung 2 aus und deuten Sie das Ergebnis im Sinne einer Lebenslaufstrategie.

Fortpflanzung und Überlebensrate

3 Kohlmeise mit Jungen

Forscher untersuchten bei Kohlmeisen verschiedene Zusammenhänge, die in Abbildung 4 dargestellt sind (a, b). In Experimenten hat man Kohlmeisen zusätzliche Eier untergeschoben und so die durchschnittliche Gelegegröße von 8 auf 12 Eier erhöht. Später fing man die

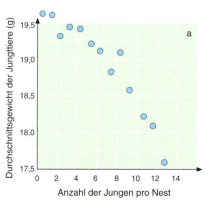

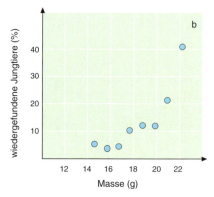

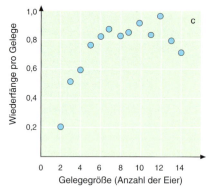

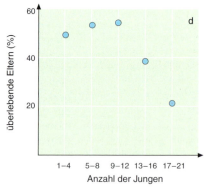

4 Fortpflanzung bei der Kohlmeise

aus dem Nest ausgeflogenen Jungtiere wieder ein (c).

Abb. d zeigt den Zusammenhang zwischen der Anzahl aufgezogener Jungtiere und der Überlebensrate der Eltern.

Aufgaben

② Fassen Sie die Ergebnisse der Abbildungen zusammen und stellen Sie Zusammenhänge zwischen den Einzelergebnissen her.

③ Erläutern Sie, welche Faktoren die optimale Gelegegröße bestimmen.

④ Erörtern Sie, welchen Einfluss ein gutes Futterangebot auf die Fortpflanzungsrate haben könnte.

1 Guppys

Guppys, kleine Süßwasserfische, bewohnen ganz unterschiedliche Gewässer, in denen sie von verschiedenen Raubfischen verfolgt werden. Bei einer Untersuchung fand man, dass sie in einem Gewässer (A) von einem Räuber verfolgt wurden, der besonders erfolgreich Jagd auf große Guppys machte, in einem anderen Gewässer (B) erbeutete eine zweite Raubfischart besonders häufig die jüngeren, kleineren Guppys. In beiden Gewässern führte man Untersuchungen durch. Dabei ist der Reproduktionsaufwand der Anteil der Biomasse, den Weibchen in die Fortpflanzung stecken. Weibchen in Gewässer (A) wurden früher geschlechtsreif. Zuchtversuche ohne Raubfische zeigten, dass die Fortpflanzungsstrategien erblich bedingt sind.

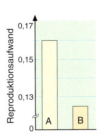

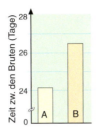

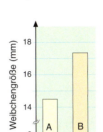

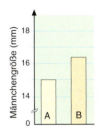

Aufgabe

⑤ Deuten Sie die Befunde.

2 Fortpflanzungsstrategien

Junge Guppyweibchen können überschüssig aufgenommene Nahrung in Körperwachstum oder in die Produktion von Eizellen stecken. Bleiben sie klein, weil sie sich früh reproduzieren, können sie nicht soviel Nahrung umsetzen, nur wenige Eizellen produzieren und werden leichter von Räubern gefressen. Zögern sie die Geschlechtsreife heraus und wachsen zunächst, dann werden sie schneller größer, können später mehr Eier legen und sind vor Räubern sicherer. Womöglich werden sie aber auch gefressen, bevor sie sich fortpflanzen.

Mit dem unten dargestellten Schema lässt sich der durchschnittliche Lebensfortpflanzungserfolg von jeweils fünf Tieren berechnen, die dieselbe Strategie verfolgen. Dabei gelten folgende Regeln:

1. Im ersten Jahr fängt jeder Jungfisch mit 1 g Gewicht an.
2. Jedes Jahr bekommt der Fisch 5 g Nahrungseinheiten, die er für Wachstum oder Fortpflanzung verwenden kann.
3. Das Gewicht des Fisches im nächsten Jahr ist die Summe vom vorherigen Gewicht und den zusätzlichen Wachstumseinheiten.
4. Die Anzahl der gelegten Eier berechnet sich als Produkt aus dem Gewicht und den im selben Jahr verwendeten Fortpflanzungseinheiten, d. h. ein 5 g schwerer Fisch, der alle fünf Nahrungseinheiten in die Fortpflanzung steckt, legt 25 Eier.
5. Nach jeder Fortpflanzung wird ausgewürfelt, ob die nächste Fortpflanzungsperiode erreicht wird.
6. Alle fünf Tiere eines Durchganges verfolgen die gleiche Lebenslaufstrategie.

Die einzelnen Schülergruppen berechnen den durchschnittlichen Fortpflanzungserfolg für verschiedene Lebenslaufstrategien bei einer Sterblichkeit von $\frac{1}{6}$ (nur wenn die 1 gewürfelt wird, stirbt das Individuum).
Dabei sollten folgende Strategien im Modell dargestellt werden:
1. Alle Nahrungseinheiten für die Fortpflanzung, keine für das Wachstum.
2. Immer 1, 2 oder 3 Einheiten in Wachstum, den Rest in Fortpflanzung.
3. Zwei oder drei Jahre alle Einheiten in Wachstum, danach alles in Fortpflanzung usw.

	Jahr 1	Jahr 2	Jahr 3	Jahr 4	Jahr 5	Jahr 6	Jahr 7	Summe Eier
Masse (g)								
Einheiten in Fortpflanzung								
Anzahl Eier — Tier 1								
Anzahl Eier — Tier 2								
Anzahl Eier — Tier 3								
Anzahl Eier — Tier 4								
Anzahl Eier — Tier 5								
Summe prod. Eier (alle Fische)								
mittl. Anzahl Eier (pro Individuum)								

Synthetische Evolutionstheorie

Die heutige Evolutionstheorie ist eine synthetische Theorie, weil sie Erkenntnisse aus unterschiedlichen Disziplinen vereinigt. Grundlage der Evolution sind Veränderungen im Genpool einer Population. Diese entstehen durch die unterschiedlichen Überlebens- und Fortpflanzungschancen von Artgenossen. Evolution ist nur zu verstehen, wenn man dabei Populationen mit individueller Vielfalt im Blick behält und nicht nur Typen betrachtet.

Variabilität

Oft erscheinen uns die Individuen einer Art weitgehend ähnlich oder nahezu gleich. Aber bei näherer Betrachtung gibt es keine zwei Individuen, die sich völlig gleichen. Selbst bei eineiigen Zwillingen oder Klonen lassen sich Unterschiede finden. Diese Unterschiedlichkeit von Angehörigen einer Population oder Art wird *Variabilität* genannt. Arten bestehen also aus Populationen, die sich jeweils aus einzigartigen Individuen zusammensetzen. Diese phänotypische Vielfalt ist zu einem großen Teil Ausdruck der genetischen Vielfalt einer Population, deren *Genpool* die Allele sämtlicher Genorte aller Individuen umfasst.

Die genetische Variabilität einer Population entsteht durch *Mutation* und *Rekombination*. Dabei verändern Mutationen die Gene und erzeugen neue Allele. Rekombination dagegen greift auf die im Genpool vorhandene Vielfalt der Allele zurück. Die Nachkommen in einer sich sexuell fortpflanzenden Population tragen neue Kombinationen von Allelen *(Genotypen)*, die zu neuen *Phänotypen* führen können.

Natürliche Selektion

Individuen sind in der Regel so fruchtbar, dass sie mehr Nachkommen hinterlassen als für den Ersatz der Elterntiere ausreichend wäre. Würden alle Individuen überleben, würden die Populationen exponentiell wachsen. Dem steht allerdings die allgemeine Beobachtung entgegen, dass die Populationsgröße über längere Zeit mehr oder minder gleich bleibt. Ressourcen stehen nicht unbegrenzt zur Verfügung, sondern sind knapp. Die Individuen einer Population konkurrieren entsprechend um die knappen Gü-

GENETI⟨

Muta⟩

Rekombination

natürliche Selektion

Genpool eine⟩

PHÄNOTYPE⟩

V E R H A L T E N S Ö K O L O G I E

sexuelle Selektion

Koevolution

EVOLUTION DER EVOLUTION THEORIE

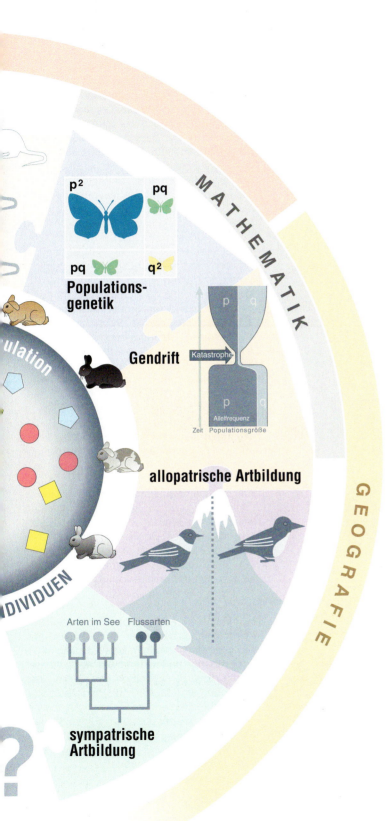

p²

pq

pq

q²

**Populations-
genetik**

Gendrift

p   q

Katastrophe

p   q

Allelfrequenz

Zeit   Populationsgröße

allopatrische Artbildung

Arten im See   Flussarten

**sympatrische
Artbildung**

MATHEMATIK

GEOGRAFIE

ulation

DIVIDUEN

?

ter, und das Überleben sowie die Fähigkeit, sich fortzupflanzen, hängen von den individuellen Merkmalen ab.

Vorteilhaft sind jene Merkmale, die zu den jeweiligen Umweltbedingungen besser passen als andere. Individuen mit solchen Merkmalen sind für diese Umwelt geeigneter als andere Individuen und überleben bevorzugt *(survival of the fittest)*. Handelt es sich um erbliche Merkmale, hinterlassen sie Nachkommen mit den gleichen Merkmalen, ihr Fortpflanzungserfolg ist größer als der von Artgenossen mit weniger geeigneten Merkmalen. Durch Umweltfaktoren werden also Individuen ausgewählt. Dieser Prozess der *natürlichen Selektion* führt zu Organismen, deren Merkmale zu bestimmten Umweltverhältnissen passen. Bei der *sexuellen Selektion* sorgen dagegen Geschlechtspartner für die Auswahl von Individuen, die zur Fortpflanzung kommen. In jedem Fall setzt die Selektion an den individuellen Unterschieden an.

Zufallseffekte

Größere Katastrophen und andere Ereignisse mit zufälliger Auswahl der sterbenden Individuen können die Allelhäufigkeiten im Genpool einer Art verändern *(Gendrift)*, auch ohne dass eine Selektion stattfindet. Dies gilt besonders für kleine Populationen.

Isolation und Artbildung

Zwischen isolierten Teilpopulationen einer Art findet kein genetischer Austausch mehr statt. Die Genpools der getrennten Populationen verändern sich dann unabhängig voneinander und werden sich nach einiger Zeit unterscheiden. Auf diese Weise können sich Arten aufspalten. Oft ist dafür zunächst eine räumliche Isolation entscheidend, anschließend wird die genetische Isolation durch ökologische, ethologische, morphologische und andere Mechanismen aufrechterhalten.

Gemeinsame Abstammung

Alle heutigen Lebewesen stammen von gemeinsamen Vorfahren ab. Neue Arten entstehen im Wesentlichen durch Verzweigungs- und Umwandlungsprozesse. Durch das Anhäufen vieler kleiner Veränderungen können große Unterschiede entstehen. Dies kann je nach den Umweltbedingungen allmählich über längere Zeiträume geschehen *(graduell)* oder in relativ kurzer Zeit *(punktuell)*.

1 Charles Darwin (1809—1882)

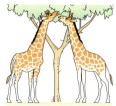

Evolution durch natürliche Selektion

CHARLES DARWIN gilt als Vater der Evolutionstheorie. Dabei kann man ihm weder wissenschaftliche Priorität zusprechen, noch sind alle Ideen von ihm. ALFRED RUSSEL WALLACE (1823—1913), ein Zeitgenosse DARWINS, hat eine ähnliche Theorie erdacht und sie zusammen mit DARWIN veröffentlicht. Etwas einseitig sprechen wir heute allein von der *Darwin'schen Evolutionstheorie*.

DARWIN fügte mehrere Ideen, von denen einige zuvor schon bekannt waren, zu einem Theoriegebäude zusammen. 1859 veröffentlichte er sein bahnbrechendes Werk „On the Origin of Species by Means of Natural Selection or the Preservation of Favoured Races in the Struggle for Life". Das hat vor anderthalb Jahrhunderten eine intellektuelle Revolution ausgelöst, die unser Weltbild von Grund auf verändert hat und deren Nachwirkungen noch heute zu spüren sind.

Ausgangspunkt war die Evolutionstheorie im engeren Sinne: Populationen und Arten sind veränderlich. DARWIN konnte vor allem auf sein Belegmaterial zurückgreifen, das er auf seiner Forschungsreise rund um die Erde gesammelt hatte. Er erkannte, dass typologisches Denken seinen Erfahrungen beim Sortieren dieser Sammlungen widersprach. Die einzelnen Exemplare waren niemals genau identisch. Populationen zeigen also Variabilität. Dies bestätigten ihm auch Tier- und Pflanzenzüchter, für deren Arbeit sich DARWIN interessierte. Weiterhin postulierte er die Abstammung aller Lebewesen von gemeinsamen Vorfahren. Durch fortdauernde Verzweigungen im Evolutionsprozess hat sich die Anzahl der Arten vermehrt und dabei ist die biologische Vielfalt entstanden. Glanzstück seines Theoriegebäudes ist die *Selektionstheorie*. Damit wurde die Frage nach den Ursachen der Evolution beantwortet und ein naturwissenschaftlicher Mechanismus für die Entstehung von Arten beschrieben. Es handelt sich dabei um einen Zweischritt aus der Entstehung von Variationen in Populationen und dem nicht zufälligen Überleben und Fortpflanzen der unterschiedlich tauglichen Individuen.

Am Beispiel der Giraffen erläutert DARWIN: „So werden (...), als die Giraffe entstanden war, diejenigen Individuen, die die am höchsten wachsenden Zweige abweiden und in Zeiten der Dürre auch nur einen oder zwei Zoll höher reichen konnten als die anderen, häufig erhalten geblieben sein."

DARWIN kannte noch keine Theorie der Vererbung, obwohl er die erbliche Bedingtheit von Merkmalen voraussetzen musste. Auch die von MENDEL gefundenen Gesetzmäßigkeiten der Erbgänge hätten ihm nicht viel weitergeholfen. Erst die Chromosomentheorie der Vererbung und die Kenntnis der Mutations- und Rekombinationsprozesse ergänzten viel später das Theoriegebäude. Es ist deshalb nur verständlich, dass DARWIN auch eine Vererbung erworbener Eigenschaften nicht vollkommen ausschließen konnte.

Zettelkasten

Intentionales Denken

Wenn wir etwas Kompliziertes, wie z. B. eine Uhr, einen Computer oder ein Auto vor uns haben, sind wir davon überzeugt, dass solche Dinge nicht zufällig entstanden sein können, sondern Ergebnis einer planvollen und absichtlichen *(intentionalen)* Tätigkeit sind. Mit Blick auf so komplizierte Dinge wie Lebewesen liegt daher der Gedanke nahe, dass ein höheres Wesen (Gott) die Organismen erschaffen hat. Aus naturwissenschaftlicher Sicht ist diese Erklärung unbefriedigend, weil Kräfte und Mechanismen herangezogen werden, die naturwissenschaftlich nicht prüf- und widerlegbar sind. DARWIN hingegen hat eine Erklärung gegeben, die ohne die Intention eines höheren Wesens auskommt.

Selbst die Intentionen der Individuen sind für seine Evolutionstheorie entbehrlich. Evolution ereignet sich nicht deshalb, weil die Individuen Veränderungen anstreben. Vielmehr hat DARWIN einen nichtintentionalen Mechanismus beschrieben, der zur Evolution führt.

Aufgabe

① Erläutern Sie die Abbildung in der Mitte kritisch im Sinne der Selektionstheorie.

1 Jean Baptiste de Lamarck (1744 – 1829)

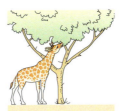

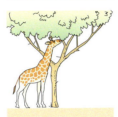

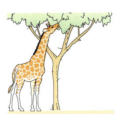

Lamarcks Vorstellungen

JEAN BAPTISTE DE LAMARCK hatte schon ein halbes Jahrhundert vor DARWIN eine Evolutionstheorie aufgestellt, die aber zu seiner Zeit wenig beachtet wurde. Seine „Philosophie Zoologique" veröffentlichte er im Jahre 1809. Es handelt sich dabei um die erste konsequente Darstellung eines Theoriegebäudes zur Evolution.

Als „Professor für wirbellose Tiere" hatte LAMARCK Muschel- und Schneckengehäuse untersucht. Er war beeindruckt von deren Unterschiedlichkeit wie auch von deren abgestufter Ähnlichkeit mit allerlei Übergängen, die eine klare Abgrenzung zwischen nahestehenden Arten schwierig machen. LAMARCK war überzeugt von der Veränderlichkeit der Arten. Er war auch der Erste, der einen Stammbaum aufgestellt hat.

LAMARCK nahm an, dass alle Lebewesen auf natürliche Weise auf dieser Erde hervorgebracht wurden. Durch Urzeugung seien an günstigen Orten und unter günstigen Umständen einige wenige pflanzliche und tieri-

sche Urwesen entstanden. Im Verlauf genügend langer Zeiträume sollte nach LAMARCK die ganze Vielfalt der heutigen Lebewesen entstanden sein.

Den dabei wirkenden Mechanismus erläuterte LAMARCK an den Tieren. Beträchtliche und anhaltende Veränderungen in den Umweltverhältnissen von Tieren bewirkten eine Veränderung der Bedürfnisse. Dies machte neue Tätigkeiten notwendig, um die neuen Bedürfnisse zu befriedigen, und führte zu neuen Gewohnheiten. Damit werde entweder der häufigere und stärkere Gebrauch eines Organs notwendig, das sich entsprechend entwickelte und vergrößerte. Oder es werde der Gebrauch neuer Organe notwendig, die durch Anstrengung des inneren Gefühls entstünden. Anders verhalte es sich bei Nichtgebrauch eines Organs — dieses werde unmerklich schwächer und verschwinde schließlich ganz.

Um die Wirkungen der Gewohnheiten zu belegen, führte LAMARCK die Giraffe an, die „in Gegenden lebt, wo der beinahe trockene und kräuterlose Boden sie zwingt, das Laub der Bäume abzufressen und sich beständig anzustrengen, dasselbe zu erreichen. Infolge dieser seit langer Zeit angenommenen Gewohnheit sind bei den Individuen ihrer Rasse die Vorderbeine länger als die Hinterbeine geworden, und ihr Hals hat sich (…) verlängert."

Bei den Pflanzen gibt es keine Tätigkeiten und damit auch keine Gewohnheiten. Dennoch führten Veränderungen der Umweltverhältnisse zu Veränderungen in der Entwicklung der Teile. LAMARCK erwartete, dass bei Pflanzen bei veränderten Umweltverhältnissen Abänderungen eintreten könnten.

Alle durch vorherrschenden Gebrauch oder konstanten Nichtgebrauch erworbenen Abänderungen sollten dann an die Nachkommen vererbt werden. LAMARCK behauptete damit die Vererbung erworbener Eigenschaften.

Zettelkasten

Finales Denken

„Die Grabbeine des Maulwurfs haben sich entwickelt, damit er besser graben kann." Solche oder ähnliche Aussagen erscheinen zunächst plausibel. Allerdings wird hier ein zukünftiges Ereignis (besser graben) als Ursache für ein bereits vorhandenes Objekt (Grabbeine) benannt. Dies ist wissenschaftlich nicht haltbar, denn Ursachen müssen den Wirkungen vorangehen.

Aufgaben

1. Erläutern Sie die Abbildung in der Mitte im Sinne der Lamarck'schen Evolutionstheorie.
2. Vergleichen Sie tabellarisch die Theorien von LAMARCK und DARWIN am Beispiel der Entstehung des Giraffenhalses.
3. Inwieweit kann man die Theorie LAMARCKS als intentional kennzeichnen?

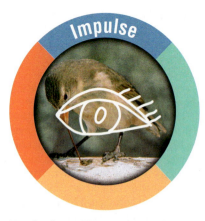

Impulse

Evolution: Tatsachen, Theorien und Geschichte

Die Evolutionstheorie, wie wir sie heute kennen, verdankt ihr Entstehen der wissenschaftlichen Arbeit vieler Naturforscher: Das Verständnis der Mannigfaltigkeit und der Entstehung neuer Arten wandelte sich im Verlauf der Zeit, wurde erweitert und immer wieder verfeinert.

Evolution der Evolutionstheorie

Neben LAMARCK und DARWIN waren und sind an der Entwicklung der Evolutionstheorie noch viele Forscher beteiligt. Solche, die aus heutiger Sicht einen wichtigen Beitrag geleistet haben, werden auf einer Zeitleiste mit ihren wesentlichen Beiträgen eingeordnet.

Astronomen betrachten es als eine Tatsache, dass die Erde um die Sonne kreist. Biologen betrachten in ähnlicher Weise die natürliche Entstehung und Veränderung der Arten als Tatsache.

Nennen Sie mögliche Methoden, wie sich ein langsam ablaufender Vorgang beobachten lässt und schätzen Sie deren Verlässlichkeit kritisch ein.

JEAN BAPTISTE DE LAMARCK
(1744 – 1829)

Alles nur Theorie?

Unter Evolution kann man sowohl die historische Tatsache der Artentstehung und des Artenwandels verstehen, als auch einen ursächlichen Mechanismus. Im letzeren Falle handelt es sich um eine Theorie. Manche Menschen sagen dann abwertend, dass es sich ja „nur um eine Theorie" handele. „Theorie" wird dann umgangssprachlich im Sinne von etwas schnell Ausgedachtem, einer bloßen Idee oder einer Vorstellung gebraucht.

In den Naturwissenschaften spricht man zunächst von einer wissenschaftlichen *Hypothese*, wenn begründet ein Zusammenhang zwischen Tatsachen hergestellt wird. Bestätigt sich diese Hypothese wiederholt und in verschiedenen Zusammenhängen, dann sprechen immer mehr Wissenschaftler von einer *Theorie*. Theorien haben erklärenden Charakter.

Nennen Sie Theorien aus der Biologie. Überprüfen Sie, ob die Evolutionstheorie den Anforderungen an eine Theorie entspricht.

GEORGES CUVIER (1769 – 1832) erforschte die geologischen Schichten im Pariser Becken. Er fand zahlreiche Fossilien, die er als Reste von Lebewesen erkannte. Er stellte fest, dass verschiedene geologische Schichten unterschiedliche Fossilien aufwiesen. Als Erklärung diente ihm seine *Katastrophentheorie*: Naturkatastrophen vernichteten in größeren Zeitabständen die Tiere und Pflanzen in einem bestimmten Gebiet. Aus benachbarten Gebieten wanderten die Lebewesen in das zerstörte Gebiet wieder ein. CUVIER war ein Anhänger der Artkonstanz.

CHARLES DARWIN
(1809 – 1882)

ALFRED RUSSEL WALLACE (1823 – 1913) erforschte die geografische Verbreitung von Lebewesen. Im Juni 1858 erhielt DARWIN ein Manuskript von WALLACE: „On the tendency of varieties to depart indefinitely from the original type." Darin beschrieb er bereits das Prinzip der natürlichen Selektion.

DARWIN erkannte die Bedeutung dieser Arbeiten und am 1. Juli 1858 veröffentlichte er den Artikel von WALLACE und einen eigenen Aufsatz von 1844. WALLACE kann also als Mitbegründer der *Selektionstheorie* gelten.

1800

1850

Evolution und Gesellschaft

Der Philosoph HERBERT SPENCER (1820 — 1903) wandte evolutionäre Vorstellungen auf die Gesellschaft an. Er lehnte jede Form gesellschaftlicher Sozialfürsorge ab und hielt den Kampf ums Dasein und die natürliche Auslese für die grundlegenden gesellschaftlichen Kräfte. DARWIN übernahm die Begriffe „struggle for life" und „survival of the fittest" von SPENCER.

In der Biologie erwiesen sich diese Begriffe als erkenntnisfördernd — wohl auch, weil DARWIN immer wieder deren metaphorischen Charakter betonte. Gerade wegen ihrer Nützlichkeit in der Biologie erlangten diese Begriffe für gesellschaftliche und wirtschaftliche Entscheidungen Bedeutung. Mit dem „Kampf ums Dasein" und dem „Überleben des Stärkeren" wurden Kriege, soziale Ungerechtigkeiten und Rassismus gerechtfertigt. Ein solcher Schluss vom Sein in der Natur auf das Sollen in der Gesellschaft wird als *naturalistischer Fehlschluss* bezeichnet.

Welche Bedeutung haben die angeführten Begriffe in der Biologie?
Nennen Sie Beispiele für den naturalistischen Fehlschluss.

Silber und Silbermöwen

Reines Silber ist überall auf der Welt dasselbe Material. Wir erkennen Silber an seinen (unveränderlichen) Eigenschaften. Auf den ersten Blick scheint dies auch für Silbermöwen zuzutreffen.

Erörtern Sie, ob z. B. bei Silbermöwen eine Aufzählung der Eigenschaften genügt, um diese als eine biologische Art zu kennzeichnen. Erläutern Sie den Unterschied, der zwischen der Zuordnung zu einer Klasse physikalischer oder chemischer Objekte besteht.

Übersetzen Sie die Aussage von DOBZHANSKY in einen treffenden deutschen Satz. Erläutern Sie den Satz an verschiedenen Beispielen.

Begründen Sie, ob die weitere Evolution vorhersagbar ist.

Ist die Evolutionstheorie unveränderlich oder entwickelt sie sich auch weiterhin?

Entwerfen Sie fiktive Streitgespräche zwischen den verschiedenen Wissenschaftlern, die Beiträge zur Evolutionstheorie geleistet haben.

Diskutieren Sie, ob solche Streitgespräche im wissenschaftshistorischen Sinne den Leistungen der Wissenschaftler gerecht werden.

Entwerfen Sie ein Fabelwesen, das auf einem anderen Planeten entstanden sein könnte, aber keinem Lebewesen auf der Erde ähnlich ist, und begründen Sie Ihren Entwurf aufgrund der angenommenen Umweltbedingungen.

ERNST HAECKEL (1834 — 1919) gilt als der entschiedenste Vertreter der *Evolutionstheorie* in Deutschland. Er formulierte 1866 die „*Biogenetische Grundregel*". Bereits vor DARWIN unternahm er den für die damalige Zeit wagemutigen Versuch, die Evolutionstheorie auch auf den Menschen zu übertragen. DARWIN selbst veröffentlichte sein zweites Hauptwerk „Die Abstammung des Menschen und die genetische Zuchtwahl" dann erst im Jahre 1871.

THEODOSIUS DOBZHANSKY (1900 — 1975) hat als Zoologe und Genetiker in Leningrad, Pasadena und New York gearbeitet und an der Taufliege Drosophila experimentelle Genetik betrieben. Er leistete Beiträge zur Populationsgenetik und war zusammen mit ERNST MAYR und anderen einer der Architekten der *Synthetischen Evolutionstheorie*. Ihm gelang die Vereinigung der Mendelgenetik mit der Darwin'schen Selektionstheorie. Bekannt wurde er vor allem mit dem Satz: „Nothing makes sense in biology, except in the light of evolution.".

1950

ERNST MAYR (1904 — 2005) arbeitete als Ornithologe am Zoologischen Museum in Berlin, am American Museum in New York und an der Harvard-Universität. Er hat 26 neue Vogelarten beschrieben.

MAYR zeigte, wie neue Arten durch geografische Trennung von Populationen entstehen können. Zusammen mit seinem Kollegen THEODOSIUS DOBZHANSKY hat ERNST MAYR das Konzept der biologischen Art entwickelt. Dieser biologische Artbegriff ist ein wichtiger Beitrag zur *Synthetischen Evolutionstheorie*, an deren Aufstellung und Darstellung er maßgeblich beteiligt war.

2000

Die christlichen Kirchen

„Naturwissenschaftler analysieren Wirkweisen, Religionen suchen nach Sinn und Zweck des Lebens … Die jüdisch-christliche Tradition befasst sich mit Lebensfragen. Sie überliefert Antworten früherer Generationen. Deren Schöpfungsgeschichten sagen, die Welt sei aus der Liebe Gottes hervorgegangen. Alles, was geschieht, habe eine hintergründige Bedeutung, also einen Sinn. Die Fragen von Glaube und Naturwissenschaft sind so unterschiedlich, dass sich ihre Antworten nicht wirklich widersprechen können." (BURKHARD WEITZ, Redakteur bei Chrismon, dem evangelischen Online-Magazin, 2002)

„… Die überragende Stellung des Menschen über der ganzen Kreatur beruht also gerade nicht auf seiner höheren Geburt, sondern einzig und allein auf dem einzigartigen Verhältnis, in das Gott zu ihm tritt." (K. HEIM, Theologe)

„Durch die Seele unterscheidet sich der Mensch durch eine Welt vom Tier. Sie ist nicht eine Art Aura des Hirns, die mit diesem steht und fällt, sondern umgekehrt, sie ist eine geistige Realität, in deren Dienst das Gehirn in einer undurchdringlich-geheimnisvollen Einheit steht. Sie ist durch keine Entwicklung von unten` erklärbar. Wer behauptet, der Mensch sei nur ein „Tier unter Tieren" und prinzipiell nicht mehr als wohlorganisierte Materie, der tritt mit dem Glauben in einen unversöhnlichen, häretischen Gegensatz." (ANDREAS LAUN, Weihbischof von Salzburg, 1996)

„Auch die Evolution können wir nur deshalb entziffern, weil sie in den vernünftigen Buchstaben der Schrift Gottes geschrieben ist. Zweifellos gibt es Evolution, zweifellos gibt es in der Natur die Mechanismen der Evolution, sie machen Sinn, sie sind sinnvoll, wir können sie in ihrem Sinn entdecken, weil sie vom Schöpfer in der Schöpfung eingeschrieben sind. Ich würde es deshalb so sagen: Gott bedient sich auch der Evolution, um das Werk der Schöpfung zu bilden. Aber ich würde hinzufügen: Gott bedient sich nicht nur der Evolution, sie ist ein Element in seinem großen Werk. In dieser Sicht braucht sich der Glaube nicht gegen die Naturwissenschaft abzuschotten." (CHR. SCHÖNBORN, Kardinal, Wien, 2000)

Kreationisten

„Die wörtliche, vollständige Inspiration der Bibel stellt in den Augen mancher vielleicht die radikalste Sicht dar und doch ist sie die einzige, die sich biblisch einwandfrei begründen lässt. Wenn wir fair und ohne Vorurteile an die Bibel herangehen und sie selbst zu Wort kommen lassen, gibt es keine andere Möglichkeit, als sie als die vollständig und wörtlich inspirierte schriftliche Offenbarung Gottes an uns Menschen anzuerkennen." (TILL BISKUP, Botaniker, 2002)

„Es gibt keinen Sinn im Leben, wenn wir als Tiere im Kampf ums Dasein dargestellt werden. So etwas schafft Hoffnungslosigkeit und Selbstzweifel und führt zu Leid, Mord und Freitod."
(MARC LOOY, Gruppe „Answers in Genesis", Kansas, 1999)

„What Darwin's theory really is: Darwin's theory of evolution represents an unscientific, unproven, anti-Christian, atheistic, naturalistic, hoax, adult fairytale, pseudo-religious theory that should be banned in public education under the classification of „science". Instead, let it be taught in a comparative religions or philosophy class where it rightfully belongs." (WILLIAM D. MAYERCHECK, Creationist / Engineer, Pennsylvania, 2000)

„[Die Evolutionstheorie] … ist beispielsweise nicht imstande, experimentell vorzuführen, wie Leben aus unbelebter Materie entstanden sein soll." (HANSRUEDI STUTZ, Mitarbeiter bei Pro Genesis, 1999)

Kritische Positionen

Die *Evolutionstheorie* versucht, die Entwicklung der Lebewesen allein durch natürliche Vorgänge zu erklären. Dieser *Naturalismus*, der u. a. mithilfe von zufälligen Mutationen und Selektionsvorgängen die Entwicklung beschreibt, ist auf gegenwärtige und vergangene Ursachen bezogen und verzichtet auf ein zukünftiges Entwicklungsziel. Dies schließt menschliche Evolution mit ein und gesteht ihm keine Sonderrolle zu. Dies wird vielfach als Verletzung menschlicher Würde gesehen und widerspricht dem gewohnten Selbstverständnis, denn in einer Entwicklung auf ein Ziel hin wird vielfach ein Sinn gesehen und der Weg dorthin kann dann nicht auf Zufall gegründet sein. Die Evolutionstheorie gerät damit leicht in Konflikt mit der Religion.

Die großen christlichen Kirchen sehen sich auf einer anderen Ebene als die Naturwissenschaften, nämlich einer geistigen. Insofern besteht heutzutage kein Widerspruch zur Evolutionslehre, solange die Wissenschaft ihre materielle Domäne und die Theologie ihre geistige nicht verlassen.

Zu den Anhängern des *Kreationismus* bzw. einer „*Schöpfungswissenschaft*" genannten Richtung gehören am einen Ende Vertreter, die an einer wörtlichen Bibelauslegung festhalten und in der Evolutionslehre eine Bedrohung sehen. Am anderen Ende sind die Vertreter des *Intelligenten Designs,* die die Evolution zum Teil akzeptieren, aber dennoch in Teilbereichen übernatürliche Ursachen annehmen. Viele Vertreter versuchen, Ergebnisse der Evolutionsforschung zu widerlegen oder zumindest abzuschwächen.

Ein häufiger Vorwurf lautet, dass die Evolution nicht sicher bewiesen sei. Dies zielt eigentlich auf den Hypothesencharakter aller naturwissenschaftlichen Theorien. *Theorien* sind prinzipiell nicht positiv beweisbar, nicht verifizierbar. Die Forderung nach völliger Sicherheit ignoriert also den Hypothesencharakter und kann generell nicht eingelöst werden. Theorien sollten aber widerspruchsfrei (*interne Konsistenz*) und überprüfbar sein, und die Prüfung sollte auch negativ ausfallen können. Ein positives Ergebnis ist aber kein Beweis, sondern „nur" eine bestandene Bewährungsprobe. Die Evolutionstheorie hat sich schon in vielen voneinander unabhängigen Prüfungen bewährt. Die „Schöpfungslehre" dagegen ist prinzipiell nicht überprüfbar.

Wahrscheinlichkeitsargumente

„Das Hämoglobinmolekül besteht aus vier Proteinen, 2 α-Globinen und 2 β-Globinen. Das β-Globin besteht aus 146 Aminosäuren. Die Anzahl möglicher Anordnungen von 20 Aminosäuren in einer Kette mit 146 Gliedern ist unvorstellbar groß, nämlich 20^{146} bzw. 10^{190}! Das Alter des Weltalls wird auf 13,7 Mrd. Jahre geschätzt, das sind etwa $4 \cdot 10^{18}$ Sekunden. Selbst wenn pro Sekunde 1 Milliarde Möglichkeiten ausprobiert worden wären, hätte die gesamte Zeit der Welt nicht ausgereicht, durch Zufall β-Globin entstehen zu lassen. Die Wahrscheinlichkeit dazu ist praktisch gleich null." (Argumentationsbeispiel wie viele ähnliche)

Vertreter des Intelligenten Designs

„Der Evolutionstheoretiker glaubt, dass die Entstehung und Entfaltung des Lebens durch natürliche Prozesse erklärbar ist, und darauf aufbauend versucht er Wissenschaft zu betreiben. Schöpfungstheoretiker bauen ihre Rekonstruktion der Geschichte des Lebens auf dem geoffenbarten Wort Gottes." (REINHARD JUNKER, Studiengemeinschaft Wort + Wissen, Mitautor eines kreationistischen Biologie-Schulbuches, 1998)

„Biochemische Vorgänge, die Basis-Funktionen von Lebewesen aufrechterhalten, sind zum Teil so komplex in sich verknüpft, dass die Abwesenheit nur eines Elementes zum Totalzusammenbruch führt. Solche Strukturen können nicht schrittweise entstanden sein und die Anzahl der bekannten Systeme und ihre Komplexität schließen jeden Zufall aus." (REINHARD JUNKER)

Naturwissenschaftler

„Ich finde Gott in meinen Forschungen, aber nur, weil er mich zuvor schon gefunden hat. Er schenkte mir, dass ich an ihn glaube, und dieser Glaube bestimmt mein ganzes Leben und besonders meine Forschung. Ich habe nie versucht, ihn durch Forschen zu finden."
(Pater G. V. COYNE, Direktor der Sternwarte des Vatikan)

„Was bei unseren Forschungen herauskam, war, verkürzt gesagt, die Erkenntnis, dass in der Natur alles optimal geregelt ist. Man kann das natürlich auch theologisch erklären und sagen „Das ist eben Schöpfung". Naturwissenschaftler sind ja nicht unbedingt gottlos. Aber wir sagen, wenn Gott das Leben geschaffen hat, dann hat er es nach den Regeln der Naturgesetze getan. Er wird keine Naturgesetze hervorbringen, um sie dann wieder zu umgehen. Also muss sich die Entstehung des Lebens irgendwie erklären lassen. Wir stellen also nicht die Frage, ob Gott es war oder ob es Gott gibt, sondern wir schauen uns an, wie die Lebensprozesse ablaufen." (MANFRED EIGEN, Nobelpreisträger)

Weiterhin ist Naturwissenschaft und damit auch die Evolutionsforschung eine menschliche Tätigkeit. Als solche enthält sie menschliche Schwächen, wie z.B. die Möglichkeit des Irrtums, auch ist sie unfertig, nicht abgeschlossen. In dieser Situation führen aber neue Erkenntnisse und kritische Prüfung zu ständiger Verbesserung. Die Forderung nach völliger Sicherheit und Abgeschlossenheit übersteigt menschliche Fähigkeiten und ist insofern unredlich. Dies gilt auch für die häufig als Widerlegung angeführten Lücken z.B. in Fossilreihen. Andere Kritiker akzeptieren allgemein die Naturwissenschaften, nehmen aber die Evolutionstheorie davon aus. Dies widerspricht der Tatsache, dass die Evolutionstheorie als biologische Theorie in den Zusammenhang anderer Naturwissenschaften eingebettet ist und mit ihnen nicht im Widerspruch steht (externe Konsistenz). Wenn man z.B. die ermittelten Zeiträume der Erdgeschichte nicht akzeptiert, lehnt man mit der Methode der Zeitmessung auch die physikalischen Grundlagen über den Atombau und den radioaktiven Zerfall ab.

Ein häufiges Argument gegen die Evolutionstheorie stammt aus Wahrscheinlichkeitsberechnungen zum Beispiel mit den Aminosäureabfolgen in Proteinen. Die Theoretiker des *Intelligenten Designs* gehen von ähnlichen Überlegungen aus und sehen z.B. hinter einer komplizierten Struktur eines Organismus den Plan eines Designers.

Diese Überlegungen ignorieren jedoch, dass die Entstehung z.B. eines solchen Proteins nicht in einem Schritt geschehen sein muss. Selektionsvorteile sind immer relativ und ein Organismus, der z.B. ein Sauerstoff bindendes Protein besitzt, ist im Vorteil gegenüber anderen, die dieses nicht besitzen. Der Besitz wird sich also durchsetzen ebenso wie jedes verbesserte Protein später. Diese Entwicklung beruht auf schrittweiser Verbesserung und relativem Vorteil und nicht auf der zufälligen Entstehung in einem einzigen Schritt. Inwieweit eine Struktur bereits von Anfang an fertig sein muss, lässt sich kaum klären, eine Veränderung eines heutigen hochentwickelten Proteins bringt logischerweise nur Beeinträchtigungen und erklärt daher nichts.

Diese angesprochenen Diskussionspunkte stellen für viele Naturwissenschaftler gar keine Probleme dar, sie sehen ähnlich wie die großen christlichen Kirchen keinen Widerspruch. Die Faszination der Natur einschließlich der Evolution kann daher für sich allein beeindruckend sein oder als großartiger Plan eines Schöpfers angesehen werden. Dies schließt sich nicht aus.

Aufgabe

1 Zeigen Sie, an welchen Stellen der Texte auf verschiedenen Ebenen argumentiert wird und wo Überschreitungen der Domänengrenzen erfolgen.

1 Fossile Süßwasserschnecken der Insel Kos (Griechenland)

Mikro- und Makroevolution: kleine und große Schritte

Birkenspanner mit hellen oder dunklen Flügeln, Finken mit spitzen oder dicken Schnäbeln, Wunderblumen mit roten, rosa oder weißen Blüten — solche erblichen Variationen innerhalb einer Population zeigen, wie wandelbar Arten sind. Sie demonstrieren anschaulich, dass durch Selektion und Isolation von Teilpopulationen letztlich neue Arten entstehen können. Evolutionsphänomene auf der Populations- und Artebene werden als *Mikroevolution* bezeichnet (Abb. 1).

Die Vielfalt der Natur begegnet uns aber nicht nur in fein abgestuften Merkmalsübergängen. In der Evolution treten auch plötzliche Neuerungen und „geniale Erfindungen" auf. Neue Organe oder Körperteile wie Blüte, Borke, Flügel, Komplexauge usw. ermöglichen das Überleben in zuvor unzugänglichen Lebensräumen. Verschiedene Stämme mit gänzlich abweichenden Grundbauplänen entstanden so im Laufe der Erdgeschichte: Aus Fischen entwickelten sich Landwirbeltiere, aus einfachen Gliedertieren vielfältige Insekten, Krebs- und Spinnentiere. Diese großen Schritte in der Evolution werden als *Makroevolution* bezeichnet. Die Makroevolution betrifft also die Entwicklung von neuen Bauplänen und systematischen Einheiten oberhalb der Artebene.

Gradualismus

DARWIN war davon überzeugt, dass sich alle großen Schritte in der Evolution durch eine Verkettung vieler kleiner Schritte erklären lassen. Er ging davon aus, dass es zwischen allen heute lebenden Arten Übergangsformen gibt, die aber überwiegend ausgestorben sind. Wahrscheinlich waren gerade die Übergangsformen von vornherein nur in geringer Dichte oder für kurze Zeit vorhanden, denn sie wurden schnell von den erfolgreicheren Formen abgelöst. Andere hinterließen keine Fossilien, weil sie nur aus Weichteilen bestanden, oder ihre Überreste wurden einfach noch nicht entdeckt. Mikroevolution und Makroevolution lassen sich nach DARWINS Meinung durch die gleiche Theorie erklären, die Selektionstheorie bedarf keiner weiteren Ergänzung.

Die meisten Evolutionsbiologen teilen diese Denkweise, man bezeichnet sie als Gradualisten. Der *Gradualismus* geht davon aus, dass es in der Evolution keine Sprünge gibt, sondern nur kontinuierliche Abwandlungen. Für große Evolutionsschritte waren großräumige Ereignisse bedeutsam, wie die geografische Isolation und Fusion durch die Kontinentalverschiebung. Anhänger des *Punktualismus* halten es für denkbar, dass Groß- bzw. Mehrfachmutationen oder Zellsymbiosen zu sprunghaften Veränderungen und adaptiven Radiationen geführt haben. Diese Ereignisse widersprechen der Selektionstheorie nicht, sie ergänzen sie.

Die Trennung von Makro- und Mikroevolution wird vor allem in den USA von Kreationisten und Anhängern des „Intelligent Design" als Bestätigung ihrer eigenen Position gewertet. Da die Mikroevolution wissenschaftlich gut belegt ist, versuchen sie, die Tätigkeit eines planenden Schöpfers aus der Makroevolution abzulesen. Ihre Aussagen entziehen sich jeglicher wissenschaftlicher Überprüfung.

Nach wissenschaftlicher Auffassung gibt es keine prinzipiellen Unterschiede in der Theorie von Mikro- und Makroevolution, wohl aber in den jeweils gewählten Untersuchungsmethoden: Für die Mikroevolution werden eher molekularbiologische und populationsgenetische Verfahren herangezogen, für die Untersuchung der Makroevolution dagegen paläontologische und geografische Methoden.

Evolutionsgeschwindigkeit

Es gibt Dinge, die kann man nicht verbessern: Ein Beil sieht heute noch fast genauso aus wie im Steinzeitalter, eine Nähnadel unterscheidet sich allenfalls im Material, aber nicht in der Form. Ebenso wie bei den Werkzeugen der Menschen gibt es Lebensformen, die sich seit Jahrmillionen äußerlich kaum verändert haben und als einzige Exemplare großer Verwandtschaftsgruppen bis in die Jetztzeit überlebt haben — es sind „lebende Fossilien" (s. Seite 105).

Der *Ginkgo* ist der letzte Vertreter einer großen Pflanzengruppe neben den Nadel- und Laubbäumen. Die heutige Art gleicht ihren fossilen Vorfahren verblüffend (Abb. 1). *Schwertschwänze*, irreführend auch *Pfeilschwanzkrebse* genannt, sind keine Krebse, sondern urtümliche Spinnentiere. Sie leben an den Küsten Nordamerikas und Südostasiens. Ihr Phänotyp hat sich seit Jahrmillionen nicht geändert (Abb. 2). Die Evolution scheint hier auf große Schritte zu verzichten, die Evolutionsgeschwindigkeit ist niedrig. Allerdings sagt die äußere Ähnlichkeit nichts aus über mögliche Veränderungen im Stoffwechsel oder Verhalten. Auch lebende Fossilien durchlaufen eine Evolution, die Evolutionsgeschwindigkeit ist jedoch vergleichsweise gering.

1 Ginkgo: Fossil (300 Millionen Jahre) und heute

2 Schwertschwanz: Fossil (150 Millionen Jahre) und heute

Zettelkasten

Evolutionsgeschwindigkeit bei Lungenfischen

Vor etwa 400 Millionen Jahren (Silur) entstanden aus Kiemen tragenden Süßwasserfischen neue Fischformen mit Lungen. Trocknet der Lebensraum dieser Lungenfische aus, überleben sie in einer Schleimkapsel im Schlamm und atmen Luftsauerstoff. Das neue Merkmal machte sie enorm erfolgreich in amphibischen Lebensräumen und sie entwickelten eine große, fossil überlieferte Artenvielfalt. Noch heute gibt es in Australien, Südamerika und Afrika insgesamt 6 Arten von Lungenfischen. Ein Vergleich von 21 ausgewählten Merkmalen heutiger Lungenfische mit denen von fossilen Formen unterschiedlichen Alters ergibt eine zunächst steil und dann kaum noch ansteigende Kurve (s. Abb.).

Aufgabe

 Interpretieren Sie diese Kurve im Hinblick auf die Ähnlichkeit der Arten und ihre Evolutionsgeschwindigkeit.

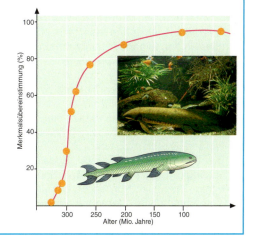

1 Zugrichtung bei Mönchsgrasmücken

Mönchsgrasmücke

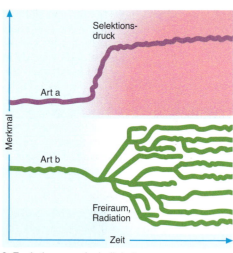

2 Evolutionsgeschwindigkeiten

Aktuelle Evolution

Die Evolution der Organismen ist nicht abgeschlossen, sondern findet immer noch statt. Ein Beispiel, bei dem das gegenwärtig sichtbar wird, sind die *Mönchsgrasmücken*. Dies sind Zugvögel, die im Winter nach Afrika ziehen. Die mehr westlich lebenden Tiere ziehen dabei über die iberische Halbinsel, weiter östlich lebende nehmen die Balkanroute. Das Zugverhalten der Mönchsgrasmücken ist intensiv untersucht worden und hat sich in Zeitpunkt und Richtung als angeboren erwiesen. Mischlinge von Elterntieren verschiedener Regionen zeigen ein intermediäres Verhalten.

Das Zugverhalten weist seit den 60er-Jahren des vorigen Jahrhunderts einige bemerkenswerte Veränderungen auf: Viele Vögel überwintern in der Mittelmeerregion, andere aus den westlichen Populationen zogen nach Südengland oder Irland. Ihre Zugrichtung hatte sich also von Südwest auf etwa West verändert (Abb. 1, grüner Pfeil). Ihr Anteil nahm in den folgenden Jahrzehnten stetig zu.

Diese „Westzieher" haben Vorteile gegenüber den anderen Vögeln:
- Ihr Zugweg ist ziemlich kurz. Sie kommen daher im Frühjahr mit mehr Reserven zum Brutplatz zurück.
- Die Zugunruhe ist von der Tageslänge abhängig. Da die Tage nach Frühlingsbeginn weiter im Norden bereits länger sind, kommen die Tiere eher wieder zurück und besetzen die besten Reviere vor den anderen Artgenossen. Sie ziehen aufgrund dieses Vorteils auch mehr Nachkommen groß.
- Nach neueren Untersuchungen paaren sich inzwischen die Westzieher bevorzugt mit anderen Westziehern. Nachkommen von Elterntieren mit verschiedenem Zugverhalten sind zudem extrem benachteiligt, denn sie wählen bei der Zugrichtung einen Mittelweg, und damit ziehen sie geradewegs Richtung Atlantik, wo es kein Winterquartier gibt.

Man sieht daher gegenwärtig einen *disruptiven Selektionsprozess*, der Paarungen zwischen Partnern mit verschiedenem Verhalten benachteiligt. Damit entsteht eine ethologische Isolationsschranke.

Das Beispiel der Mönchsgrasmücken und auch andere Beispiele zeigen, dass deutliche Veränderungen von Arten innerhalb weniger Generationen stattfinden können. Nach heutigem Verständnis benötigen Evolutionsvorgänge daher nicht unbedingt sehr lange Zeiträume. Evolution vollzieht sich vielmehr mit stark unterschiedlichen Geschwindigkeiten (Abb. 2). Rasche Veränderungen zeigen sich u. a. bei starkem Selektionsdruck wie bei den Darwinfinken (s. Seite 7) und bei adaptiven Radiationen (s. Seite 40). Beide Möglichkeiten setzen aber immer voraus, dass präadaptierte Individuen vorhanden sind, an denen Selektion transformierend ansetzen kann. Im Anschluss sind Selektionsdruck und Möglichkeiten für Veränderung geringer und die Evolutionsgeschwindigkeit geht stark zurück.

Information und Komplexität

Auch komplexe Merkmale der Organismen zeigen evolutive Veränderungen. Müssen dann nicht eine Vielzahl von Erbanlagen Mutations- und Selektionsprozesse gleichzeitig durchlaufen? Beruhen komplexe Strukturen immer auf einer Vielzahl von Erbinformationen? Am Beispiel der Musterbildung von Gehäuseschnecken wurde diese grundsätzliche Frage mithilfe von Computersimulationen untersucht.

Die Muster der Gehäuse von Muscheln und Schnecken entstehen, wenn am vorderen Rand durch die Mantelzellen der Schnecke ein neuer Streifen angebaut wird. Das Gehäuse fixiert damit den Zeitverlauf des Wachstums, der Rand ist am jüngsten, weiter innen sind die Anwachsstreifen älter.

In der Computersimulation wird dieser Vorgang nachgebildet. Man verwendet dafür ein Zellenfeld ähnlich einem Karopapier, das waagerecht eindimensional die Mantelzellen symbolisiert und senkrecht den Zeitverlauf. Die Ablaufregeln der Simulation sind durch ein *Aktivator-Inhibitor-System* gegeben. Es besteht aus zwei Stoffen, die in jeder Zelle entstehen, sich in den Zellen durch Diffusion verteilen und dort gegenseitig ihre Synthese fördern bzw. hemmen (s. Mittelspalte). Abbildung 1 zeigt das Gehäuse einer Kegelschnecke *(Conus textile)* sowie im Hintergrund das Simulationsergebnis. Mit ähnlichen zweidimensionalen Modellen lassen sich auch flächige Muster in einer Bildfolge simulieren. Wahrscheinlich spielen Aktivator-Inhibitor-Systeme auch in der Embryo-

1 Schneckengehäuse und Mustersimulation

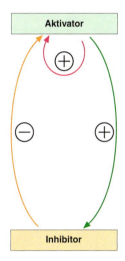

2 Segment-Definition im Fliegenembryo

nalentwicklung eine Rolle, beispielsweise bei der Segmentbildung im Fliegenembryo (Abb. 2).

Der Vergleich von Muster und Simulationsergebnis zeigt, dass Komplexität bereits mit wenig Information erzeugt werden kann. Die Information beschreibt lediglich die „Spielregeln", die den gegenseitigen Einfluss der Zellen festlegen, und das Muster entsteht im Laufe der Simulation durch die Interaktion der beteiligten Zellen. Es ist letztlich diese *Selbstorganisation* der Zellen, die das Muster entsprechend den Regeln erzeugt. Für die Evolution der Organismen bedeutet dies, dass die beobachtete Komplexität auf wenigen Erbinformationen beruhen kann.

Aufgabe

① Vergleichen Sie, wie ein Muster in der Simulation festgelegt wird, mit der Art, wie in Organismen die Erbinformation ein Merkmal codiert.

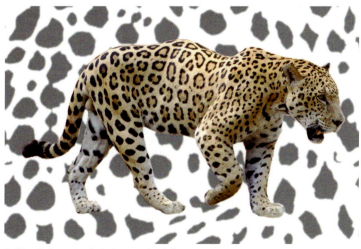

3 Simulationsergebnis Leopardenfell

Divergenz und Konvergenz

Die gegenwärtige Wirkung der Evolutionsfaktoren lässt sich an vielen Beispielen zeigen, und die Bildung neuer Arten kann man mit ihrer Hilfe gut verstehen. Es gibt also Wege und Prinzipien, die die Entstehung der heutigen Organismenvielfalt erklärbar machen. Dies beantwortet die Frage nach den Mechanismen der Evolution. Es bleibt die zweite Frage zu beantworten, wie die Entwicklung historisch tatsächlich abgelaufen ist, ob sich also die Verwandtschaft von Organismen und damit ihre gemeinsame Abstammung einsichtig machen lässt. Dies erfordert weitere Methoden, die der historischen Sicht gerecht werden. (→ 160/161)

Vergleicht man zwei Organismen, so stellt man anfangs lediglich mehr oder weniger große Ähnlichkeiten fest. Das heißt, dass es z. B. Merkmale gibt, die bei beiden Organismen übereinstimmen, und andere, in denen sie sich unterscheiden. Diese Ähnlichkeit lässt sich auf zwei gegensätzliche Weisen interpretieren (Abb. 1).

Die beiden Arten können einerseits einen gemeinsamen Ursprung haben und verwandt sein, wie dies im Beispiel der Spechte der Fall ist (s. Seite 30). Dann sind die Übereinstimmungen älter und beruhen auf ähnlicher genetischer Information, die von der gemeinsamen Abstammung herrührt, während die Unterschiede im Laufe der Evolution neu entstanden sind.

Ältere Merkmale nennt man auch *ursprünglich*, die neueren *abgeleitet*. Die Entwicklung läuft auseinander zu größeren Unterschieden hin bzw. zu geringerer Ähnlichkeit. Eine solche Entwicklung ist *divergent* und Merkmale, deren Ähnlichkeit auf Herkunftsgleichheit beruht, nennt man *homolog* bzw. bezeichnet sie als *Homologien*.

Andererseits kann eine bestimmte Form in einer speziellen Umwelt oder für eine Funktion besonders gut geeignet sein. Dies gilt z. B. für die Stromlinienform, die in Luft und Wasser vorteilhaft ist. Im Verlauf der Entwicklung haben sich dann jeweils die Individuen besser behauptet, die dieser Form ähnlicher waren. Die Unterschiede sind bei dieser Interpretation alt und auf die verschiedenen Ausgangsformen zurückzuführen, während die Übereinstimmungen neu sind. Die Entwicklung läuft aufeinander zu *(konvergent)* in Richtung besserer Übereinstimmung mit der gut geeigneten Form und damit zu größerer Ähnlichkeit (Abb. 1). Die Übereinstimmungen bezeichnet man in solchen Fällen als *analog* bzw. als *Analogien*. Analoge Ähnlichkeiten sind nicht auf einen gemeinsamen Ursprung zurückzuführen.

Für die Entscheidung, wie Ähnlichkeiten zu beurteilen sind, braucht man eine geeignete Methode, mit der man Verwandtschaft belegen und zwischen Homologie und Analogie unterscheiden kann.

Homologien

Bei homologen Strukturen wird vorausgesetzt, dass ihre Ähnlichkeit durch einen gemeinsamen Ursprung bedingt ist, dass also die entsprechenden Organismen verwandt sind. Zur Entscheidung, ob Verwandtschaft bzw. Homologie vorliegt, werden drei *Homologiekriterien* herangezogen:

Findet man einzelne Strukturen stets in gleicher Lage im komplexen Gefüge aller anderen Strukturen, so geht man von deren gemeinsamer Abstammung aus. Dies ist das *Kriterium der Lage*. Mithilfe dieses Kriteriums lassen sich die Knochen der Vorderextremitäten von Wirbeltieren als homolog kennzeichnen. Dies gilt auch dann, wenn ihre Funktionen sehr unterschiedlich sind, wie z. B. bei Laufbeinen und Flügeln.

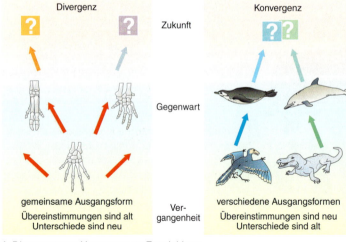

1 Divergente und konvergente Entwicklung

Wenn im Evolutionsverlauf starke Veränderungen entstanden sind oder Teile fehlen, ist die Lage von Strukturen schwer zu beurteilen. Vielfach lassen sich dann Zwischenformen finden, mit deren Hilfe ein stetiger Übergang erkennbar ist. Die Zwischenformen können sich bei anderen Organismen finden, bei Fossilien oder bei Embryonalstadien. Dies ist das *Kriterium der Stetigkeit*. Damit lässt sich z.B. der Pferdefuß als Mittelfinger auffassen (s. Seite 108).

In anderen Fällen findet man bei äußerlich wenig ähnlichen Strukturen einzigartige Merkmale. Das kann z.B. eine besondere chemische Zusammensetzung sein. Dies ist das *Kriterium der spezifischen Qualität*. Die Hautschuppen eines Hais und Zähne zeigen in diesem Sinn einen gleichartigen Bau aus spezifischen Substanzen.

Analogien

Vergleicht man die Schwanzflossen von Walen (*Fluke* genannt) und Fischen, so fällt die ähnliche Form auf. Wale und Fische stammen jedoch nicht von einem gemeinsamen Vorfahren mit derartiger Flosse ab, denn durch Anwendung der Homologiekriterien lässt sich keine Verwandtschaft bzw. Herkunftsgleichheit nachweisen. Die ähnliche Form ist jedoch aus physikalischen Gründen im Wasser als Antriebsorgan besonders gut geeignet und entsprechend gebaute Tiere besaßen Selektionsvorteile gegenüber anderen. Die beiden Flossenformen sind unabhängig voneinander durch konvergente Entwicklung entstanden. Solche Ähnlichkeiten, die nicht als Zeichen von Verwandtschaft gedeutet werden dürfen, werden *Analogien* genannt.

Homologie
Ähnlichkeit infolge gemeinsamer Abstammung

Analogie
Ähnlichkeit infolge gleicher Funktion ohne gemeinsame Abstammung

Zettelkasten

Homologie beim Insektenbein

Schmetterlinge, Käfer, Heuschrecken — die meisten Insekten lassen sich auch vom Laien sofort als solche identifizieren, denn sie zeigen deutliche Übereinstimmungen im Körperbau. Insekten besitzen drei Beinpaare an den Brustabschnitten, die je nach Art der Fortbewegung abgewandelt sein können, aber erkennbar den gleichen Grundbauplan aufweisen. Es handelt sich damit nach dem Kriterium der spezifischen Qualität und dem Kriterium der Lage um *homologe Organe*.

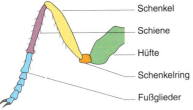

— Schenkel
— Schiene
— Hüfte
— Schenkelring
— Fußglieder

Der Grundbauplan eines Insektenbeins besteht aus fünf Gliedern: Hüfte, Schenkelring, Schenkel, Schiene und Fußglieder, das Fußende kann Krallen oder Haftbläschen aufweisen. Die Form der einzelnen Glieder unterscheidet sich aber bei Lauf-, Grab-, Spring- oder Schwimmbeinen.

Aufgabe

① Ein Sonderfall sind Fangbeine. Fertigen Sie eine Zeichnung an, in der Sie die Vorderbeine der Gottesanbeterin mit dem Grundbauplan homologisieren.

Heuschrecke

Maulwurfsgrille

Gelbrandkäfer

Entwicklungs- und Stammesgeschichte

Das Wort „Entwicklung" beschreibt sprachlich sowohl das Heranwachsen eines Individuums als auch die stammesgeschichtliche Veränderung der Arten. Tatsächlich lassen sich auch in biologischer Hinsicht erstaunliche Querverbindungen finden.

Biogenetische Grundregel

Betrachtet man den Bau sehr junger Wirbeltierkeime, so kann nur ein Experte erkennen, ob sich daraus einmal Knochenfisch, Molch, Schildkröte, Vogel oder Säugetier entwickeln wird, so ähnlich sind sich die Formen (Abb. 1). Alle frühen Embryonen besitzen ein Vorderende mit Gehirn- und Augenanlage sowie eine segmentierte Körperachse, aus der die Wirbelsäule hervorgeht. Im Brustbereich fallen die Kiemenspalten auf. Sie bilden eine Verbindung zwischen Vorderdarm („Kiemendarm") und Außenwelt und werden durch *Kiemenbögen* voneinander abgegrenzt. Erst bei etwas älteren Embryonen werden die kennzeichnenden Merkmale der einzelnen Klassen allmählich erkennbar. Beim Fisch bleiben die Kiemen erhalten. Bei den anderen sind sie nicht mehr sichtbar, Skelettelemente der Kiemenbögen haben sich z. B. zum primären *Kiefergelenk* oder zu *Gehörknöchelchen* weiterentwickelt. Von den Kiemenspalten ist schließlich nur noch eine erhalten: das *Mittelohr*. Diese Umgestaltungen in der Keimesentwicklung gleichen also Umgestaltungen, die in der Stammesentwicklung von Fisch zu Säugetier abgelaufen sind.

Ernst Haeckel veranlasste die Ähnlichkeit der Wirbeltierembryonen schon im Jahre 1866 zur Formulierung der *Biogenetischen Grundregel*: „Die Keimesentwicklung *(Ontogenese)* ist eine kurze, unvollständige und schnelle Rekapitulation der Stammesentwicklung *(Phylogenese)*".

Neben den Vorstufen späterer Merkmale weisen Embryonen auch Kennzeichen auf, die nur in der Entwicklung von Bedeutung sind, wie Keimhülle oder Dottersack. Die biogenetische Grundregel bezieht sich also nur auf die Anlage einzelner Organe, nicht aber auf den gesamten Organismus.

Steuerung der Entwicklung

Warum in der Ontogenese Organe angelegt werden, die Organen der Vorfahren ähneln, aber von den ausgewachsenen Individuen gar nicht mehr gebraucht werden, lässt sich heute durch entwicklungsbiologische Erkenntnisse besser verstehen. Solche Strukturen dienen häufig als „Organisatoren" für die folgenden Entwicklungsschritte. Bei den Landwirbeltieren werden die Kiemen zwar nicht zum Atmen gebraucht, Zellen der embryonalen Kiemenbögen und ihre Genprodukte organisieren aber die weitere Organentwicklung im Hals- und Kopfbereich. Daher können sie in der Entwicklung auf die Kiemenanlage nicht verzichten.

Die genetische Kontrolle der Entwicklung ist heute Gegenstand vieler Untersuchungen. Besondere Kontrollgen-Gruppen *(homöotische Gene)*, sind für die Entwicklung des Grundbauplanes zuständig. Beim Säugetier nennt man sie *Hoxgene*. Die vorderen Hoxgene werden früh in der Entwicklung und am Kopfende des Embryos abgelesen, die hinteren später und weiter hinten im Körper. Damit ist bereits die Längsachse festgelegt. Hoxgene codieren für Transkriptionsfaktoren, das sind Proteine, die an bestimmte DNA-Abschnitte binden und so die Aktivi-

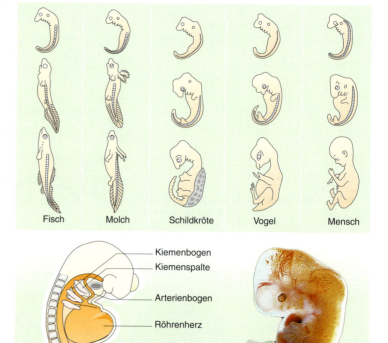

1 Wirbeltierembryonen und Biogenetische Grundregel

Fisch · Molch · Schildkröte · Vogel · Mensch

Kiemenbogen
Kiemenspalte
Arterienbogen
Röhrenherz
Nabelschnur
Urwirbel

tät untergeordneter Gene steuern, die wiederum über die Ausprägung der einzelnen Körperabschnitte entscheiden. Abschnitte der Kontrollgene *(Homeoboxen)* von Fliege, Fisch und Maus ähneln sich so sehr, dass ein gentechnisch übertragenes Mausgen, das für die Entwicklung des Linsenauges verantwortlich ist, in der Fliege die Bildung eines Facettenauges kontrollieren kann. Auch in der Industrie spielt es bei der Produktion eigentlich keine Rolle, ob ein Auto oder ein Computer hergestellt werden soll, Grundzüge des Produktionsablaufes: Zeitplan, Rohstoffe, Montage usw. sind übertragbar. In der Entwicklung geht es um Anweisungen wie „falte, drehe, dehne" usw. Auch diese sind für verschiedene Entwicklungsprozesse einsetzbar. Die homöotischen Gene müssen schon vor der Abspaltung der Wirbeltiere, also sehr früh in der Evolution entstanden sein.

Kriterium der Stetigkeit

Für die Homologieforschung ist die Embryologie von unschätzbarem Wert, zeigt sie doch oft gerade die Übergänge zwischen homologen Merkmalen, die vom *Kriterium der Stetigkeit* verlangt werden, beim erwachsenen Organismus aber nicht mehr zu erkennen sind. Die *Seepocken* sind z. B. wirbellose Tiere, die mit Kalkplatten an der Felsküste festsitzen und mit ihren rankenartigen Beinen Schwebstoffe aus dem Wasser filtern (s. Randspalte). Nur im Embryonalalter erkennt man, dass es sich um Krebse handelt, denn sie entwickeln sich wie alle anderen Krebse aus einer planktonischen Naupliuslarve. Auch der Seeigel zeigt nur im Larvenalter, dass er zu den bilateralsymmetrischen Tieren gehört und nicht zu den radiärsymmetrischen wie Korallen oder Quallen.

Umgekehrt kann man bei Organen ausgewachsener Tiere, die sich wie die Augen von Kopffüßern (Tintenfischen) und Wirbeltieren verblüffend ähneln, an der vollkommen anderen Entwicklung erkennen, dass es sich um *Analogien* handelt (Abb. 1).

Aufgabe

① Vergleichen Sie die Entwicklung des Auges bei Kopffüßer und Wirbeltier und begründen Sie die Auffassung, dass es sich dabei um analoge Organe handelt.

erwachsene Seepocke

Naupliuslarve der Seepocke

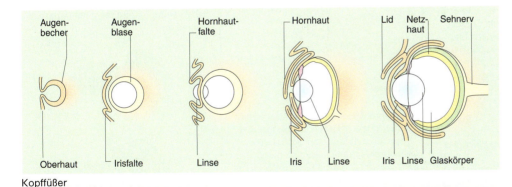

Kopffüßer

Auge Krake

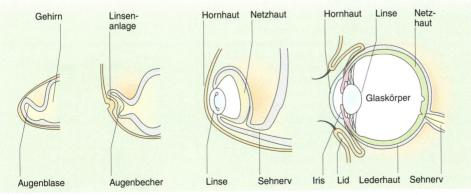

Wirbeltier

1 Entwicklung der Linsenaugen bei Kopffüßer und Wirbeltier (Schema)

Auge Uhu

Homologien, Analogien

Vergleicht man Formen und Strukturen von ähnlichen Organismen, kann man viele offensichtliche Homologien finden. Daneben gibt es aber auch Homologien, die schwerer zu identifizieren sind.

Ähnlichkeiten zwischen Formen und Strukturen werden als *Analogien* angesehen, wenn der Versuch scheitert, sie mithilfe der Homologiekriterien als *Homologie* zu identifizieren.

Zähne und Hautschuppen

Zähne bestehen aus einer Zahnhöhle, die von Dentin umgeben ist, und einer Spitze aus hartem Schmelz. Diesen Aufbau weisen alle Wirbeltierzähne auf. Beim Hai zeigt der Bau der Hautschuppen *(Placoidschuppen)* eine Reihe von Übereinstimmungen mit dem Bau der Zähne. Hautschuppen

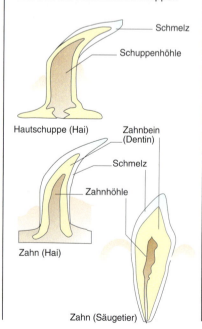

und Zähne des Hais sind demnach zueinander homolog. Letztlich gilt dies auch für die Hautschuppen des Hais und die menschlichen Zähne.

Kiefergelenk und Gehörknochen

An einem Schädel kann man einzelne Knochenbauteile aufgrund ihrer Lage zueinander als homolog identifizieren. Vergleiche zwischen den Schädeln von Reptilien und Säugern zeigen,

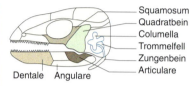

heutiges Reptil

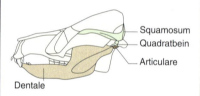

fossiles säugerartiges Reptil

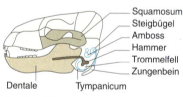

heutiger Säuger

dass ihre Kiefergelenke aus verschiedenen Knochen gebildet werden. Bei Reptilien befindet sich die Gelenkfläche zwischen *Quadratbein* und *Articulare* (*primäres Kiefergelenk*), bei Säugern zwischen *Dentale* und *Squamosum* (*sekundäres Kiefergelenk*).

Von Fossilien weiß man, dass im Laufe der Entwicklung landlebender Tiere zu den Säugern in zunehmendem Maße das Dentale die Gelenkfunktion übernommen hat und damit ein neues Gelenk entstanden ist *(sekundäres Kiefergelenk)*. Die Knochen des primären Kiefergelenks sind dabei immer kleiner geworden und befinden sich weiter im Schädel. Sie stellen bei Säugern die Gehörknochen *Hammer, Amboss* und *Steigbügel* dar. Kieferknochen der Reptilien und Gehörknochen der Säugetiere lassen sich also mithilfe des Kriteriums der Stetigkeit als homolog interpretieren.

Verhaltenshomologien

Einige Verhaltensweisen sind angeboren, sie besitzen zum Teil eine genetische Grundlage. Solche Verhaltensweisen stellen erbliche Merkmale dar, die ebenso wie andere der Evolution unterliegen. Vergleicht man das Verhalten verschiedener Entenarten, so stellt man erstaunliche Übereinstimmungen fest, selbst bei Arten, die sich in ihrem Vorkommen und in ihrer Lebensweise stark unterscheiden: Branderpel, Knäckerpel, Mandarinerpel und Stockerpel putzen bei der Einleitung der Balz scheinbar ihr Gefieder (s. Abb.). Stockerpel und Knäckerpel, nicht aber Branderpel und Mandarinerpel, zeigen bei der Balz ein als „Hochkurzwerden" bekanntes Verhalten. Diese und zahlreiche weitere Beispiele zeigen, dass im Bereich des tierischen Verhaltens viele Ähnlichkeiten vorkommen. Wie morphologische Merkmale lassen sich auch Körperhaltungen und Bewegungsabläufe als homolog nachweisen. Durch Auswertung zahlreicher ethologischer Merkmale konnten Verwandtschaftsbeziehungen zwischen verschiedenen Arten erforscht werden. Bei den besonders gut untersuchten Entenvögeln war es sogar möglich, auf der Basis abgestufter Ähnlichkeit im Verhalten einen Stammbaum der Arten zu erstellen.

Branderpel

Knäckerpel

Mandarinerpel

Stockerpel

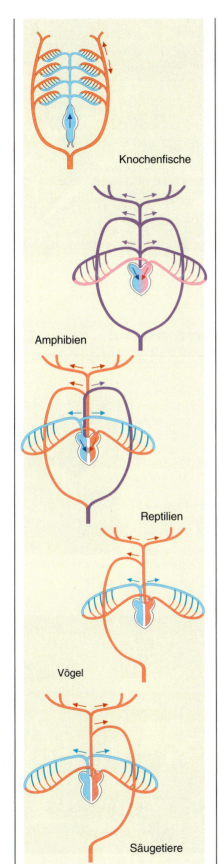

Knochenfische

Amphibien

Reptilien

Vögel

Säugetiere

Herzgefäße der Wirbeltiere

Der Vergleich von Herz und herznahen Blutgefäßen bei Knochenfischen und Säugern zeigt erhebliche Unterschiede. Das Fischherz besitzt einen Vorhof und eine Herzkammer. Das Blut wird in einen Arterienstamm gepumpt und über bogenförmige Arterien in die Kiemen geleitet. Die weiterführenden Gefäße münden in die Körperschlagader (Aorta). Der Kopf wird durch Arterien, die dem vordersten Kiemenbogen entspringen, mit Blut versorgt. Beim Säugetier besteht das Herz aus zwei Vorhöfen und zwei Herzkammern. Es pumpt Blut durch den Lungen- und den Körperkreislauf. Es sind jeweils paarige Lungen- und Kopfarterien vorhanden. Die Körperschlagader ist unpaarig.

Vergleicht man ergänzend die Kreislauforgane von Amphibien und Reptilien, so lässt sich eine stetige Reihe bilden. Die Anzahl an Kiemenbögen wird verringert; sie werden zu Schlagadern. Das Herz ausgewachsener lungenatmender Amphibien ist dreiteilig. Es zeigt zwei Vorhöfe und eine Herzkammer, in der sich sauerstoffreiches und sauerstoffarmes Blut vermischt. Beim vierteiligen Reptilienherz sind die zwei Herzkammern meist unvollständig getrennt. Bei Säugetieren ist eine vollständige Trennung von Körper- und Lungenkreislauf vorhanden.

Bei den Vögeln entwickelt sich der rechte Aortenbogen zur Aorta, bei Säugern der linke Aortenbogen. Es gibt also in den Kreislauforganen eine Reihe, die den Übergang von der Kiemen- zur Lungenatmung widerspiegelt. Nach dem *Kriterium der Stetigkeit* sind die Kreislauforgane der Wirbeltiere homolog.

Flügelformen

Einige Saurier der Kreidezeit hatten vordere Gliedmaßen, die einen Flügel darstellten, ähnlich wie bei heutigen Fledermäusen. Die Flügelhaut eines Flugsauriers wurde jedoch von nur einem Finger aufgespannt, während dazu bei Fledermäusen vier Finger dienen. Die einzelnen Knochen der Flügelkonstruktion liegen deswegen anders zueinander und sind nicht homolog. Die Flügel sind also bei Flugsauriern und Fledermäusen unabhängig voneinander entstanden und haben aufgrund der physikalischen Bedingungen des Fliegens konvergent Ähnlichkeiten entwickelt. Sie sind also analog zueinander.

Pflanzliche Ranken

Kletternde Pflanzen besitzen zum Teil Ranken, mit denen sie sich festhalten. Vergleicht man die Ranken verschiedener Pflanzen, so kann man unterschiedliche Grundorgane nachweisen, aus denen die Ranken abgeleitet sind. Beim Kürbis findet man z. B. an derselben Pflanze Übergangsformen, die die Ranken als Abwandlungen von Blättern erkennen lassen (Blattranken). Bei der Passionsblume dagegen entspringt die Ranke aus der Knospe in einer Blattachsel, wie es für Seitensprosse typisch ist (Sprossranke). Blattranken und Sprossranken sind demnach analoge Bildungen, deren Ähnlichkeit durch die gleiche Funktion bedingt ist.

Blattranke – Kürbis

Sprossranke – Passionsblume

Rudimente und Atavismen

In den Originaltexten von CHARLES DARWIN zeigt sich, dass er die Natur nicht nur genau beobachtete, sondern auch sorgfältig beschrieb. Ihm fielen bei vielen Lebewesen Organe auf, die so verkümmert sind, dass sie keine Funktion mehr zu haben scheinen.

„Organe und Theile in diesem eigenthümlichen Zustande, die den Stempel der Nutzlosigkeit tragen, sind in der Natur äusserst gewöhnlich oder selbst gemein. Es würde schwer sein, eins der höheren Thiere namhaft zu machen, bei welchem nicht irgendein Theil sich in einem rudimentären Zustand findet. Bei den Säugetieren besitzen z. B. die Männchen immer rudimentäre Zitzen; bei Schlangen ist der eine Lungenflügel rudimentär; bei Vögeln kann man den Afterflügel (Daumenfittich) getrost als verkümmerten Finger ansehen und bei nicht wenigen Arten können die Flügel nicht zum Fliegen benutzt werden oder sind zu einem Rudiment verkümmert. Was kann merkwürdiger sein, als die Anwesenheit von Zähnen bei Walembryonen, die in erwachsenem Zustande nicht einen Zahn im ganzen Kopf haben, und das Dasein von Schneidezähnen im Oberkiefer unserer Kälber vor der Geburt, welche aber niemals das Zahnfleisch durchbrechen?"

DARWIN sah in solchen *Rudimenten* ein wichtiges Indiz für seine Abstammungslehre, denn er konnte sie zwanglos durch die Verwandtschaft der Arten erklären. Rudimente lassen sich mit den entsprechenden funktionsfähigen Organen verwandter Formen homologisieren.

Funktionsverlust oder Funktionswandel

Die kurzen Flügelreste bei flugunfähigen Vögeln wie dem *Kiwi* (Abb. 1) oder die Reste des Schultergürtels der beinlosen Blindschleiche scheinen keine Funktion mehr zu haben. Oft ist die Funktion von Rudimenten aber auch nur unbekannt oder sie unterscheidet sich von der Funktion entsprechender, voll entwickelter Organe bei verwandten Formen. Viele rudimentäre Organe haben einen solchen Funktionswandel durchgemacht. So eignen sich die Flügel des Straußes zwar nicht mehr zum Fliegen, sie werden aber bei der Balz aufgestellt (s. Randspalte). Die stark reduzierten Hinterbeinknochen eines Wales haben keine Verbindung mehr zur Wirbelsäule und sind für die Fortbewegung gänzlich untauglich, bei der Begattung spielen sie aber durchaus eine Rolle. Bei den Fliegen ist das

1 Kiwi: flugunfähiger Vogel Neuseelands

hintere Flügelpaar stark umgebildet und anders als bei anderen Insekten nicht zum Fliegen geeignet (Abb. 2). Diese sogenannten *Schwingkölbchen (Halteren)* rotieren beim Fliegen, Mechanorezeptoren übermitteln die relative Lage zum Brustabschnitt und ermöglichen so eine stabile Fluglage. Sie sind homolog zu den hinteren Flügeln anderer Insekten.

Rudimente des Menschen

Auch beim Menschen lassen sich Rudimente aufzählen. Beim „nackten Affen" ist vor allem das Haarkleid zu nennen. Auffallend ist, dass die Haare bei Kälte weiterhin aufgerichtet werden, obwohl diese „Gänsehaut"

Balzender Strauß

2 Flügel des Maikäfers und Halteren einer Schnake

nicht wie bei einem Fell die Isolation verbessert. Die Wirbelsäule des Menschen endet nicht wie bei vielen Affen in einem Schwanz, sondern in einem kurzen Steißbein. Nach DARWIN benannt wurde der kleine knorpelige *Ohrhöcker*, der als Rudiment eines spitzen Säugetierohres gilt. Der Wurmfortsatz des Blinddarms ist für die Verdauung zwar unbedeutend geworden, hat aber eine wichtige Funktion in der Immunabwehr.

Entstehung von Rudimenten

LAMARCK hielt die Verkümmerung von Organen für eine Folge des Nichtgebrauchs, das reduzierte Merkmal werde dann direkt an die Nachkommen vererbt. DARWIN entgegnete zu Recht, dass sich der Nichtgebrauch erst im Erwachsenenalter, häufig sogar nach der Vermehrung, einstellt. Individuen, die den energetischen Aufwand für die Entwicklung eines nutzlos gewordenen Organs sparen, haben einen Selektionsvorteil gegenüber anderen Varianten. Sie setzen sich allmählich in der Population durch.

Atavismen

Dass die genetischen Informationen, die einem komplexen Organ zugrunde liegen, bei Rudimenten nicht komplett verschwinden, zeigen sogenannte *Entwicklungsrückschläge*. Ausnahmsweise können sich rudimentäre Organe nämlich wieder in ihrer ursprünglichen Gestalt entwickeln. Derartige urtümliche Merkmale, die bei heute existierenden Lebewesen nur ausnahmsweise auftreten, für deren Vorfahren aber typisch waren, nennt man *Atavismen* (lat. *atavus* = Großvater). Auch beim Menschen sind Atavismen gelegentlich zu beobachten: z. B. starke Körperbehaarung, Ausbildung einer Schwanzwirbelsäule oder überzählige Brustwarzen.

Pferde haben eine stark ausgebildete Mittelzehe. Dem dritten Mittelfußknochen liegen links und rechts dünne, schwache Knochen an *(Griffelbeine)*, die für die Fortbewegung offensichtlich keine Bedeutung mehr haben. Sie sind den zweiten und vierten Mittelfußknochen anderer Wirbeltiere homolog. In seltenen Ausnahmefällen werden Pferde geboren, die eine zweite oder sogar eine dritte Zehe mit einem Huf aufweisen, die jedoch klein und funktionsuntüchtig sind. Diese mehrzehigen Pferde weisen also ein Merkmal auf, das auf eine mehrstrahlige Wirbeltierextremität hinweist. Atavismen findet man auch bei Pflanzen: Rosen und Tulpen

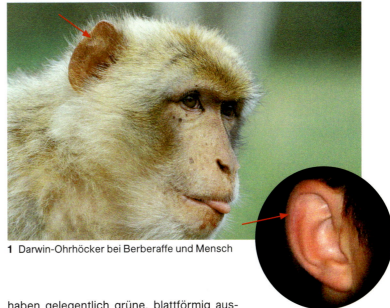

1 Darwin-Ohrhöcker bei Berberaffe und Mensch

haben gelegentlich grüne, blattförmig ausgebildete Staubblätter, Staubblätter lassen sich also mit Laubblättern homologisieren.

Bei der Taufliege gibt es eine Mutante, bei der anstelle von Halteren (Schwingkölbchen) am 3. Brustsegment Flügel ausgebildet sind. Das Ergebnis ist ein Phänotyp mit 2 Paar Flügeln wie bei den Insektenahnen, also ein Atavismus. Die Mutation eines *homöotischen Gens* führt hier dazu, dass ein komplexer Körperteil nicht nur im zweiten Brustabschnitt, sondern auch im dahinter liegenden Segment gebildet wird. Das bestätigt die Vermutung, dass bei Rudimenten das genetische Programm nicht unbedingt entfernt wurde. Vielmehr können sich auch die Kontrollgene verändert haben.

Drosophila-Mutante

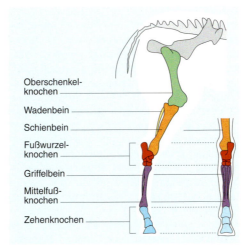
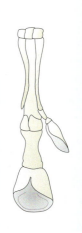

Oberschenkel-knochen
Wadenbein
Schienbein
Fußwurzel-knochen
Griffelbein
Mittelfuß-knochen
Zehenknochen

2 Fußskelett des Pferdes und mehrzehiger Pferdefuß

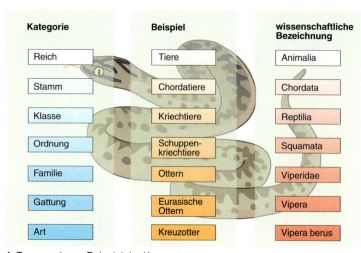

Kategorie	Beispiel	wissenschaftliche Bezeichnung
Reich	Tiere	Animalia
Stamm	Chordatiere	Chordata
Klasse	Kriechtiere	Reptilia
Ordnung	Schuppen-kriechtiere	Squamata
Familie	Ottern	Viperidae
Gattung	Eurasische Ottern	Vipera
Art	Kreuzotter	Vipera berus

1 Taxonomie am Beispiel der Kreuzotter

Ordnung in der Vielfalt

Für das Überleben des Menschen war es zu allen Zeiten wichtig, die Organismen in seiner Umwelt erkennen und benennen zu können. Auf diese Weise konnte er heilkräftige von giftigen und jagdbare von bedrohlichen Lebewesen unterscheiden, Nützlichkeit oder Schädlichkeit standen als Unterscheidungskriterien im Vordergrund. Das erste wissenschaftliche Ordnungssystem geht auf ARISTOTELES (384 — 322 v. Chr.) zurück. Er unterteilte die ihm bekannten Tiere in „Bluttiere" (Fische, Amphibien, Vögel und Säuger) und „Blutlose" (Schalen-, Krusten- und Weichtiere) und unterteilte sie weiter nach Lebensraum (Wasser oder Land) und Atmungsorgan (Lungen oder Kiemen). Diese *typologische Systematik* beruhte damit also erstmals auf Merkmalen und nicht auf der Bedeutung für den Menschen.

CARL VON LINNÉ (1707 — 1778) ging ebenfalls nach typologischen Kriterien vor. Er unterteilte z. B. die Blütenpflanzen nach der Anzahl der Staubblätter. Für Tiere mit Milchdrüsen stellte er die systematische Gruppe der Säugetiere auf und ordnete ihr auch die Wale und den Menschen zu. Er begründete außerdem die *binäre Nomenklatur*, nach der bis heute jede Art durch einen zweiteiligen wissenschaftlichen Namen benannt wird. So heißt die Kreuzotter *Vipera berus*, der erste Name bezeichnet die Gattung, der zweite unterscheidet die Art von anderen innerhalb der gleichen Gattung (Abb. 1). Gattungen werden weiter gruppiert, es entsteht eine begriffliche Hierarchie von Familien, Ordnungen, Klassen, Stämmen (bei Pflanzen Abtei-

lungen) und Reichen der Lebewesen. Inzwischen sind als oberste Hierarchie die *Domänen* eingeführt worden (s. Seite 154). Eine einzelne systematische Gruppierung bezeichnet man als *Taxon* (Plural: *Taxa*), die systematische Einordnung von Lebewesen als *Taxonomie*.

Das Ordnungssystem von LINNÉ hat sich über die Jahrhunderte in vielen Bereichen bewährt. Es stellt aber ein *künstliches System* dar, denn die taxonomischen Merkmale wurden willkürlich gewählt. Viele Bestimmungsbücher, z. B. für Blütenpflanzen, gehen noch heute nach rein praktischen Gesichtspunkten wie Blütenfarbe, Blütenform, Wuchsform und Lebensraum vor. Das lässt eine schnelle Zuordnung und Benennung von Pflanzen zu, sagt aber noch nichts über die verwandtschaftliche Beziehung der Arten untereinander aus — es gibt keine Verwandtschaftsgruppe der „blau blühenden Pflanzen", der Bäume oder der Wiesenblumen.

Die Verwandtschaft der Arten lässt sich in einem Stammbaum darstellen, dessen Verzweigungen auch die stammesgeschichtliche Entwicklung der Arten widerspiegeln. Die heute lebenden Arten sind die Endpunkte der Zweige, die Verzweigungsstellen markieren eine gemeinsame Stammart. Diejenigen Zweige, die sich auf einen gemeinsamen Ast zurückverfolgen lassen, bilden einen Verwandtschaftskreis, bestehend aus der Stammart und sämtlichen Nachkommen. Man bezeichnet sie als *monophyletische Gruppe* (s. Randspalte). Mit den Verzweigungen verschiedenen Grades erhält man wieder ein hierarchisches Ordnungssystem, bei dem die Verwandtschaftskreise einander konzentrisch umfassen. Diesmal beruht es aber auf der Verwandtschaft der Arten, es handelt sich um ein *natürliches System* der Lebewesen.

Einige Taxa, die auf typologischen Merkmalen beruhen, lassen sich nicht im natürlichen System wiederfinden: *Polyphyletische Gruppen* fassen Arten von Zweigen zusammen, die keine gemeinsame Stammart haben. Die „Würmer" bilden z. B. eine polyphyletische Gruppe, denn Regenwürmer, Fadenwürmer und Bandwürmer gehören nicht in eine Verwandtschaftsgruppe. *Paraphyletische Gruppen* fassen Arten zusammen, die zwar eine gemeinsame Stammart haben, aber nicht alle Verzweigungen enthalten (z. B. Reptilien, s. Seite 90). Poly- und paraphyletische Taxa werden bei besserer Kenntnis der Verwandtschaft aufgelöst.

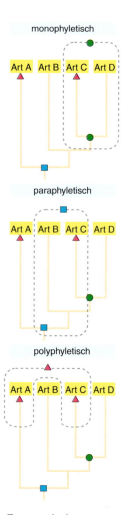

monophyletisch

Art A Art B Art C Art D

paraphyletisch

Art A Art B Art C Art D

polyphyletisch

Art A Art B Art C Art D

Taxonomische Gruppen

1 Fledermaus und Taube und Schema der Vorderextremität

Geeignete Merkmale

Schon ein Kleinkind erkennt auf Anhieb, dass Dogge und Dackel Hunde sind und nennt sie „Wauwau". Kinder orientieren sich vor allem am Gebell von Hunden, aber auch am Schwanzwedeln oder Hecheln. Diese Verhaltensmerkmale haben alle Hunde gemeinsam und sie fehlen bei anderen Säugetieren. Kein geeignetes Merkmal ist dagegen die Größe des Hundes, denn sie ist viel zu variabel. Auch Fell oder Vierbeinigkeit eignen sich nicht, denn darin unterscheidet sich der Hund nicht deutlich von der Katze, vier Beine hat er sogar mit Krokodilen gemeinsam.

Nicht immer gelingt die richtige Zuordnung mit dem ausgewählten Merkmal. Das zeigt z. B. die umgangssprachliche Benennung des Wales als „Walfisch", wegen der Stromlinienform und seiner flossenartigen Fortbewegungsorgane, die er mit Fischen gemeinsam hat. Die Schwanzflosse des Fisches enthält jedoch Skelettelemente, die Fluke des Wales besteht aus Bindegewebe. Schwanzflosse und Fluke üben lediglich die gleiche Funktion aus. Es handelt sich also um analoge Merkmale, die über die verwandtschaftliche Beziehung nichts aussagen.

Auch Wissenschaftler untersuchen anhand von Merkmalen die Verwandtschaftsbeziehungen von Arten und auch sie müssen geeignete von ungeeigneten Merkmalen unterscheiden. In der langen Liste morphologischer, ethologischer, embryologischer, biochemischer oder genetischer Merkmale suchen sie im ersten Schritt nach gemeinsamen Merkmalen, also nach Ähnlichkeiten.

Dogge und Dackel

Analoge Ähnlichkeiten täuschen eine Verwandtschaft allerdings nur vor, sie gehören nicht in diese Liste. Für die Überprüfung der *Homologie-Vermutung* stehen die Homologiekriterien zur Verfügung (s. Seite 80).

Aber nicht alle homologen Ähnlichkeiten eignen sich für die Unterteilung von Verwandtschaftsgruppen. Die Haare von Dackel und Hauskatze sind zwar ein gemeinsames homologes Merkmal, trotzdem ist ein Dackel keine Katze. Auch Feldmäuse und Fledermäuse haben Haare, es handelt sich um ein *ursprüngliches Merkmal*, das Dackel, Hauskatze, Maus und Fledermaus von einem gemeinsamen Vorfahren übernommen haben. Solche gemeinsamen, ursprünglichen, homologen Merkmale sind zwar zur Charakterisierung höherer Taxa (Klasse Säugetiere) geeignet, nicht aber für eine feinere Unterteilung innerhalb dieser Gruppe. Dafür braucht man vielmehr *abgeleitete Merkmale,* die von der gemeinsamen Stammart der betrachteten Untergruppe „erfunden" wurden. Solche „evolutiven Neuheiten" *(Apomorphien)* fehlen außerhalb des betrachteten Taxons. Ein gemeinsames abgeleitetes homologes Merkmal der Nagetiere sind die Nagezähne, bei den Fledermäusen die Flügel. Um zu erkennen, ob ein gemeinsames Merkmal abgeleitet ist, kontrolliert man, ob es auch außerhalb der betrachteten Gruppe vorkommt *(Außengruppenvergleich).*

Flügel findet man z. B. nicht nur bei Fledermäusen, sondern auch bei der Taube. Gibt es also eine gemeinsame Stammart, das „Flügelwirbeltier", von dem sich Fledermaus und Taube ableiten lassen, und die dieses Taxon von der Außengruppe „Flügellose" trennt? Die Flügel von Fledermaus und Taube sind aus den gleichen Knochenelementen konstruiert, als Vorderextremität sind die Flügel deshalb als homolog anzusehen (Abb. 1). Vergleicht man die Fledermäuse jedoch anhand weiterer Merkmale mit Arten aus der Außengruppe (also der „Flügellosen"), stellt man fest, dass man Milchdrüsen oder Gebiss nicht nur bei Fledermäusen, sondern auch bei „Flügellosen" findet. Bei einer Einteilung in „Flügeltiere" und „Flügellose" müssten Milchdrüsen und Gebiss mehrfach konvergent entstanden sein. Es ist die einfachste Erklärung, wenn man den Flügel als Merkmal einstuft, das sich bei Vogel und Fledermaus unabhängig voneinander, wenn auch aus einem homologen Merkmal entwickelt hat. Es gibt keinen Verwandtschaftskreis der Flügeltiere, eine Unterteilung in die Taxa Säugetier und Vogel wird bevorzugt.

1	vier Extremitäten	+	+	+	+	+	+
2	Eihülle (Amnion)	−	+	+	+	+	+
3	Schläfenfenster	−	−	+	+	+	+
4	vier Fußzehen	−	−	−	+	+	+
5	Mahlmagen	−	−	−	+	+	−
6	Homoiothermie	−	−	−	−	+	+
7	nackte Haut	+	−	−	−	−	−
8	Panzer	−	+	−	−	−	−
9	Häutung	−	−	+	−	−	−
10	3faches Augenlid	−	−	−	+	−	−
11	Federn	−	−	−	−	+	−
12	Milchdrüsen	−	−	−	−	−	+
	Taxon, Merkmal	Amphibien	Schildkröten	Eidechsen und Schlangen	Krokodile	Vögel	Säugetiere

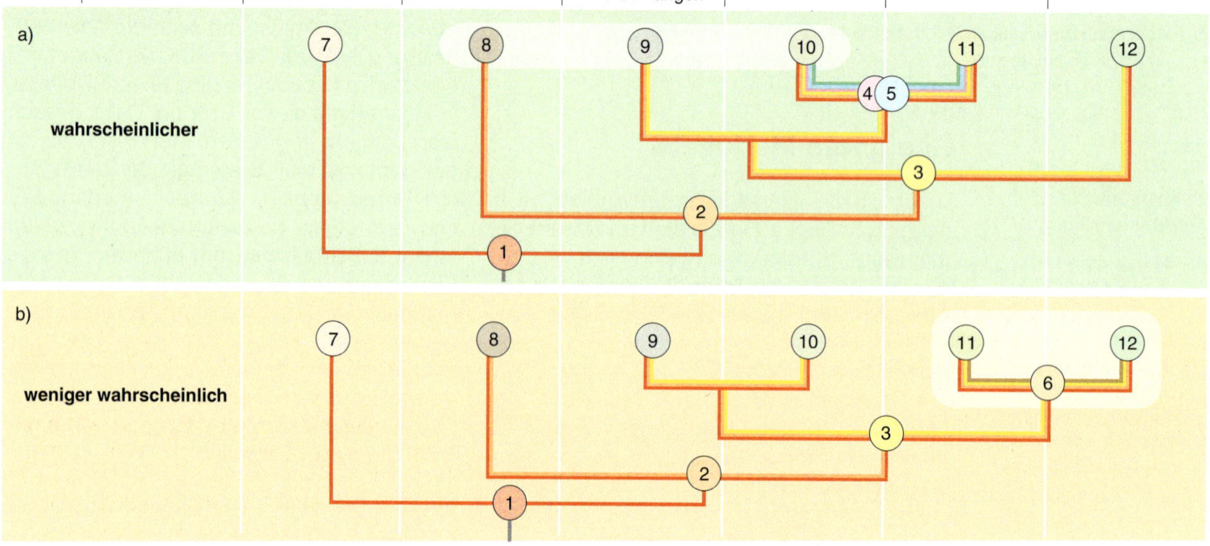

1 Auswahl abgeleiteter Merkmale und Stammbaum der vierfüßigen Wirbeltiere (Tetrapoda)

Phylogenetische Systematik: Stammbäume ermitteln

Die *phylogenetische Systematik* strebt an, ein natürliches System so aufzustellen, dass jedes Taxon einen Verwandtschaftskreis darstellt, also eine monophyletische Gruppe bildet. Ausgangspunkt ist eine Merkmalstabelle. Merkmale, die bei vielen Taxa auftauchen, stehen weiter oben, Arten mit vielen abgeleiteten Merkmalen weiter rechts (Abb. 1). Im Stammbaum markiert jeder farbige Knotenpunkt das erste Erscheinen des neuen Merkmals, die farbigen Zweige seine Weitergabe. Um einen Stammbaum zu konstruieren, beginnt man an den Zweigenden und verknüpft dann die Taxa, die Merkmale gemeinsam haben. Häufig gibt es dafür mehrere Möglichkeiten: So könnten Vögel und Säugetiere eine monophyletische Gruppe der „Gleichwarmen" bilden, die Regulation der Körper-temperatur *(Homoiothermie)* also von einer gemeinsamen Stammart übernommen haben. Dann müssten aber Mahlmagen und Vierzehigkeit der Krokodile und Vögel konvergent entstanden sein *(Außengruppenvergleich)*. Es führt zu weniger Widersprüchen *(Prinzip der einfachsten Erklärung)*, Krokodile und Vögel als monophyletische Gruppe anzusehen und die Homoiothermie als konvergentes Merkmal zu betrachten (Abb. 1a). Der Stammbaum zeigt, dass die gemeinsame Stammart von Schildkröten, Eidechsen, Schlangen und Krokodilen auch der Vorfahr von Vögeln und Säugetieren ist. Das typologische Taxon „Reptilien" bildet also keine monophyletische, sondern eine paraphyletische Gruppe, sie enthält nicht alle Abkömmlinge der Stammart. (→ 162/163)

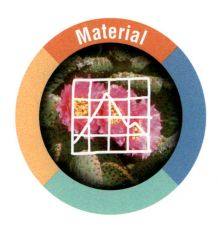

Material

Stammbäume

Die Konstruktion von Stammbäumen aus einer Merkmalstabelle verläuft in drei Schritten: Homologie-Vermutung, Außengruppenvergleich und Prinzip der einfachsten Erklärung. Aus mehreren denkbaren Stammbäumen wird der Stammbaum gewählt, bei dem man am wenigsten Konvergenzen voraussetzen muss. Ein Stammbaum ist gut abgesichert, wenn er durch viele Merkmale gestützt wird, das bedeutet aber einen großen Rechenaufwand, der von Computerprogrammen übernommen wird. Das Verfahren ist gleich, unabhängig davon, ob genetische, morphologische oder verhaltensbiologische Merkmale verwendet wurden. Allerdings ist es üblich, die Merkmale in einer Tabelle nicht zu mischen, sondern getrennte Stammbäume zu konstruieren. Gerade molekularbiologische Merkmale werden sonst wegen ihrer großen Anzahl gegenüber morphologischen Merkmalen leicht überbewertet. Widersprüche zwischen den genetischen und morphologischen Stammbäumen lenken das Augenmerk auf bisher nicht erkannte Konvergenzen. Abschließend versucht man, einen übereinstimmenden Stammbaum zu entwickeln.

Geeignete Merkmale

Nur abgeleitete homologe gemeinsame Merkmale kennzeichnen eine neue Abzweigung im Stammbaum, denn sie geben an, dass eine evolutive Neuheit an die nachfolgenden Taxa vererbt wurde.

Aufgaben

1. Nicht nur der Außengruppenvergleich, sondern auch fossile Befunde helfen, abgeleitete von ursprünglichen Merkmalen zu unterscheiden. Begründen Sie.

2. Auch der Ausfall eines Merkmals kann eine evolutive Neuheit, also ein abgeleitetes Merkmal sein. Man spricht dann von einem Negativmerkmal. Begründen Sie dies am Beispiel der Zähne, indem sie eine Merkmalstabelle der Wirbeltiere für Amphibien, Schildkröten, Eidechsen und Schlangen, Vögel und Säugetiere aufstellen.

Stammbäume konstruieren

Aufgaben

3. Wie viele Stammbäume lassen sich ohne Merkmalstabelle theoretisch bei drei Taxa A, B, C konstruieren?
4. Konstruieren Sie einen Stammbaum aus folgender Merkmalstabelle:

	A	B	C	D
1	+	+	+	+
2	+	+	−	−
3	−	−	+	+

5. Benennen Sie die monophyletischen Gruppen in der Abb. und entscheiden Sie, welche der Stammbäume in der oberen Reihe inhaltsgleich sind.

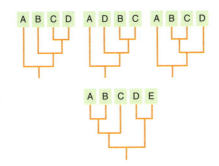

6. Benennen Sie alle monophyletischen Gruppen im unteren Stammbaum der Arten A, B, C, D, E.
7. Entscheiden Sie, ob die Gruppen (A—B—D), (A—B—C), (A—B—C—D) mono-, para- oder polyphyletisch sind.

Phylogenetik

Als *Sukkulenten* bezeichnet man Pflanzen, die in spezialisierten Geweben Wasser speichern können und daher dickfleischig erscheinen. Sie wachsen in Trockenregionen. Kakteen sind stammsukkulent, haben eine Blütenhülle aus vielen schraubig angeordneten Kelch- und Kronblättern, viele Staub- und Fruchtblätter und bilden Beeren. Auch einige Wolfsmilchgewächse sind stammsukkulent, alle haben eingeschlechtliche Blüten in komplizierten Blütenständen und bilden Kapselfrüchte.

Kaktus   Wolfsmilch

Aufgabe

8. Gibt es eine Verwandtschaftsgruppe „Sukkulente"? Argumentieren Sie mit dem Außengruppenvergleich und dem Prinzip der einfachsten Erklärung.

Stammbaum der Primaten

Zu den Primaten zählen neben den Halbaffen die Neuweltaffen (z. B. Kapuzinerartige), Altweltaffen (Meerkatzen, Gibbon, Orang-Utan, Gorilla, Schimpanse) und der Mensch. Halbaffen, Neuweltaffen und Meerkatzen haben einen Schwanz, die anderen Primaten sind schwanzlos. Gorilla, Schimpanse und Mensch haben eine Stirnhöhle, Meerkatzen und Gibbons haben Sitzschwielen.

Aufgaben

9. Stellen Sie eine Merkmalstabelle mit den drei oben angegebenen Merkmalen und folgenden Taxa auf: Meerkatze, Gibbon, Orang-Utan, Gorilla, Schimpanse und Mensch.
10. Konstruieren Sie einen Stammbaum der Primaten. Gibt es mehrere mögliche Stammbäume?
11. Molekularbiologische Daten zeigen, dass der Mensch näher mit dem Schimpansen als mit dem Gorilla verwandt ist. Stützen die morphologischen Befunde diese Aussage oder widersprechen sie ihr?
12. Im Gegensatz zur typologischen Systematik ist die phylogenetische Systematik häufigen Umstrukturierungen unterworfen. Erklären Sie, woran das liegt und welche Probleme das in der Praxis aufwirft.

Systematik

Münstersches Meerschweinchen

Wieselmeerschweinchen

Ordnung:	Nagetiere (Rodenta)
Unterordnung:	Stachelschweinverwandte (Hystricognatha)
Überfamilie:	Meerschweinchenartige (Cavioidea)
Familie:	Meerschweinchen (Caviidae)
Unterfamilie:	Eigentliche Meerschweinchen (Caviinae)
Gattung:	Gelbzahnmeerschweinchen (Galea)
Art:	Münstersches Meerschweinchen (Galea monasteriensis)

1 Neue Meerschweinchenart aus Bolivien

biologischer Artbegriff
Gruppe von Individuen, die eine Fortpflanzungsgemeinschaft bilden, und die von anderen Gruppen sexuell isoliert ist

morphologischer Artbegriff
Gruppe von Lebewesen, die in wesentlichen Merkmalen untereinander und mit den Nachkommen übereinstimmen

Neue Arten entdecken und beschreiben

Meerschweinchen sind beliebte Haustiere. Neben den bekannteren Hausmeerschweinchen werden auch Wieselmeerschweinchen z. B. für Verhaltensstudien gehalten. Um Inzuchtprobleme zu vermeiden, holten Biologen der Universität Münster wilde Meerschweinchen aus Bolivien, um sie mit ihren Wieselmeerschweinchen zu kreuzen. Meerschweinchen sind eigentlich für ihre Vermehrungsfreudigkeit bekannt, die wilden Meerschweinchen zeigten aber keinerlei Interesse an den Wieselmeerschweinchen — gemeinsamer Nachwuchs blieb aus.

Artbegriffe

Individuen lassen sich nur dann kreuzen, wenn sie derselben Art angehören. Daher lag der Verdacht nahe, dass es sich bei den bolivianischen Wildmeerschweinchen und den Wieselmeerschweinchen um verschiedene Arten handelt. Genauere Untersuchungen zeigten, dass unterschiedlich geformte Geschlechtsorgane und abweichendes Verhalten die Paarung verhindern, DNA-Analysen, Knochen- und Zahnvergleiche bestätigten die Unterschiede. Die Forscher hatten also eine bisher unbekannte Meerschweinchenart entdeckt.

Nicht immer können Biologen die Abgrenzung von Arten direkt über Kreuzungsversuche vollziehen, denn nicht alle Arten sind so leicht zu halten wie Meerschweinchen. Selbst wenn solche Versuche möglich sind, ist es fraglich, ob sich das Paarungsverhal-

ten in Gefangenschaft mit dem in der freien Natur gleichsetzen lässt. Der *biologische Artbegriff* bezieht sich zwar auf eine Fortpflanzungsgemeinschaft, in der Praxis müssen aber meistens morphologische Merkmale zu Rate gezogen werden.

Richtlinien für die Artbeschreibung

Der Entdecker einer neuen Art darf einen Namen auswählen, ist dabei aber an genaue Richtlinien gebunden. Wissenschaftliche Artnamen werden nach der *binären Nomenklatur* LINNÉS vergeben. Danach besteht ein Artname aus *Gattungsnamen* und *Artbezeichnung*, angehängt wird der Name des Wissenschaftlers, der die Art zuerst beschrieben hat und das betreffende Jahr. Die neue Meerschweinchenart erhielt den Namen *Galea monasteriensis*, zu deutsch *Münstersches Meerschweinchen*. Mit der Artbezeichnung „monasteriensis" nahmen die Entdecker den Namen ihres Universitätsstandortes auf, der Gattungsname „Galea" war dagegen durch die enge Verwandtschaft mit dem Wieselmeerschweinchen *Galea musteloides* vorgegeben. Das Hausmeerschweinchen hat wegen größerer Merkmalsabweichungen einen anderen Gattungsnamen *(Cavia)*. Beide Gattungen gehören zur Familie der Meerschweinchen *(Caviidae)* aus der Ordnung der Nagetiere (Abb. 1). Damit die neue entdeckte Art auch in der Fachwelt anerkannt wird, muss ein konserviertes Exemplar in einer wissenschaftlichen Sammlung hinterlegt und detailliert beschrieben werden. Diese *Typusexemplare* sind allgemein zugänglich, sodass jeder Wissenschaftler eigene Exemplare mit den hinterlegten vergleichen kann. Für die Klassifizierung von Pflanzen, Pilzen und Bakterien gelten ähnliche Richtlinien. Es sind aber immer nur die wissenschaftlichen Namen diesen Richtlinien unterworfen. Anders als umgangssprachliche Artnamen sind diese daher auch international eindeutig.

Entdeckungen von neuen Arten

Neue Säugetierarten werden nur relativ selten entdeckt, häufiger werden bisher unbekannte Wirbellose oder Pflanzen beschrieben. Viele neue Arten werden entdeckt, wenn ganze Lebensräume zum ersten Mal wissenschaftlich untersucht werden.

Bei einer Expedition im Jahre 2005 nach Indonesien durchstreiften Forscher einen schwer zugänglichen Regenwald auf der Insel Papua. Sie entdeckten 20 bisher unbekannte Froscharten, 4 Schmetterlingsarten und mehrere neue Pflanzenarten, wie Palmen und eine extrem großblütige Rhododendronart.

Im Jahre 2006 öffneten Forscher in Jerusalem eine seit prähistorischer Zeit verschlossenen Höhle mit einem unterirdischen See. Sie entdeckten 8 neue Tierarten, darunter einen blinden Skorpion und mehrere bisher unbekannte Krebse.

Um eine neue Lebenswelt aufzuspüren, sind aber nicht immer große Expeditionen nötig. Bei der Untersuchung von Sand aus dem Grundwasserbereich der Küsten, entdeckten Biologen vor etwa 50 Jahren eine Vielzahl neuer Tierarten im Sandlückensystem, die bis dahin gänzlich unbekannt waren. Es handelt sich um winzige Fadenwürmer, Borstenwürmer, Kleinkrebse, Bärtierchen, Rädertiere und andere Wirbellose (Abb. 1).

Jedes Jahr werden zahlreiche Arten neu beschrieben. Nicht bei allen handelt es sich wirklich um Neuentdeckungen, oft wurde lediglich der Artname geändert, weil neue Erkenntnisse zu einer anderen systematischen Einordnung führten.

Artenanzahlen schätzen

Bisher kennt man etwa 300 000 Pflanzen- und 1,5 Millionen Tierarten (Abb. 2). Es ist schwer, die tatsächliche Artenzahl zu ermitteln. Dies gilt vor allem für Arten, die an schwer zugänglichen Orten, wie z. B. den Tiefen der Ozeane oder den Wipfeln tropischer Baumriesen vorkommen. Weiterhin sind Arten mit großen Individuen leichter zu entdecken als Arten mit kleinen. Auch hat die Wissenschaft den Arten in gemäßigten Zonen bisher die meiste Aufmerksamkeit geschenkt. Für globale Angaben ist man darum auf Schätzungen angewiesen, die die vermutete Anzahl unbekannter Arten einbeziehen.

Eine mögliche Schätzmethode geht von den bekannten Artenanzahlen aus. In den gemäßigten Breiten wurden Arten früher und intensiver untersucht als in anderen Regionen der Erde. Hier kommen etwa $2/3$ der 1,5 Millionen bekannten Tierarten vor, d. h. 1 Million, und die meisten davon sind Insekten. Von großen, leichter erfassbaren Tierarten weiß man, dass in den Tropen etwa doppelt so viele Arten leben wie in gemäßigten Breiten. Unter der Annahme, dass dies für alle Tierarten gilt, müssten in den Tropen doppelt so viele Tierarten leben wie in den gemäßigten

Zonen, also etwa 2 Millionen. Nach dieser Rechnung kann man einen Wert für die globale Artenanzahl ermitteln: Es leben insgesamt etwa 3 Millionen Tierarten auf der Erde. Andere Schätzverfahren kommen teils zu ähnlichen und teils zu stark abweichenden Werten, die im Bereich von 3 bis ca. 100 Millionen Arten liegen.

Aufgaben

1. Für Paläontologen ist die Abgrenzung von fossilen Arten besonders schwierig. Begründen Sie.
2. Tiger und Löwe lassen sich im Zoo kreuzen (s. Seite 35), trotzdem betrachtet man sie als verschiedene Arten. Begründen Sie.

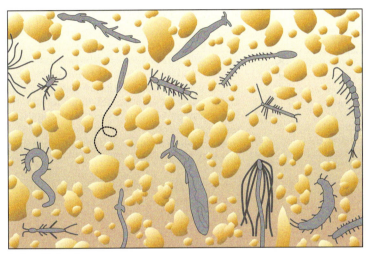

1 Sandlückenfauna

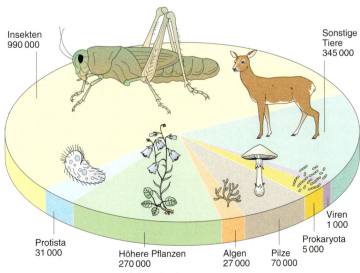

Insekten 990 000

Sonstige Tiere 345 000

Protista 31 000

Höhere Pflanzen 270 000

Algen 27 000

Pilze 70 000

Viren 1 000

Prokaryota 5 000

2 Anzahl bekannter heute lebender Arten

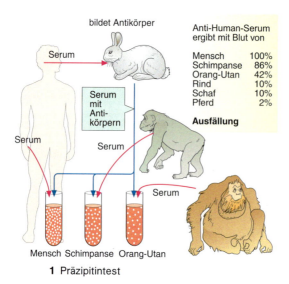

Position markers: 30 · 35 · 40 · 45

Mensch (blau):
Ala His Lys Ser Glu Val Ala His Arg Phe Lys Asp Leu Gly Glu Glu Asn Phe Lys Ala Leu Val
GCA CAC AAG AGU GAG GUU GCU CAU CGG UUU AAA GAU UUG GGA GAA GAA AAU UUC AAA GCC UUG GUG

Schaf (orange):
ACA CAC AAG AGU GAG AUU GCU CAU CGG UUU AAU GAU UUG GGA GAA GAA AAU UUU CAA GGC CUG GUG
Thr His Lys Ser Glu Ile Ala His Arg Phe Asn Asp Leu Gly Glu Glu Asn Phe Gln Gly Leu Val

Position markers (linke Spalte, von oben nach unten): 25 · 20 · 15 · 10 · 5 · 1

Mensch (blau):
Asp Arg Arg Phe Val Gly Arg Ser Tyr Ala Ser Ser Phe Leu Phe Leu Leu Ile Phe Thr Val Trp Lys Met
GAU CGU CGU UUU GUG GGU CGU UCC UAU GCU UCU UCU UUC CUC UUC CUU CUU AUU UUU ACC GUA UGG AAG AUG
Mensch CACGCCUUGGCACA

Schaf (orange):
GAU CGA CGU UUU GUA GGU CGU UCC UAU GCU UCG UCU UUC CUC UUC CUC CUU AUU UUC ACU GUA UGG AAG AUG
Asp Arg Arg Phe Val Gly Arg Ser Tyr Ala Ser Ser Phe Leu Phe Leu Leu Ile Phe Thr Val Trp Lys Met
Schaf CAAACCUUGGCACA

Molekulare Verwandtschaft

Zum Nachweis der Verwandtschaft dienten ursprünglich makroskopisch und mikroskopisch erfassbare Merkmale. Heute werden auch biochemische und genetische Merkmale herangezogen.

Protein-Vergleiche

Ein bekanntes Beispiel ist die Untersuchung der Ähnlichkeit von Serumproteinen mithilfe der Antikörper-Reaktion (Abb. 1). Dazu injiziert man einem Testtier (z. B. einem Kaninchen) menschliches Serum. Es bildet daraufhin Antikörper gegen die menschlichen Serumproteine. Diese Antikörper reagieren nun mit Serumproteinen verschiedener Wirbeltiere mit einer unterschiedlich heftigen Ausfällung. Dieses Verfahren nennt man *Präzipitintest*. Das Ausmaß der Ausfällung mit menschlichem Serum, gegen das die Antikörper gebildet werden, setzt man auf 100 %. Das unterschiedliche Ausmaß der Ausfällungen verdeutlicht hier die unterschiedliche Passung der Oberflächen von Serumproteinen und Antikörpern.

Der Grad der Ausfällung ist ein Maß für die Übereinstimmung der getesteten Serumproteine mit menschlichen Serumproteinen. Man interpretiert dies als Hinweis auf eine entsprechende Ähnlichkeit der dahinterstehenden Gene und damit als verwandtschaftliche Nähe der getesteten Organismen. Diese Proteine sind damit Homologien auf biochemischer Ebene.

Manche Proteine sind in sehr vielen Organismen zu finden. Beispielsweise kommt Hämoglobin in sehr vielen Tierarten vor und sogar bei einigen Pflanzenarten. Die Unterschiede in den Aminosäuresequenzen zeigen die verwandtschaftliche Nähe der Arten. Aus den Daten lässt sich ein Stammbaum konstruieren (s. Abb. 95.1), der als Beleg für die Evolution herangezogen wird. Der Besitz von Hämoglobin ist demnach schon ein sehr ursprüngliches Merkmal.

Allerdings besitzen Proteine keine zufällige Struktur, sondern erfüllen im Körper eine bestimmte Funktion, die durch eine spezifische Form ermöglicht wird. Die Aminosäuresequenzen sind dafür optimiert und könnten durch eine konvergente Entwicklung ähnlich geworden sein. Die Proteine wären dann lediglich als Analogien anzusehen und nicht als Nachweis für die Verwandtschaft der Organismen geeignet. Dies trifft im Wesentlichen nur für diejenigen Abschnitte eines Proteinmoleküls zu, die für die Funktion wesentlich sind. Andere Molekülteile könnten dagegen deutlich verschieden sein. Bei Arten, die auch in diesen Abschnitten große Übereinstimmungen besitzen, vermutet man darum nähere Verwandtschaft. Verwandtschaft und Konvergenz lässt sich mithilfe von Proteinen nicht eindeutig unterscheiden.

Codierung der Proteine

Erst der Vergleich der hinter den Proteinen stehenden Gene führt hier weiter. Viele Aminosäuren können von verschiedenen Tripletts codiert sein. Nur das Protein (und damit die Aminosäuresequenz) stellt das phänotypische Merkmal dar, das mit seinem Träger der Selektion unterliegt. Welche Basensequenz dafür codiert, sollte dabei unwichtig sein. Für eine Aminosäuresequenz gibt es daher eine Vielzahl möglicher Triplettsequenzen. Gene, die bei verschiedenen Organismen für das gleiche Protein codieren, sind jedoch sehr ähnlich, was auf einen gemeinsamen Ursprung hinweist.

bildet Antikörper

Anti-Human-Serum ergibt mit Blut von

Mensch	100%
Schimpanse	86%
Orang-Utan	42%
Rind	10%
Schaf	10%
Pferd	2%

Ausfällung

Serum · Serum mit Antikörpern · Serum · Serum

Mensch Schimpanse Orang-Utan

1 Präzipitintest

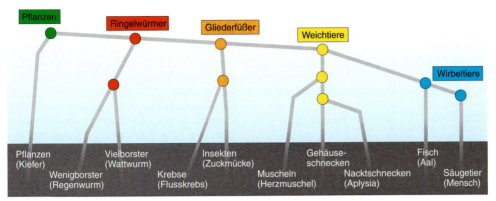

1 Stammbaum und Hämoglobinähnlichkeit

Die Daten für Serumalbumine von Mensch und Schaf sollen das verdeutlichen: Diese im Blut vorkommenden Proteine bestehen aus ca. 600 Aminosäuren. Gleiche Aminosäuren an gleicher Stelle werden vielfach auch durch dasselbe Triplett codiert. Die Auszählung für die ersten 100 Aminosäuren ergibt 84 gleiche Aminosäuren. Von diesen werden 64 von übereinstimmenden Tripletts codiert, d. h. 76 %. Für eine zufällige oder auch konvergent entstandene Übereinstimmung sind wegen der möglichen Mehrfachcodierung jedoch nur annähernd 33 % zu erwarten, d. h.

etwa 30. Die Gene belegen daher die Verwandtschaft und erweisen sich nach dem Kriterium der spezifischen Qualität als Homologien.

Vergleiche auf der Ebene der DNA werden heute weniger mit Genen durchgeführt, da sie bzw. die zugehörigen Proteine der Selektion unterliegen. Besser eignen sich DNA-Bereiche, die nicht für Proteine oder RNA codieren und darum selektionsneutral sind. Bei ihnen können sich Mutationen ansammeln und zu größeren Unterschieden führen.

ettelkasten

Dendrogramme als Abbild der Ähnlichkeit

Der Vergleich mehrerer Aminosäuresequenzen führt zu einer großen Datenmenge, in der Ähnlichkeiten nur schwer zu entdecken sind. Dendrogramme sind eine verbreitete Darstellungsform, die das Maß der Ähnlichkeit bildlich wiedergeben können. Grundlage ist eine Clusteranalyse von gegebenen Daten, wie im folgenden Beispiel gezeigt wird.

Der Vergleich eines kurzen Proteinabschnitts bei den 4 Organismen α, β, γ und δ könnte folgende Aminosäureunterschiede ergeben:

	α	β	γ	δ
α	—	2	3	1
β	2	—	5	2
γ	3	5	—	3
δ	1	2	3	—

Im nächsten Schritt werden die Unterschiede für jede Sequenz zu einem Distanzwert D aufsummiert:
D (α) = 6, D (β) = 9, D (γ) = 11, D (δ) = 6

Die Sequenzen werden nun nach ihrem Distanzwert sortiert und wie folgt weiter behandelt:

Die Sequenzen α und δ haben denselben Distanzwert (6). Sie werden als sehr ähnlich angesehen und zu einem gemeinsamen Cluster (αδ) mit dem Wert 6 zusammengezogen. Zwischen den Sequenzen β und γ besteht nun die geringste Differenz. Sie werden zu einem Cluster mit dem Mittelwert 10 zusammengefasst. Die nun verbliebenen Cluster (αδ) und (βγ) fasst man abschließend zum Gesamtcluster mit dem Wert 8 zusammen. Die baumartige Darstellung der einzelnen Schritte ergibt das *Dendrogramm*.

Thr　Glu　Phe　Ala　Lys　Thr　Cys　Val　Ala　Asp　Glu　Ser　Ala　Glu　Asn　Cys　Asp　Lys　Ser　Leu　His　Thr　Leu　Phe　Gly　Asp　Lys　Leu　Cys　Thr
ACU　GAA　UUU　GCA　AAA　ACA　UGU　GUU　GCU　GAU　GAG　UCA　GCU　GAA　AAU　UGU　GAC　AAA　UCA　CUU　CAC　ACU　CUU　UUU　GGA　GAC　AAA　UUA　UGU　ACA
ACU　GAG　UUU　GCA　AAA　ACA　UGU　GUU　GCU　GAU　GAG　UCA　GCC　GAA　AAU　UGU　GAU　AAG　UCA　CUU　CAU　ACC　CUC　UUU　GGA　GAC　AAA　UUA　UGC　ACA
Thr　Glu　Phe　Ala　Lys　Thr　Cys　Val　Ala　Asp　Glu　Ser　Ala　Glu　Asn　Cys　Asp　Lys　Ser　Leu　His　Thr　Leu　Phe　Gly　Asp　Lys　Leu　Cys　Thr
75　　　　　　　　80　　　　　　　　85　　　　　　　　90　　　　　　　　95　　　　　　　　100

Von der DNA-Probe über die Sequenz zum Stammbaum

Taxon
Gruppe von Le-
bewesen, die sich
durch gemeinsame
Merkmale be-
schreiben und von
anderen Gruppen
unterscheiden lässt

Die Evolution von Arten ist letztlich auf veränderte Gene und Genfrequenzen zurückzuführen. Es liegt daher nahe, die DNA direkt
zu untersuchen, um die Verwandtschafts-
verhältnisse von Arten, Familien, Ordnungen
und Stämmen (Taxa) zu klären. Durch die
Reihenfolge der Basen Adenin, Thymidin,
Cytosin, und Guanin (A, T, C, G) im DNA-
Molekül ist jedes Lebewesen in eindeutiger
Weise charakterisiert. Diese Basensequenz
wird bei der Zellteilung identisch kopiert
(Replikation). Veränderte Basensequenzen
(Mutationen) in den Keimzellen werden bei
der Fortpflanzung weitergegeben und dabei
neu kombiniert — vorausgesetzt, sie gefährden das Überleben ihrer Träger nicht. Die
Anzahl an Mutationen pro Generation lässt
sich schätzen und auf erdgeschichtliche Zeiten eichen (molekulare Uhr). Je enger zwei
Taxa miteinander verwandt sind, umso weniger Basen sind ausgetauscht (s. Seite 98).

Eine ältere Methode stellt die DNA-Hybridisierung dar (s. Seite 111). Dabei werden gleiche DNA-Abschnitte zweier Organismen zusammen erwärmt, sodass sich die Doppelstränge auftrennen. Beim Abkühlen lagern
sich dann komplementäre DNA-Stränge verschiedener Organismen zusammen. Es entsteht Hybrid-DNA. Das Ausmaß der Hybridisierung passt zur Ähnlichkeit der DNA.

Qualität der DNA-Proben

DNA ist ein empfindliches Molekül, das nach
dem Tod eines Lebewesens leicht zerfällt.
Für eine DNA-Analyse müssen aber intakte
Abschnitte vorhanden sein, die möglichst
aus mehr als 1 000, mindestens aber 100 Basenpaaren bestehen sollten. Bei Fossilien
oder Museumsexemplaren sind diese Bedingungen leider nur selten erfüllt. Gerade
das häufig zur Konservierung eingesetzte
Formaldehyd zerstört die DNA. Für DNA-
Analysen bevorzugt man daher lebende Zellen aus Blut, Hautgewebe, Federn oder Haaren. In DNA-Puffer oder Ethanol eingelegt,
aber auch tiefgefroren, lassen sich die Pro-
ben monatelang aufbewahren. Selten glückt
auch die DNA-Analyse von Fossilien, wie
z. B. beim Neandertaler (s. Seite 125) oder
beim ausgestorbenen Moa.

Konservierte und veränderliche DNA

Der Phänotyp eines Lebewesens ist ein Mosaik aus individuellen und generellen Merkmalen: So sind die Fingerabdrücke von Menschen individuell verschieden, der Aufbau
der Hand aber prinzipiell gleich. Auch im Genotyp gibt es DNA-Abschnitte, die das Individuum eindeutig charakterisieren und andere, die hoch konservativ sind, also mit denen
von Verwandten weitgehend übereinstimmen. Je nach Fragestellung müssen daher
andere DNA-Abschnitte untersucht werden.

Bei Eukaryoten findet man DNA im Zellkern,
in den Mitochondrien und bei Pflanzen zusätzlich in den Plastiden. Nur ein Bruchteil
der Sequenzen codiert für RNA bzw. Proteine, stellt also ein Gen im eigentlichen Sinne
dar (Abb. 1). In Genen wirken sich die meisten Mutationen negativ aus, da sie zu Verän-

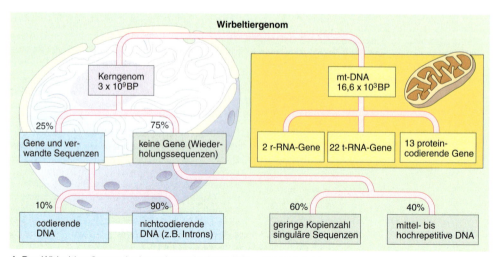

1 Das Wirbeltier-Genom ist komplex aufgebaut (BP = Basenpaare)

derungen eines bewährten Genproduktes führen können. Reparaturmechanismen der Zelle sichern den Erhalt der Gene, gravierende positive Sequenzänderungen treten daher nur in großen evolutionären Zeiträumen auf. Gene aus dem Zellkern oder den Mitochondrien eignen sich daher besonders für die Verwandtschaftsanalyse höherer systematischer Gruppen, z. B. beim Stammbaum der Säugetiere (Abb. 2). Mutationen in nicht codierenden Bereichen wirken sich im Phänotyp meist gar nicht aus. Hier gibt es daher gehäuft Sequenzabweichungen, die individuell verschieden sein können. Solche Abschnitte eignen sich für Verwandtschaftsanalysen zwischen Teilpopulationen oder für Vaterschaftstests *(genetischer Fingerabdruck)*.

Markergene und repetitive Sequenzen

Die Replikation von Genen wird immer von einem Primer eingeleitet. Kennt man dessen Nucleotidsequenz, kann man das zugehörige Gen als *Markergen* nutzen. Zunächst wird für jedes untersuchte Taxon die gesamte DNA der Zellen isoliert. Gibt man nun einen Primer hinzu, lässt sich das entsprechende Markergen mittels der *Polymerase-Kettenreaktion (PCR)* vervielfältigen. Dadurch steht genug Material zur Verfügung, um die Basensequenz dieses DNA-Abschnitts mit einer Strangabbruchmethode, z. B. der Methode von SANGER-COULSON zu entschlüsseln. Man erhält die Basensequenzen des Markergens bei den verschiedenen Taxa. Sie werden Buchstabe für Buchstabe verglichen, um festzustellen, wie ähnlich sie sind, bzw. wie viele Basen ausgetauscht sind. Für diese Analyse werden heute spezielle Computerprogramme eingesetzt, die die Ähnlichkeit in ein Bäumchenschema übersetzen (s. Kasten Seite 95).

Für Verwandtschaftsanalysen innerhalb einer Art sind Gensequenzvergleiche weniger geeignet, da die Unterschiede zu gering sind. Stattdessen verwendet man meist Bereiche der nicht für Gene codierenden DNA. Dort ist die Länge von Wiederholungssequenzen wie TACTAC *(repetitive DNA)* individuell verschieden. Die Abschnitte werden mit PCR vervielfältigt und in ihrer Länge verglichen.

DNA-Analysen sind eine wichtige Ergänzung bei der Konstruktion von Stammbäumen. Besonders bei Bakterien fußt die Systematik auf DNA-Analysen, da sie nur wenige morphologisch vergleichbare Merkmale aufweisen.

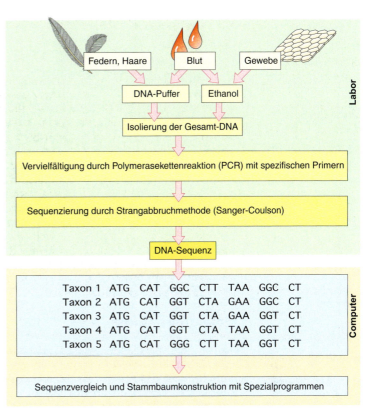

1 Schema der Stammbaumkonstruktion aus DNA-Sequenzvergleichen

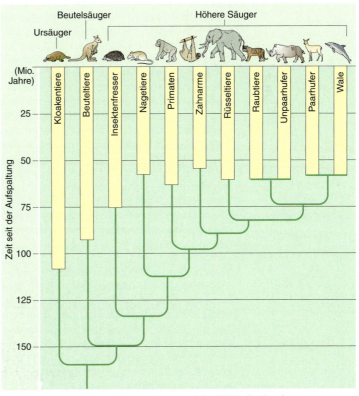

2 Stammbaum der Säugetiere (Mitochondrien-DNA-Analyse)

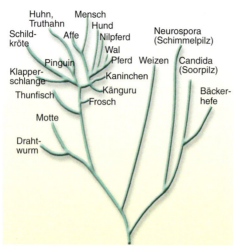

1 Stammbaum (Cytochrom c-Vergleich)

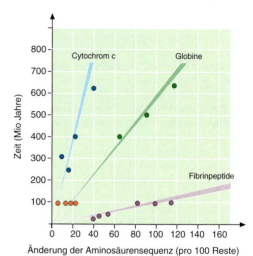

2 Geschwindigkeit molekularer Uhren

Molekulare Uhren

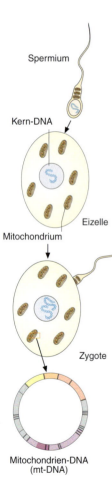

Mütterliche Vererbung der mt-DNA

Proteine erfüllen im Stoffwechsel wichtige Funktionen als Enzyme, Globine (Atmungsproteine, z.B. Hämoglobin) und anderes. Sie besitzen eine Raumstruktur, die an die Funktion genau angepasst ist. Man sollte daher erwarten, dass Änderungen in der Aminosäureabfolge stets nachteilig sind und durch Selektion wieder aus dem Genpool verschwinden. Dies trifft aber nur für funktionell entscheidende Aminosäurepositionen zu. Änderungen an anderen Stellen des Moleküls wirken sich nicht aus, sie sind neutral, wie auch die zugehörigen Mutationen auf der DNA. An solchen neutralen Orten sammeln sich deswegen Unterschiede zwischen Arten an, und zwar umso mehr, je länger die Arttrennung zurückliegt. Wenn man mithilfe paläontologischer Daten aus Fossilfunden den gemeinsamen Ursprung datiert, erhält man ein Verfahren, das Zeitmessungen auf der Basis biochemischer Unterschiede möglich macht, eine *molekulare Uhr*. Mithilfe der Daten vieler Organismen lässt sich dann ein Stammbaum erstellen, der auch als Beleg der gemeinsamen Abstammung herangezogen wird (Abb. 1).

Verschiedene Proteine besitzen unterschiedliche Veränderungsraten. Dies liegt vorwiegend daran, wie groß die Bereiche im Molekül sind, an denen neutrale Änderungen möglich sind. Diese sind beispielsweise nur gering beim Cytochrom c, das in den Mitochondrien als Teil der Atmungskette vorkommt. Bei Fibrinen aus dem Blutserum, die am Wundverschluss beteiligt sind, sind sie dagegen ziemlich groß (Abb. 2).

Molekulare Uhren auf Proteinbasis sind wegen eventuell übersehener Selektionseinflüsse stets unsicher. Daher sind Vergleiche auf der Ebene der DNA besser geeignet. Man wählt dazu bevorzugt DNA-Bereiche, die nicht für Proteine oder RNA codieren und darum selektionsneutral sind. Bei ihnen können sich Mutationen ansammeln und ebenfalls zur Zeitmessung genutzt werden.

Darüber hinaus beschränkt man die Vergleiche nicht auf die DNA aus dem Zellkern. Besonders interessiert die DNA aus Mitochondrien *(mt-DNA),* denn sie wird ausschließlich in mütterlicher Linie vererbt und durchläuft keine Meiose oder Rekombination (s. Randspalte). Die Vererbung ist daher leichter rekonstruierbar und Verwandtschaftsbeziehungen können schneller aufgedeckt werden. Man kennt auf dem ringförmigen Molekül der mt-DNA einen nicht codierenden, hochvariablen Bereich, der für Analysen bevorzugt verwendet wird. Entsprechend der mt-DNA interessieren auch nicht codierende Bereiche der DNA auf Y-Chromosomen, da diese nur über die väterliche Linie vererbt werden. Mit beiden Quellen erhält man molekulare Uhren mit feiner Auflösung.

Aufgaben

① Berechnen Sie mithilfe der Abbildung 2 die Zeit für den Austausch einer Aminosäure bei den drei Proteinen.

② Vergleichen Sie den Stammbaum in Abbildung 1 mit der Systematik des Tierreiches (s. Seite 155).

Verwandtschaftshinweise aus Cytologie und Biochemie

Alle Lebewesen bestehen aus Zellen. Dies ist ein Hinweis dafür, dass Pflanzen, Tiere, Pilze und alle anderen Organismen aus gemeinsamen Vorfahren entstanden sind.

Allen Eukaryoten ist der Besitz eines Zellkerns gemeinsam. In ihm kommt die DNA in den Chromosomen gemeinsam mit Histonen vor. Bei allen Eukaryoten sind auch die Ribosomen sehr ähnlich, es sind immer 80-S-Ribosomen.

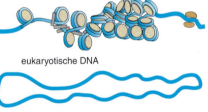

eukaryotische DNA

prokaryotische DNA

Geißeln sind im Vergleich mit dem Zellkörper auffällig lange Organellen, die der Fortbewegung dienen. *Wimpern* gleichen in ihrer Struktur den Geißeln, sind aber viel kürzer. Der innere Aufbau zeigt, dass stets 20 *Mikrotubuli* vorhanden sind. Davon liegen zwei im Zentrum, die anderen bilden einen äußeren Ring von 9 sogenannten *Mikrotubulus-Dubletten*. Dieses charakteristische 9 + 2-Muster tritt nur bei den Geißeln und Wimpern von Eukaryoten auf (Abb. 1). Viele Lebewesen bilden begeißelte Fortpflanzungszellen aus. Dazu gehören beispielsweise die Spermien der Säugetiere und die Spermatozoiden z. B. bei Moosen und Farnen. Auch Spermien und Spermatozoide weisen dasselbe 9 + 2-Muster auf.

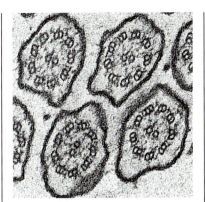

Prokaryoten besitzen alle keinen Zellkern und keine Histone, und ihre Ribosomen sind kleiner (70 S). Auf biochemischer Ebene zeigen Prokaryoten und Eukaryoten dennoch viele Gemeinsamkeiten.

Die Erbinformation liegt bei allen Organismen in Form von DNA vor, die Schritte der Proteinbiosynthese sind ebenfalls gleich: Transkription zu m-RNA, Translation zum Protein an Ribosomen. Auch die beteiligten Enzyme sind sehr ähnlich. Der genetische Code ist praktisch universell, dieselben Tripletts codieren für dieselben Aminosäuren und alle Proteine sind (mit wenigen Ausnahmen) nur aus den bekannten 20 Aminosäuren aufgebaut.

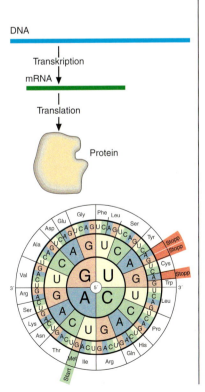

DNA

Transkription

mRNA

Translation

Protein

Die grundlegend wichtigen Stoffwechselreaktionen der Zelle sind bei allen Lebewesen gleich. So stimmen z. B. alle Schritte von Glykolyse und Citronensäurezyklus überein. Auch andere Stoffwechselwege wie Endoxidation, Synthese bzw. Abbau von Aminosäuren und Fetten usw. sind gleich. Die Enzyme, die die biochemischen Reaktionen katalysieren, stimmen in ihrem Bau ebenfalls weitgehend überein. Dies gilt selbst für Organismen aus extrem unterschiedlichen Lebensräumen wie Gletscherfliegen oder Archaebakterien aus kochenden Quellen.

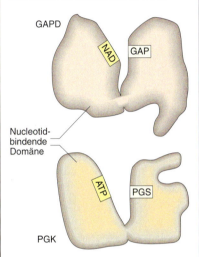

GAPD

NAD

GAP

Nucleotidbindende Domäne

ATP

PGS

PGK

Viele Enzyme mit ähnlichen Substraten zeigen deutliche Übereinstimmungen in ihrem Bau. Dehydrogenasen, die Redoxreaktionen mit NAD^+ bzw. $NADH + H^+$ als Cosubstrat katalysieren, sowie Kinasen, die ATP als Cosubstrat besitzen, sind meistens aus zwei verbundenen Hälften gebaut, die *Domänen* genannt werden. Die Nucleotide bindenden Domänen aller dieser Enzyme stimmen weitgehend überein und binden das Cosubstrat auf gleiche Wiese in ihrem aktiven Zentrum. Die andere Domäne, die das zweite Substrat bindet, ist dagegen stets anders gebaut. Die Abbildung zeigt als Beispiele GAPDH *(Glycerinaldehydphosphat-Dehydrogenase)* und PGK *(Phosphoglycerat-Kinase)*. Dass dies nicht konvergent entstand, zeigen einige Enzyme, die andere Strukturen bei ähnlichen Reaktionen besitzen. Die Enzyme scheinen demnach zum Teil aus ähnlichen Bausteinen aufgebaut zu sein. Dies ist ein deutlicher Hinweis auf den gemeinsamen Ursprung vieler Enzyme. Die entsprechenden biochemischen Reaktionen sind von zentraler Bedeutung und stehen wahrscheinlich am Beginn der Entstehung des Lebens.

Nahrung: Termiten und Ameisen (Insektenfresser) **Größe:** 45 – 50 cm lang **Besonderheiten:** Er hat eine schuppige Haut. Zur Nahrungsaufnahme bricht er Insektenbauten auf (wobei er oft Zähne verliert) und nimmt die Insekten dann mit seiner langen klebrigen Zunge auf.

1 Rekonstruktion eines Fossils (Eomanis waldi, ein Schuppentiere)

Schalenbruchstücke
↑
Zerstörung
↑
Transport
↑
Formveränderung
↑
lebende Muschel
Einbettung

Imprägnierung — Ausfüllung
↓ — ↓
Versteinerung — fossile Schale
| — |
Deformation — Auflösung
↓ — Abdruck
verformte Versteinerung — Steinkern

Fossilisation

Paläontologie

Wenn man den historischen Ablauf der Evolution untersuchen will, sind Dokumente aus früheren Zeiten hilfreich. Die Dokumente der Evolutionsgeschichte bestehen aus Überresten und Spuren von Lebewesen in den Gesteinen früherer Perioden der Erdgeschichte, die *Fossilien* genannt werden. Deren Untersuchung ist für die Rekonstruktion der ehemaligen Lebewesen von besonderer Bedeutung. Die *Paläontologie* ist diejenige Wissenschaft, die sich damit beschäftigt. Sie befasst sich mit der Rekonstruktion von Lebensformen aus Fossilien, mit der Altersbestimmung sowie mit der Erforschung der damaligen Umwelt.

Fossilisation

Eine große Schwierigkeit besteht darin, dass Fossilien meist unvollständig überliefert sind. Das liegt an den Bedingungen der Fossilisation. Abgestorbene Tiere und Pflanzen werden im Regelfall rasch abgebaut. Aasfresser entfernen Teile und Destruenten bauen durch ihre Tätigkeit die organische Substanz zu Kohlenstoffdioxid, Wasser und anderen anorganischen Verbindungen ab. So werden die gesamten organischen Bestandteile von Lebewesen abgebaut, ohne Spuren zu hinterlassen. Länger haltbar sind harte, anorganische Bestandteile von Lebewesen wie Knochen oder Schalen. Doch auch sie bleiben meist nicht erhalten: Aasfresser zernagen und zerstreuen sie, klimatische Einflüsse wie große Temperaturunterschiede und Niederschläge führen zu einer allmählichen Zerstörung. Geologische Prozesse formen

Fossilien um oder geben sie durch Erosion der Zerstörung preis. Insgesamt sind die Bedingungen für die Entstehung und Erhaltung eines Fossils daher eher selten.

Gut erhaltene Fossilien findet man, wenn bestimmte Bedingungen erfüllt waren:
— Die Tier- und Pflanzenreste wurden rasch nach dem Tod der Lebewesen in ein sauerstofffreies Medium eingeschlossen. Beispiele dafür sind das Harz von Nadelbäumen, das wir heute als Bernstein kennen, sowie der Schlamm am Grunde von Meeren oder Binnenseen. In Gewässern sind die Bedingungen eher erfüllt. Daher findet man relativ wenige Fossilien in terrestrischen Ablagerungen.
— Gute Einbettungsmedien erhärten rasch und verhindern damit, dass es durch Verformungen zu Zerstörungen an den Fossilien kommt.
— Die Fossilien führenden Gesteine sind im Laufe der Zeit nicht verwittert und waren keinen starken Veränderungen durch Druck, hohe Temperaturen oder chemische Einflüsse ausgesetzt. Da ein entsprechendes Risiko stets gegeben ist, nimmt mit zunehmendem Alter die Wahrscheinlichkeit einer Zerstörung zu.

Das Auffinden von Fossilien ist immer auch von Zufällen abhängig. Paläontologen interessieren sich darum immer für neue Aufschlüsse, wo weitere Funde möglich sind. Dazu gehören die Anlage von Steinbrüchen oder Bergwerken und auch Baumaßnahmen für Straßen und Schienen.

Die Teile von Fossilien liegen selten so, wie sie im ehemaligen Lebewesen zusammengehörten. Paläontologen rekonstruieren daher das Lebewesen durch anatomische Vergleiche mit bekannten Fossilien oder heute lebenden Organismen (Abb. 1). Ein neues Fossil kann dann in die bekannte Systematik eingeordnet oder an neuer Stelle angegliedert werden. Wissenschaftler sind neben dem Aussehen auch daran interessiert, wie die Art gelebt hat, ob sie eventuell ausgestorben ist, welche Beziehungen zu anderen Arten bestehen und vieles andere mehr. Viele dieser Fragen können nur beantwortet werden, wenn man das genaue Alter eines Fossils kennt.

Relative Datierung

Neue Sedimente, die z. B. ein Fluss heranschwemmt, lagern sich auf den alten ab. Die tieferen Schichten sind damit älter als die

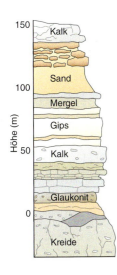

darüber liegenden. Für Gesteine bedeutet dies, dass die in tiefer gelegenen Schichten enthaltenen Fossilien älter sind als die darüber liegenden. Daraus ergibt sich die *relative Datierung*.

Die Dicke einer Gesteinsschicht sagt nicht unbedingt etwas über die Dauer ihrer Ablagerung aus, denn bei starker Erosion kann in einem Gebiet in kurzer Zeit sehr viel Material sedimentieren, während sich z. B. unter Stillwasserbedingungen nur sehr langsam Sedimente bilden. Auch der Gesteinstyp sagt nicht immer etwas über das Alter aus, auch wenn es regional wie in Mitteleuropa typische Gesteine einer Zeit gibt (z. B. Kreidezeit). So werden auf der heutigen Erde die unterschiedlichsten Sedimente gleichzeitig abgelagert, je nachdem, ob dies im Gebirge, in einer Wüste oder in der Tiefsee geschieht. Ähnlich verschieden waren die Landschaften früherer Erdzeitalter.

Bei der zeitlichen Einordnung hilft hier die Tatsache, dass in allen Perioden der Erdgeschichte einige Arten sehr weit verbreitet waren und ihre Fossilien in unterschiedlichen Gesteinen gefunden werden. Solche *Leitfossilien* (s. Seite 107) ermöglichen es dann, Gesteine derselben Zeit zuzuordnen, und ihr Erscheinen und Verschwinden setzt Zeitmarken zur Datierung einzelner Perioden. Mithilfe relativer Datierung wurde schon vor langer Zeit die Abfolge der erdgeschichtlichen Phasen erkannt (s. Seite 144).

Absolute Datierung

Die relative Datierung kann jedoch keine genaue Altersbestimmung leisten, hierfür benötigt man die *absolute Datierung*. Sie beruht auf der Messung radioaktiver Elemente und ihrer Zerfallsprodukte (Abb. 1). Bei vielen Elementen kommen mehrere Sorten von Atomkernen vor, die zwar alle dieselbe Anzahl Protonen besitzen, sich aber in der Zahl der Neutronen unterscheiden. Diese Varianten eines Elementes werden *Isotope* genannt. Die Kerne einiger Isotope sind instabil und zerfallen in Kerne anderer Elemente. Die Zerfallsgeschwindigkeit hängt von der Art des Isotops ab. Jedes Isotop besitzt seine eigene *Halbwertszeit*. Das ist die Zeit, in der die Hälfte der vorhandenen Isotop-Atome zerfällt. Misst man mit einem Massenspektrographen die vorhandenen Atomsorten, so kann man aus dem Mengenverhältnis des Isotops zu seinen Zerfallsprodukten die Zeit berechnen, die seit der Entstehung eines Gesteins verging.

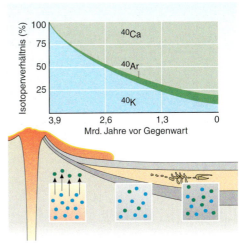

1 Methode der absoluten Datierung

Eine wichtige Methode ist die *Kalium-Argon-Methode*. Sie beruht auf dem Zerfall von ^{40}Kalium. ^{40}Kalium zerfällt zu ^{40}Calcium (89 %) und ^{40}Argon (11 %) und ist für vulkanische Gesteine geeignet. Aus heißer Lava entweicht sämtliches Argon, in erstarrender Lava ist daher keines enthalten. Die Kalium-Atome werden dagegen im Gestein eingebunden. Dies eicht den Startpunkt. Durch späteres Aufschmelzen bei der Analyse können das nach dem Zerfall übrig gebliebene ^{40}Kalium und das inzwischen gebildete und im Gestein eingeschlossene ^{40}Argon gemessen werden. ^{40}Kalium hat eine Halbwertszeit von 1,3 Mrd. Jahren. Für Sedimentgesteine, die zwischen zwei vulkanischen Ablagerungen liegen, kann man so eine Zeitspanne, also ein maximales und ein minimales Alter angeben.

Eine weitere Methode verwendet den Zerfall von radioaktivem Kohlenstoff (^{14}C). Seine Halbwertszeit beträgt 5600 Jahre; daher eignet es sich nur für Zeiträume, die nicht so weit in die Vergangenheit reichen wie die meisten erdgeschichtlichen Epochen. Hier ist der Startpunkt der Tod eines Lebewesens, denn während es Stoffwechsel betreibt, werden ^{14}C und ^{12}C im natürlichen Verhältnis eingebaut. Nach dem Tod jedoch ändert sich das Verhältnis der Isotope durch den Zerfall der ^{14}C-Atome.

Aufgabe

① Der Urvogel Archaeopteryx lebte vermutlich in Wäldern, Fossilien von ihm fand man bisher jedoch in Meeresablagerungen. Erklären Sie dies.

1 Rekonstruierte Landschaft des Karbons

Die Umwelt ehemaliger Lebewesen

Neben dem Aussehen vergangener Lebewesen interessiert Paläontologen auch, wie diese gelebt haben. Dazu dienen zum einen die Merkmale des Fossils selbst. Das Gebiss gibt beispielsweise Hinweise auf die Nahrung, die Gliedmaßen und ihre Gelenke lassen auf Bewegungsmöglichkeiten schließen, die man noch besser über Abdrücke erhält, die als *Spurfossilien* erhalten sind (s. Randspalte). Mithilfe aller Funde versuchen die Wissenschaftler, ein Nahrungsnetz des damaligen Ökosystems zu rekonstruieren *(Paläoökologie)*. Nicht erfasste Organismen, die wie viele Pflanzengewebe nur selten erhalten geblieben sind, lassen sich mit Kenntnissen

fossile Fußspuren

über die Trophiestufen eines Ökosystems postulieren. Man geht dabei immer von der Annahme aus, dass gegenwärtig zu beobachtende Vorgänge und Gesetzmäßigkeiten in der Natur auch damals Gültigkeit besaßen. Dieses *Aktualitätsprinzip* hat sich bisher als widerspruchsfrei und erfolgreich erwiesen.

Manche Organismen hinterlassen *geochemische Marker*, von denen auf ihre ehemalige Anwesenheit geschlossen werden kann. Hierfür nutzen die Paläoökologen Isotope. Kohlenstoff besitzt (neben dem instabilen ^{14}C) zwei stabile Isotope: ^{12}C mit ca. 99 % Häufigkeit in der Erdkruste und ^{13}C mit ca. 1 %. Kohlenstoffdioxid mit ^{13}C ist jedoch träger und wird deswegen von Pflanzen weniger häufig in Biomasse eingebaut als es seinem Vorkommen entspricht. Das Verhältnis von ^{13}C zu ^{12}C sagt dann etwas darüber aus, ob die organischen Verbindungen in sogenanntem *Kerogen* (Bitumen, Erdöl u. ä.) biologischen Ursprungs sind oder nicht. Einige Pflanzen hinterlassen besondere chemische Spuren. Steroidmoleküle aus Zellmembranen sind beispielsweise oft spezifisch für bestimmte Arten und darüber hinaus erstaunlich stabil. Das Vorkommen bestimmter Steroide gibt daher genauere Hinweise auf die Herkunft.

Weiterhin kann man aus dem Verhältnis der Sauerstoffisotope ^{16}O und ^{18}O die Temperatur rekonstruieren. Aus allen Daten zusammen ergibt sich dann wie ein Puzzle ein Bild vergangener Ökosysteme.

Mikrofossilien

Fossilien findet man meist als Einzelexemplare, selten kennt man mehrere. Zwar lassen sich damit Entwicklungslinien aufzeigen, aber der Einfluss der Selektion auf die Variabilität einer Population bleibt im Dunkeln. Bei *Mikrofossilien* ist dies aber anders. Sie stammen meist aus Meeressedimenten und sind überwiegend Gehäuse von Einzellern wie *Foraminiferen*. Diese findet man in großer Zahl in Steinbrüchen, und bei Bohrkernen erhält man sie sogar aus sonst unzugänglichen Tiefen. Die daraus erhaltenen fossilen Populationen enthalten Gehäuse aus mehreren Jahrzehnten. An ihnen lassen sich Selektionsvorgänge und Artbildungsprozesse zeigen. Abbildung 2 zeigt einen Ausschnitt aus der Evolution der Foraminiferengattung *Lagena*. Die Fossilien stammen aus mehreren Bohrkernen, die man bei der Suche nach Erdöl aus Gesteinen der Kreidezeit in Niedersachsen erhielt.

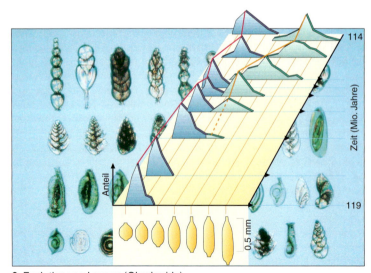

2 Evolution von Lagena (Oberkreide)

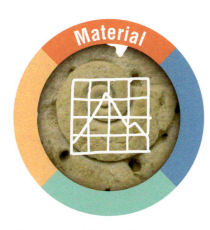

Material

Rekonstruktion eines Lebensraumes

In Mitteleuropa sind Gesteine des Buntsandsteins weit verbreitet. Sie entstanden zu Beginn der Trias vor etwa 250 Millionen Jahren. Damals lag Mitteleuropa auf der geografischen Höhe von Nordafrika und dem Mittelmeer (roter Punkt) und die Erde hatte noch ein ganz anderes Gesicht. In dieser Zeit senkte sich Mitteleuropa ab, gleichzeitig wurde ein Gebirge im Südwesten abgetragen, dessen Abtragungsmaterial die Senke wieder auffüllte. Das Klima war monsunartig, d.h. dass sich trocken-heiße Jahreszeiten mit warmen und sehr niederschlagsreichen abwechselten, in denen sehr viel Sediment durch große Flüsse abgelagert wurde. Wir finden heute das Abtragungsmaterial des Gebirges als mächtige Sandbänke und eventuell als Dünen wieder, die zu dem meist roten Sandstein wurden.

Feinere Sedimente wie Tone werden dagegen nur in Stillwasserbereichen abgelagert. Im Sandstein sind solche Tone als linsenförmige, meist graue Tonstein-Ablagerungen eingebettet, die bis über einen Meter dick werden können. Die Abbildungen unten zeigen eine solche Tonlinse sowie Einzelheiten und darin gefundene Fossilien (jeweils mit Vergleichsfotos aus heutiger Zeit).

Aufgaben

1. Erklären Sie, worum es sich bei den in den Abbildungen dargestellten Fossilien bzw. Mustern handelt.
2. Rekonstruieren Sie die Geschichte, die in den Gesteinen der Felswand festgehalten ist (s. Abb.).
3. Fertigen Sie ein Bild des Ökosystems an, in dem die Tonlinse entstanden ist.

Vor Mio. Jahren	Merkmale

Iberomesornis romeralis

- Federn
- Brustbein mit Kiel
- kurzer Schwanz mit Pygostyl (verwachsene Schwanzwirbel)
- saurierartiges Becken

Sinornis santensis

- Brustbein mit Kiel
- kurzer Schwanz mit Pygostyl
- vogelartiger Klammerfuß
- Zähne
- Mittelhandknochen getrennt
- Krallen an zwei Fingern
- saurierartiges Becken

Archaeopteryx lithographica

- Federn
- Brustbein ohne Kiel
- Zähne
- Mittelhandknochen getrennt
- Krallen an drei Fingern
- langer Wirbelschwanz
- saurierartiges Becken

Entwicklung der Vögel

(Seitenleiste: 125, 130, 135, 140, 145, 150, 155 – Untere Kreide / Oberer Jura)

Brückentiere

Reptilien kann man durch eine Reihe charakteristischer Merkmale klar von anderen Klassen der Wirbeltiere abgrenzen: Sie sind *wechselwarm* und haben eine Haut mit einer mehrschichtigen Hornlage. Ihr Gebiss ist *homodont*, d. h. die Zähne sind gleichartig gestaltet. Die Herzkammern sind, außer bei Krokodilen, nicht vollständig getrennt. Ihre typische Fortbewegungsweise ist das vierbeinige Gehen. Vögel dagegen sind *gleichwarm*, sie haben Federn als Körperbedeckung. Sie haben kein Gebiss, sondern einen Hornschnabel, ihre Herzkammern sind stets vollständig getrennt. Ihre typische Fortbewegungsweise ist der Flug bzw. das zweibeinige Gehen. Einige Ähnlichkeiten im Körperbau, z. B. im Verlauf bestimmter Blutgefäße, ließen eine relativ enge Verwandtschaft zwischen Vögeln und Reptilien vermuten. Derartige indirekte Hinweise auf Verwandtschaft sind jedoch für sich alleine noch kein Beweis für einen gemeinsamen Ursprung. Als sicher kann eine Verwandtschaftsbeziehung gelten, wenn genau bestimmbare und datierbare Fossilien heute getrennte Gruppen miteinander verbinden. Derartige Fossilien nennt man *Brückentiere*.

Das weltweit bekannteste Beispiel eines Brückentiers ist der Urvogel *Archaeopteryx*, den man in marinen Sedimenten des Oberen Jura in Franken fand. Das Alter wird auf ca. 150 Mio. Jahre geschätzt. Archaeopteryx zeigt ein Mosaik von Vogel- und Reptilienmerkmalen. Als Vogelmerkmale gelten Federn, das Gabelbein, verwachsene Mittelfußknochen und die nach hinten gerichtete Großzehe. Letztere findet man aber auch bei einigen Dinosauriern (*Therapoda*). Sie gelten als nahe Verwandte von Archaeopteryx. Als Reptilienmerkmale gelten u. a. bezahnte Kiefer, bekrallte Finger, ein flaches, ungekieltes Brustbein, ein Schwanz mit vielen freien Wirbeln, Bauchrippen und Merkmale des Gehirns (nach Schädelausgüssen). Strittig ist, ob und wie Archaeopteryx fliegen konnte. Mithilfe seiner Krallen konnte Archaeopteryx wohl auf Bäumen klettern und von dort losfliegen (*Arborealtheorie*). Dies wäre auch allgemein eine Möglichkeit für die Evolution des Vogelflugs. Die Flugmechanik von Schwungfedern und Gabelbein ermöglichte einen kurzen Schlagflug. Andererseits besaß Archaeopteryx gute Laufbeine. Deswegen wäre es auch möglich, dass sich die Flugfähigkeit bei räuberischen Bodenläufern entwickelte, die bei der Jagd kurze Distanzen springend überwanden (*Cursorialtheorie*).

Man kennt von *Archaeopteryx* zwei Arten: *A. lithographica* und *A. bavarica*. Letzterer besitzt ein verknöchertes anstelle eines knorpeligen Brustbeins.

Auf ca. 135 Mio. Jahre wird *Sinornis santensis* geschätzt, dessen Fossilien in China gefunden wurden. Seine Schwanzwirbelsäule ist deutlich kürzer als bei Archaeopteryx. Er weist ein sogenanntes *Pygostyl* auf, d. h. eine Ansatzstelle für die Steuerfedern des Schwanzes, die aus embryonalen Wirbelanlagen entstanden ist. Krallen finden sich bei Sinornis nur an 2 Fingern. Brust- und Schulterskelett ähneln dem heutiger Vögel. Daneben finden sich bei Sinornis noch einige Merkmale, die an Archaeopteryx erinnern: Zähne, Bau der Flügel und des Beckens. Im Gegensatz zu Archaeopteryx stammen die Reste von Sinornis aus einem Binnensee. Jüngere Funde von Vorfahren der heutigen Vögel sind sehr selten. Auf ca. 125 Mio. Jahre schätzt man die Fossilien des *Iberomesornis romeralis* aus Spanien. Sie ähneln modernen Vögeln schon sehr stark.

Außer ausgestorbenen Brückentieren gibt es auch rezente, also noch lebende Brückentiere. So weist das *Schnabeltier* einige Merkmale von Reptilien auf: Es ist wechselwarm, legt Eier und hat eine Kloake, d. h. die Ausführgänge von Geschlechtsorganen, Ausscheidungsorganen und Darmkanal münden in eine gemeinsame Öffnung. Als Merkmale der Säugetiere treten u. a. ein Haarkleid und Milchdrüsen auf. Das Schnabeltier zeigt also, dass zwischen den Klassen der Reptilien und der Säugetiere Übergänge vorhanden sind.

Eine interessante Kombination von Merkmalen findet man in der Familie der *Spitzhörnchen*: Ihre Zehen und Finger weisen Krallen auf, ihr Daumen ist nicht opponierbar, in ihrem Gebiss tragen sie 38 Zähne. Diese Merkmale legen eine enge Beziehung zu den Insektenfressern nahe. Einige andere Merkmale, z. B. ein Knochenring um die Augen, lassen eher auf eine Verwandtschaft mit Halbaffen schließen. Spitzhörnchen zeigen modellmäßig einen Übergang zwischen der noch sehr urtümlichen Ordnung der *Insektenfresser* und den bereits zur Ordnung der *Primaten* gehörenden Halbaffen. Da auch der Mensch zu den Primaten gehört, zeigen uns die Spitzhörnchen, wie die frühesten Vorfahren der Primaten und damit des Menschen ausgesehen haben könnten.

Lebende Fossilien

Vor der Mündung des Chalumna-Flusses in den Indischen Ozean wurde 1938 ein Fisch mit muskulösen, quastenförmigen Flossen, ein *Quastenflosser*, gefangen. Zu Ehren seiner Entdeckerin, Frau COURTENAY-LATIMER, gab man ihm den Namen *Latimeria chalumnae*. Diese Fische haben ein knöchernes Skelett in ihren Flossen, während andere Fische nur Flossenstrahlen aufweisen. Bekannt sind Quastenflosser aus dem Devon. Zu ihnen gehören z.B. der nur etwa 55 cm lange *Eusthenopteron*, der sich vermutlich mithilfe seiner knochigen Flossen an Land über kurze Entfernungen bewegen konnte. Bis zum Jahre 1938 war man der Meinung gewesen, die letzten Quastenflosser seien am Ende der Kreidezeit, also vor ca. 65 Mio. Jahren, ausgestorben. Um so größer war die Überraschung, mit Latimeria einen lebenden Quastenflosser zu entdecken.

Auch andere heute lebende Tier- oder Pflanzenarten unterscheiden sich von ihren nächsten Verwandten durch eine auffällige Anhäufung altertümlicher Merkmale, wie sie bei den Fossilien der schon lange ausgestorbenen Vorfahren dieser Lebewesen auftraten. Solche rezenten Lebewesen mit zahlreichen urtümlichen Merkmalen nennt man *lebende Fossilien*.

Lebende Fossilien findet man vor allem in Lebensräumen, in denen sich über viele Millionen Jahre die Lebensbedingungen kaum geändert haben (Tiefsee, Urwälder) und in denen sie nicht der Konkurrenz „modernerer" Arten ausgesetzt waren (Australien, Neuseeland). Dadurch blieben bei Pflanzen und Tieren altertümliche Baupläne weitgehend erhalten. Zu deutlichen Veränderungen der Arten kam es nur selten. Trotzdem sind lebende Fossilien mit ihren Vorfahren nicht völlig identisch, da auch sie einer Millionen Jahre dauernden Wirkung von Mutation und Selektion ausgesetzt waren. Beispielsweise ist Latimeria ein Lebewesen der Tiefsee und lebt vor allem in 70 bis 250 m Tiefe bei der Inselgruppe der Komoren. Eusthenopteron dagegen lebte in Süßwassertümpeln, die er in Trockenzeiten mithilfe seiner Flossen verlassen konnte. Ein Hohlorgan, das sich vom Darm ableitet, erfüllte bei ihm die Aufgabe der Atmung (Lunge). Bei Latimeria dagegen ist dieses Organ mit Fett gefüllt und dient nicht zur Atmung, sondern vor allem zur Regulierung des Auftriebs. Das bekannteste Beispiel für ein lebendes Fossil aus dem Pflanzenreich ist der *Ginkgobaum*.

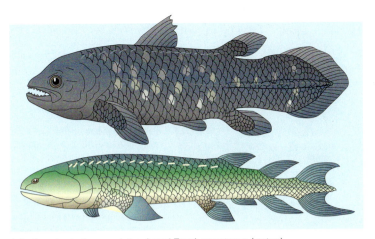

1 Latimeria chalumnae (oben) und Eusthenopteron (unten)

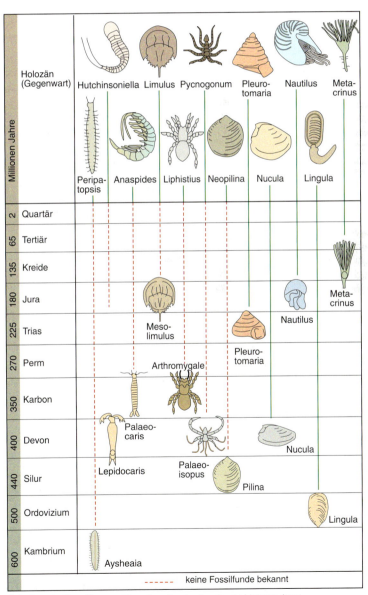

2 Lebende Fossilien und ihre fossil aufgefundenen Verwandten

Fossilien sammeln

Menschen haben, wie u. a. altsteinzeitliche Fundstellen verraten, seit Jahrtausenden zufällig Fossilien gefunden und mitgenommen. Dabei wussten sie nichts über den Ursprung dieser seltsam geformten Steine. Sehr wahrscheinlich fanden sie die Objekte einfach nur schön oder schrieben ihnen Zauberkraft zu. Erst seit etwa 200 Jahren ist klar, dass es sich um versteinerte Reste von Lebewesen handelt. Die Anlage einer kleinen Fossiliensammlung ist — wenn man systematisch vorgeht — nicht so schwer. Wie beginnt man?

Fossilienhaltiges Gestein

Da Versteinerungen entstehen, wenn Lebewesen oder deren Reste relativ schnell nach ihrem Tode in eine Umgebung geraten, in der sie nicht mehr vollständig verwesen und abgebaut werden, sind sie nur in Sedimentgesteinen zu erwarten (Abb. 1). Dies sind Gesteine, die durch Ablagerungen von Sand, Kies oder Schlammschichten entstehen und in die das ehemalige Lebewesen bzw. seine Reste eingebettet wurden. Gesteine, die ursprünglich aus Vulkanausbrüchen entstanden, können zwar — wie in Pompeji — Lebewesen verschüttet haben, sie selbst können normalerweise

aber keine Fossilien enthalten. Die großflächigsten Sedimente der Welt sind die Meeresböden. Da hier auch die meisten Reste von Tieren leicht unter Sauerstoffarmut eingelagert werden und da viele auch nicht verrottende Schalen und Kalkskelette besitzen, findet man am häufigsten fossile Reste von Meerestieren. Sandsteine enthalten selten Fossilien, Tone und Schiefer häufiger.

Wo kann man suchen?

Da fossilienhaltige Gesteine normalerweise unter Boden und Bewuchs verborgen sind, kann man nur dort suchen, wo diese bedeckenden Schichten nicht vorhanden sind bzw. beseitigt werden. Natürliche Aufschlüsse gewachsenen Gesteins sind Klippen und an ihrem Fuß vorhandene Schuttkegel, Bach- oder Flussbetten und Meeresküsten. Künstliche Aufschlüsse finden sich in Baugruben, Pipeline-Gräben, im Straßenbau, in Steinbrüchen und Kiesgruben (Abb. 2).

Rechtliche Grundlagen

Prinzipiell muss man davon ausgehen, dass es in ganz Deutschland verboten ist, nach Fossilien zu graben. Normalerweise ist es jedoch erlaubt, an der Oberfläche liegende fossilhaltige Gesteine aufzusammeln. In vielen Fällen muss man vor Betreten eines Grundstückes die Erlaubnis des Besitzers einholen. Da die rechtlichen Grundlagen von Bundesland zu Bundesland unterschiedlich sind, ist es notwendig, sich vorher genau beim nächstgelegenen Naturkundemuseum zu erkundigen.

Hilfsmittel

Um Gesteine auf darin enthaltene Fossilien zu testen, benötigt man einen Hammer und unter Umständen einen Meißel. Für die Orientierung im Gelände sind topographische und geologische Karten sinnvoll. Da ein Fossil wissenschaftlich wertlos ist, wenn genaue Angaben zum Fundort fehlen, sollte man möglichst früh direkt auf das Fundstück Angaben notieren (Filzstift). Da auch eine kleine Skizze des Fundortes sinnvoll ist, ist ein Notizbuch und womöglich ein Fotoapparat nützlich. Für den Abtransport sollten die Fossilien durch Zeitungspapier vor Beschädigungen geschützt werden. Für Exkursionen mit Schülern sollte man den Erste-Hilfe-Kasten, Schutzbrillen und eventuell Schutzhelme nicht vergessen.

Anlage einer Sammlung

Wenn das Fossiliensammeln über einige Sammelausflüge hinausgeht, muss man für eine sachgerechte Unterbringung in Plastikkästchen sorgen, die sorgfältig beschriftet werden müssen. Dabei sollten einmal die genauen Angaben zum Fundort, zur Gesteinsschicht und zum Fossil selber gemacht werden. Alle Angaben — und womöglich eine Fundnummer — sollten am besten mit Tusche direkt auf das Fossil geschrieben und zusätzlich in einer Liste erfasst werden.

Leitfossilien der Erdgeschichte

Geologische Zeitgliederung		Trilobiten	Graptolithen (koloniebildend)	Nautiloiden (Kopffüßer)	Korallen	Brachiopoden (Armfüßer)	Ammoniten (Kopffüßer)	Belemniten (Donnerkeile, Kopffüßer)	Seeigel (Stachelhäuter)	Muscheln	Schnecken
	ab Mio. Jahren										
Känozoikum (Erdneuzeit)	Quartär 1,6										
	Tertiär 65										
Mesozoikum (Erdmittelalter)	Kreide 135										
	Jura 205										
	Trias 250										
Paläozoikum (Erdaltertum)	Perm 290										
	Karbon 355										
	Devon 410										
	Silur 435										
	Ordovizium 510										
	Kambrium 570										
Präkambrium											

1 Das Urpferd Hyracotherium

Die Evolution des Pferdes

Die Evolution des Pferdes ist besonders gut durch Fossilfunde belegt. Neben der Ahnenlinie, die zum heutigen Pferd, Zebra und Esel (Gattung *Equus*) führt, gibt es viele weitere Linien, die ausgestorben sind.

Das Urpferd Hyracotherium

Hyracotherium, ein kleines Lebewesen von nur etwa 30 cm Schulterhöhe, gilt als ältester Vorläufer der heutigen Pferde (Abb. 1). Vor 58 bis 36 Mio. Jahren lebten diese Tiere in den tropischen Wäldern Nordamerikas und Europas. Ihre Gebisse zeigen, dass sie sich ausschließlich von weichen Blättern und Beeren ernährt haben.

Evolutive Reihe der Pferdemerkmale

Schon im 19. Jahrhundert fand man in Europa Fossilien von zwei weiteren Mitgliedern der Pferdefamilie: *Anchitherium* und *Hipparion*. Der Vergleich dieser Arten ließ die Wissenschaftler zunächst vermuten, dass es in Europa eine lineare, wenn auch sprunghafte Entwicklung von Hyracotherium über Anchitherium zum modernen Pferd gegeben habe. Das dreizehige Pferd Hipparion hielten sie für den direkten Vorfahren unserer heutigen einzehigen Pferde. Im Laufe dieser „europäischen Pferdereihe" soll die Körpergröße stetig zugenommen, sich die Anzahl der Zehen fortschreitend zurückgebildet und das Gebiss kontinuierlich vom Laubfresser- zum Grasfressertypus gewandelt haben. Dieser Eindruck einer *evolutiven Reihe* war allerdings nur auf die lückenhaften Fossilfunde zurückzuführen, der Stammbaum der Pferde ist weitaus komplexer als gedacht.

Stammbaum der Pferde

Die heute bekannten fossilen Funde belegen, dass die entscheidenden Phasen der Pferdeevolution nicht in Europa, sondern in Nordamerika stattgefunden haben. Man hat dort Fossilien von sehr vielen Pferdearten mit unterschiedlichen Eigenschaften und Merkmalen gefunden. Offensichtlich haben mehrere Radiationsprozesse stattgefunden, die vermutlich Folge erheblicher klimatischer und geografischer Veränderungen waren. Während des *Eo-* und *Oligozäns* (jüngeres und mittleres Tertiär) bedeckten tropische Regenwälder weite Teile Nordamerikas und Europas. Nach dieser feuchtwarmen Epoche sanken die mittleren Jahrestemperaturen von 20 °C auf 12 °C. Die Regenwälder

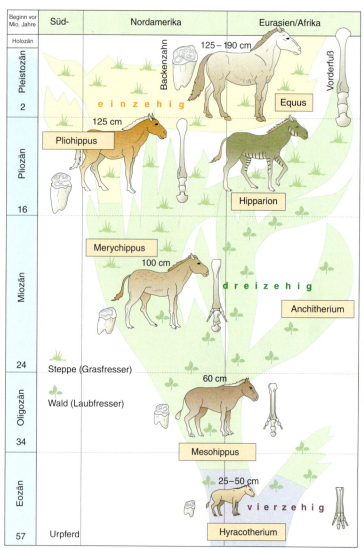

2 Stammbaum der Pferde

gingen zurück, riesige Grassteppen mit trockenem Untergrund entstanden. Mit der Veränderung der Umwelt ergaben sich völlig neue Selektionsbedingungen, Wanderungen sorgten für die Isolation und führten zur Bildung neuer Arten. Mehrmals gelangten Pferdeahnen von Nordamerika nach Eurasien und Afrika und entwickelten sich dort weiter. Dementsprechend verlief die Evolution der Pferde nicht geradlinig.

Die Gattung *Equus*, zu der neben unserem heutigen Pferd auch Esel und Zebra gehören, ist der einzige überlebende Ast eines Stammbaumes, der in Wirklichkeit so reich verzweigt ist, dass er eher einem Busch ähnelt. Pferd, Zebra und Esel lassen sich vom einzehigen *Pliohippus* aus Amerika ableiten, während Hipparion kein direkter Vorfahre, sondern ein ausgestorbener europäischer Seitenast ist. In Amerika sind alle Ahnen der Pferde ausgestorben, die heutigen Mustangs sind verwilderte Hauspferde, die erst mit den spanischen Eroberern im 16. Jahrhundert aus Europa nach Amerika gelangten.

Domestikation der Pferde

Die weitere Evolution der Pferde ist untrennbar mit der Entfaltung menschlicher Kulturen verknüpft. Höhlenzeichnungen belegen, dass Menschen sich schon früh für Pferde interessierten. Vor etwa 5 000 Jahren begann die Domestikation von Wildpferden in Zentralasien. Pferde wurden als Last-, Reit- und Schlachttiere verwendet. Äußeres, Leistungsfähigkeit und Verhalten wurden entsprechend durch Zuchtwahl abgewandelt. Im Grunde sicherten die Pferde ihrer Art so das Überleben, denn in der Wildbahn sind sie inzwischen ausgerottet. Auf dem Rücken von Pferden durchquerten und eroberten Menschen Kontinente. Heute hat das Pferd vor allem im Reit- und Fahrsport Bedeutung, aber auch als Arbeitspferd in der naturnahen Forstwirtschaft. Die kleinste Pferderasse *Falabella* hat eine Schulterhöhe von unter einem Meter. Sie ähnelt in der Größe daher den Pferdevorfahren und eignet sich zwar nicht zum Reiten, kann aber als Blindenführer dressiert werden. Auch Esel wurden domestiziert, während Versuche, Zebras zu zähmen, scheiterten.

Kaltblut

Araber

Aufgabe

1. Skizzieren Sie die evolutive Reihe und den Stammbaum der Pferde mit wenigen Linien und erklären Sie, warum Fossilfunde den Eindruck eines zielgerichteten Trends, also einer geradlinigen Entwicklungsreihe, erwecken können.

Falabella

Zettelkasten

Vom Wildpferd zum Hauspferd

Echte Wildpferde waren in Eurasien bis zur letzten Eiszeit recht häufig und konnten noch im 20. Jahrhundert in freier Wildbahn beobachtet werden. Einige von ihnen waren an das Leben in der Steppe (*Steppentarpan* in Osteuropa, *Takhi* oder *Przewalski-Pferd* in der Mongolei), andere an das Leben im Wald (*Waldtarpan* in Mittel- und Osteuropa) angepasst. Oft wird der Name Przewalski-Pferd irreführend für alle eurasischen Wildpferde verwendet. Der letzte wild lebende Waldtarpan soll etwa 1805, der letzte Steppentarpan 1875, das letzte wild lebende Przewalski-Pferd 1970 getötet worden sein. Schon im 19. Jahrhundert gelangten aber einige Wildpferde in zoologische Gärten oder Wildparks. Während sich die Tarpane in menschlicher Obhut mit Hauspferden kreuzten und eine neue Rasse bildeten (*Konik*), blieben vom Przewalski-Pferd reine Linien erhalten. Das Przewalski-Pferd (*Equus przewalski przewalski*) ist damit weltweit das einzige überlebende Wildpferd. Es ist etwas untersetzter

Przewalski-Pferd

als das Hauspferd, hat eine Stehmähne wie die Zebras und Wildesel, 19 statt 18 Brustwirbel und einen ausgedehnteren Fellwechsel. Obwohl es nicht wie das Hauspferd 64 sondern 66 Chromosomen besitzt, ist es mit dem Hauspferd kreuzbar. DNA-Vergleiche von Abschnitten der Y-Chromosomen zeigten, dass sich Hauspferd und Przewalski-Pferd schon vor 120 000 bis 240 000 Jahren im Stammbaum getrennt haben. Da Pferde erst vor 5 000 Jahren domestiziert wurden, können die Przewalski-Pferde nicht ihre direkten Vorfahren sein. Die Suche nach den wilden Ahnen unserer Hauspferde geht also weiter.

Weiterzüchtungen der Przewalski-Pferde konnten in der Mongolei wieder eingebürgert werden. Strengste Zuchtbuchführung vermeidet Inzuchteffekte in der Population, die auf nur 12 Individuen zurückgeht. Die heute in Zoos und Wildparks gehaltenen Tarpane sind *Rückzüchtungen* mit urtümlichen Hauspferderassen. Sie sollen jedenfalls einen äußeren Eindruck von den ausgestorbenen Formen vermitteln.

Der Mensch ist ein Primat

Jahrhundertelang galt der Mensch im europäischen Kulturkreis als „Krone der Schöpfung". Die Aussage der Evolutionstheorie, dass der Mensch von tierischen Vorfahren abstamme, war daher lange umstritten. Trotz zahlreicher neuer Erkenntnisse ist die Evolution des Menschen auch heute noch längst nicht bis in alle Details geklärt. Unstrittig ist, dass aufgrund seiner vielen Säugetiermerkmale der Mensch dieser Klasse der Wirbeltiere zuzuordnen ist. Als vor 65 Millionen Jahren die Saurier ausstarben, breiteten sich die Säugetiere aus. Deren erste Vertreter waren aus einer frühen Reptiliengruppe hervorgegangen. In einer erdgeschichtlich kurzen Zeitspanne entstanden die Vorfahren aller heute noch lebenden Säugetierordnungen und besiedelten die frei gewordenen Lebensräume. Vor 40 Millionen Jahren tauchten die ersten Primaten auf. Sie sind also ein Teil der *adaptiven Radiation* der Säugetiere.

Vorkommen und Merkmale der Primaten

Primaten besiedeln heute Südamerika, Afrika und Asien. Ihre kleinsten Vertreter, wie der *Mausmaki* auf Madagaskar, wiegen knapp 50 g, männliche *Gorillas* haben dagegen eine Körpermasse von bis zu 250 kg.

Man unterscheidet bei den Primaten die *Halbaffen* von den *Affen*. Die bekannteste Gruppe der Halbaffen sind die *Lemuren*, die auf Madagaskar isoliert vom afrikanischen Kontinent eine unabhängige Entwicklung durchliefen. Die echten Affen unterteilt man in *Alt-* und *Neuweltaffen*. Die Altweltaffen besiedeln Afrika und Asien. Zu ihnen gehören die *Meerkatzen*, die Menschenaffen sowie der Mensch. Ihre kennzeichnenden Merkmale sind die kommaförmigen Nasenlöcher und die schmale Nasenscheidewand. Die in Südamerika lebenden Neuweltaffen (z. B. *Kapuzineraffen*) besitzen dagegen runde Nasenöffnungen und eine breite Nasenscheidewand.

Primaten sind anhand von morphologischen Merkmalen schwer eindeutig zu definieren: Die meisten besitzen an das Greifen angepasste Hände und Füße und ein im Verhältnis zu anderen Säugern großes Gehirn. Verbunden ist damit eine relativ gut ausgebildete Intelligenz und eine entsprechende Flexibilität im Verhalten. Die Lebenserwartung ist hoch, die Fortpflanzungsrate gering und die Brutpflege intensiv. Statt Krallen wie die anderen Säuger besitzen Primaten Plattnägel. Hautleisten auf der Handinnenseite und den Fußsohlen erhöhen die Tastempfindlichkeit. Durch die nach vorn stehenden Augen überdecken sich die Gesichtsfelder, so ist ein perfektes räumliches Sehen möglich.

Für die Menschenaffen und insbesondere für den Menschen treffen die oben dargestellten Merkmale zu. Der Mensch ist also ebenfalls ein Primat.

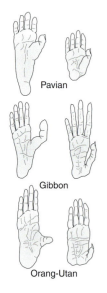

Pavian

Gibbon

Orang-Utan

runde Nasenlöcher

kommaförmige Nasenlöcher

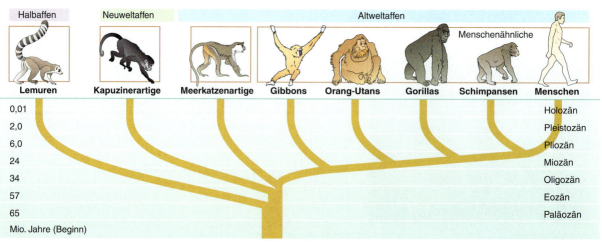

1 Stammbaum der Primaten

Unsere nächsten Verwandten

Bis vor wenigen Jahrzehnten hat man den Menschen aufgrund morphologischer und anatomischer Merkmale in eine eigene Familie eingeordnet und sie den großen Menschenaffen gegenübergestellt. Ein solcher Stammbaum passte zu der Überzeugung, dass der Mensch die „Krone der Schöpfung" sei. Neuere Forschungsergebnisse korrigieren dieses Bild. Allein der Befund, dass die DNA des Schimpansen sich nur in ca. 1,5 % seiner Basen von der des Menschen unterscheidet, lässt eine besonders enge Verwandtschaft vermuten.

Die *DNA-Hybridisierung* nach SIBLEY und AHLQUIST hatte die verwandtschaftlichen Zusammenhänge aufgeklärt. Bei dieser Methode werden die DNA-Doppelstränge zweier zu vergleichender Arten erhitzt. Die Wasserstoffbrücken zwischen den komplementären Basen brechen auf, die Doppelstränge „schmelzen" zu Halbsträngen. Kühlt man diese Gemische wieder ab, paaren sich komplementäre Fragmente. Je näher zwei zu vergleichende Arten verwandt sind, desto ähnlicher ist ihre DNA, d. h. umso mehr komplementäre Bereiche gibt es. Der $\Delta T_{50}H$-Wert, also die Differenz der Schmelzpunkte von artreiner und Hybrid-DNA, ist ein Maß für verwandtschaftliche Nähe. Je kleiner dieser Wert ist, desto höher ist der Schmelzpunkt der Hybrid-DNA.

Auf der Basis der $\Delta T_{50}H$-Werte kann man Stammbäume *(Dendrogramme)* entwickeln, die die verwandtschaftlichen Beziehungen veranschaulichen. Zur Erstellung derartiger Schemata setzt man voraus, dass aus einem gemeinsamen Vorfahren durch Artaufspaltung zwei neue Arten entstanden sind, die sich ihrerseits später in neue Arten trennen. Je geringer der $\Delta T_{50}H$-Wert, desto kürzer ist der bis heute verstrichene Zeitraum seit der Artaufspaltung. Dabei entspricht ein $\Delta T_{50}H$-Wert von 1 einem Zeitraum von 4 bis 4,5 Mio. Jahren. Die DNA-Hybridisierung belegt, dass der Schimpanse mit dem Menschen näher verwandt ist als mit Gorilla und Orang-Utan.

Aufgaben

① Begründen Sie, warum bei der DNA-Hybridisierung die nicht markierte DNA der Art B im Überschuss zugesetzt wird.

② Entwickeln Sie ein Dendrogramm für Menschenaffen und Menschen auf der Basis der $\Delta T_{50}H$-Werte.

Zettelkasten

DNA-Hybridisierung nach Sibley und Ahlquist

Die DNA der zwei zu vergleichenden Arten wird isoliert und durch Enzyme in Fragmente von 500 Basenpaaren zerlegt. Die DNA der Art A wird radioaktiv markiert, die der anderen bleibt unmarkiert, wird aber in 1000fachem Überschuss zu der DNA von A zugegeben. Das Gemisch wird auf 95 °C erhitzt. Danach kühlt man es auf 60 °C ab und bewahrt es mehrere Stunden bei dieser Temperatur auf.

Das Gemisch gibt man auf eine Trennsäule, die Doppelstränge bindet und Einzelstränge passieren lässt. In Schritten von 2,5 °C erhöht man die Temperatur der Säule und „wäscht" die jeweils neu entstandenen Einzelstränge aus. Die Temperatur, bei der sich 50 % der Hybrid-DNA wieder getrennt hat, bezeichnet man als *Schmelzpunkt*.

In einem Parallelversuch wird ausschließlich die DNA von A verwandt. Die Differenz der beiden Schmelzpunkte bezeichnet man als $\Delta T_{50}H$-Wert.

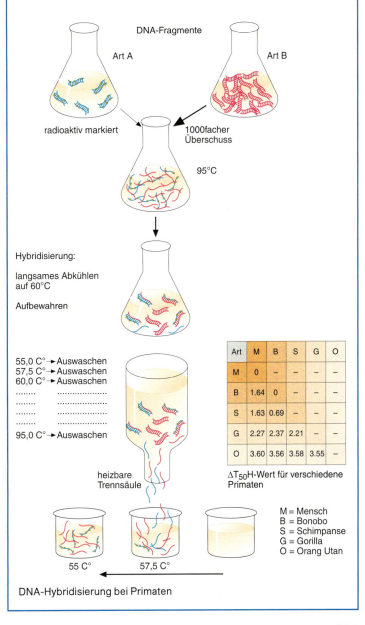

Art	M	B	S	G	O
M	0	–	–	–	–
B	1.64	0	–	–	–
S	1.63	0.69	–	–	–
G	2.27	2.37	2.21	–	–
O	3.60	3.56	3.58	3.55	–

$\Delta T_{50}H$-Wert für verschiedene Primaten

M = Mensch
B = Bonobo
S = Schimpanse
G = Gorilla
O = Orang Utan

DNA-Hybridisierung bei Primaten

Mensch und Schimpanse — ein Vergleich

Mit den Erkenntnissen aus der modernen Evolutionstheorie wandelte sich das Bild vom Menschen grundlegend. Vergleichende Untersuchungen zeigten, dass Schimpansen näher mit dem Menschen verwandt sind als mit dem Gorilla. DNA-Sequenzierungen ergaben, dass sich die Gene des Menschen nur um ca. 1,5% von denen des Schimpansen unterscheiden. Allerdings sind die Gene des Menschen besonders im Gehirn wesentlich aktiver als beim Schimpansen.

Die nahe Verwandtschaft zeigt sich bereits beim Vergleich der Karyogramme: Die Chromosomen von Mensch und Schimpanse gleichen sich in Form, Größe und Bandenmuster. Im Unterschied zum Schimpansen ($2n = 48$) besitzt der Mensch nur $2n = 46$ Chromosomen. Die verringerte Chromosomenanzahl ist auf eine Fusion von Chromosom 2 und 3 zurückzuführen. In der Reihung entspricht Chromosom 21 des Menschen daher Chromosom 22 des Schimpansen. Aus der nahen genetischen Verwandtschaft von Schimpanse und Mensch kann man schließen, dass beide gemeinsame Vorfahren haben. Der Vergleich kann verstehen helfen, wie die Entwicklung zum heutigen Menschen vom gemeinsamen Vorfahren aus abgelaufen sein könnte.

Fortbewegung und Skelettbau

Das Skelett des Menschen mit seinen im Vergleich zu den Armen längeren Beinen ist an den aufrechten, zweibeinigen Gang

angepasst. Der Fuß ist gewölbeförmig, was stabilisierend bei Druckbelastung wirkt. Die Kniegelenke sind so gebaut, dass sie hohe Belastungen durch den ständigen aufrechten Gang abfedern. Das Becken des Menschen ist schüsselförmig, kurz und breit. Es trägt den größten Teil der Last des Rumpfes mit den inneren Organen. Die Wirbelsäule ist doppelt-S-förmig gekrümmt und kann Druck und Scherbelastungen relativ gut aufnehmen. Der Brustkorb ist breit, hat dafür eine geringe Tiefe. Dadurch liegt sein Schwerpunkt auf der Körperachse. Das Hinterhauptsloch liegt in der Mitte der Schädelunterseite, sodass sich der Schädel bei aufrechter Körperhaltung in einer günstigen Schwerpunktlage befindet.

Schimpansen leben als Waldbewohner im tropischen Afrika. Beim Klettern stellen sie nicht nur den Daumen den anderen Fingern, sondern auch die große Zehe den anderen Zehen gegenüber. So können sie mit Händen und Füßen Äste umgreifen (*Greifhand* und *Greiffuß*). Dadurch sind Schimpansen an das Leben auf Bäumen, in denen sie Nahrung (Früchte, Blätter) suchen und Schutz finden, angepasst. Am Boden gehen sie meist auf allen Vieren, wobei sie die längeren Arme mit den Fingerknöcheln abstützen (*Knöchelgang*). Dabei wird der Kopf an der schräg gerichteten Wirbelsäule von der kräftigen Nackenmuskulatur gehalten. Die Wirbelsäule geht geradlinig in das längliche Becken über. Der Brustkorb ist tief und die Schulterblätter sind weit nach hinten verla-

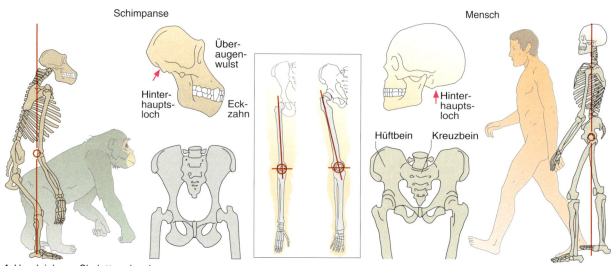

1 Vergleich von Skelettmerkmalen

gert. Dadurch können die Arme im Schultergelenk in alle Richtungen bewegt werden. Relativ selten erheben Schimpansen sich zum aufrechten, zweibeinigen Gehen *(Bipedie)*, wenn sie beispielsweise Früchte mit den Händen an einen anderen Ort bringen. Beim Laufen auf zwei Beinen bleibt der Körper gebeugt. Knie- und Hüftgelenk sind dabei abgeknickt. Nur so bleiben die Füße unterhalb des Körperschwerpunktes.

Gebrauch der Hand

Beim Menschen sind Arme und Hände universell einsetzbare Greifwerkzeuge, die einen vielseitigen Werkzeuggebrauch ermöglichen. Der Unterarm ist um seine Längsachse drehbar. Der Daumen kann jedem Finger der Hand gegenübergestellt werden. Auf diese Weise ist ein *Präzisionsgriff* möglich. Das Hautleistenmuster mit den darunter liegenden Sinneszellen ermöglicht eine sehr feine Dosierung der Kraft, mit der zum Beispiel ein Gegenstand oder Werkzeug gehalten wird. Kleinere Gegenstände werden von Schimpansen, wie von Menschen, zwischen Daumen und Zeige- und Mittelfinger gefasst. Im Unterschied zum Menschen halten Schimpansen den Gegenstand dabei nur seitlich am Daumen, nicht mit der Daumenkuppe. Die Hände eignen sich auch zum einfachen *Werkzeuggebrauch*. So angeln wild lebende Schimpansen mittels eines passenden Halmes Termiten aus deren Bau und bereichern so ihren Speisezettel.

Schädel und Gebiss

Schimpansenschädel besitzen eine deutlich ausgebildete Schnauze. Der Gehirnschädel hat ein Volumen von ca. 350 cm³. Die Stirn ist fliehend, die Augen sind durch Überaugenwülste vor Verletzungen geschützt. Beim heutigen Menschen dagegen ist keine ausgeprägte Schnauze erkennbar. Der Gesichtsschädel liegt weitgehend unter dem großen Gehirnschädel, dessen Volumen etwa 1450 cm³ groß ist. Die Stirn ragt fast senkrecht nach oben. Die Augen liegen geschützt in tiefen Augenhöhlen, Überaugenwülste fehlen. An der Unterseite des Gehirnschädels befindet sich ein fast kreisrundes Hinterhauptsloch, durch welches das Rückenmark in den Schädel eintritt. Bei Schimpansen liegt es sehr weit hinten, beim Menschen in der Mitte der Schädelunterseite.

Die Kiefer von Schimpansen sind in der Aufsicht U-förmig, die des Menschen parabelförmig. Den stark entwickelten Eckzähnen

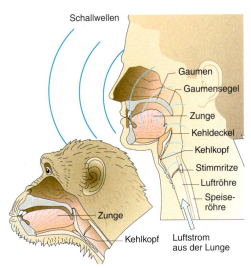

1 Lage des Kehlkopfes im Vergleich

Schimpanse   Mensch

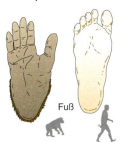

Fuß

Hand

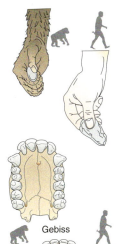

Gebiss

der Schimpansen steht jeweils eine Lücke gegenüber. Beim Menschen sind die Eckzähne nicht größer als die übrigen Zähne, die gegenüberliegenden Zahnlücken fehlen.

Intelligenz, Sozialverhalten und Sprache

Der Mensch besitzt im Verhältnis zu seiner Körpermasse das größte Gehirn unter den Primaten. Es stellt die Voraussetzung dar für die typisch menschlichen Fähigkeiten, zum Beispiel die ausgeprägte Lernfähigkeit, das komplexe Sozialverhalten und die Kommunikation durch Sprache und die sich daraus ergebende enorme Flexibilität und Anpassungsfähigkeit. Auch Schimpansen zeigen herausragende Fähigkeiten: Sie kommunizieren intensiv über Mimik, Gestik und Laute. Sie besitzen zwar ein einfaches Sprachverstehen, für eine artikulierte Sprache fehlen ihnen durch die hohe Lage des Kehlkopfes jedoch die anatomischen Voraussetzungen. Schimpansenkinder haben eine lange Lernphase und erlernen z. B. den Gebrauch von teilweise selbst angefertigten Werkzeugen und die Rangordnungsbeziehungen innerhalb der Gruppe.

Aufgabe

① Vergleichen Sie Mensch und Schimpanse hinsichtlich Lebensraum, Fortbewegung, Nahrung sowie Verhalten und stellen Sie eine Beziehung zur Anatomie her. Inwieweit lassen solche Vergleiche auch Rückschlüsse auf das Verhalten ausgestorbener Hominiden zu?

Die frühen Hominiden

Einen der bedeutendsten Funde menschlicher Vorfahren machte der Amerikaner DO-NALD JOHANSON. Er entdeckte 1974 im Wüstengebiet des Afar-Dreiecks im südlichen Äthiopien einen Schädel und in nächster Nähe weitere Knochen, die alle von demselben weiblichen Skelett stammen. Die Forscher nannten den Fund *Lucy* (nach einem Beatles-Song). Dieser Fund wurde auf etwa 3,3 Mio. Jahre datiert und wird heute der Art *Australopithecus afarensis* zugeordnet. Vermutlich ist diese Art bereits vor ca. 4 Mio. Jahren entstanden und der Vorfahre aller nachfolgenden Hominiden. Als *Hominiden* werden alle Arten zusammengefasst, die zu der zum Menschen führenden Entwicklungslinie gehören.

Lucy gilt als Vertreter einer Art, die den ersten Schritt zur Menschwerdung vollzogen hatte: Der Körper der Australopithecinen war schon an den aufrechten Gang angepasst, aber ihre Schädel zeigten noch eine Reihe ursprünglicher Merkmale. Wahrscheinlich gab es ausgeprägte Geschlechtsunterschiede. Die weiblichen Individuen waren nur wenig über einen Meter groß und nur ca. 30 kg schwer. Die Männchen waren deutlich größer und schwerer. Der vorspringende Gesichtsschädel lag vor dem Gehirnschädel. Eine Stirn fehlte. Das Gehirnvolumen lag bei ca. 400 – 550 cm³. Eine kräftige Nackenmuskulatur hielt den Kopf im Gleichgewicht, das Hinterhauptsloch lag zentral. Der Bau der Kniegelenke und des Beckens war bereits an den aufrechten Gang angepasst. Die auf 3,6 – 3,7 Mio. Jahre datierten fossilen *Fußspuren von Laetoli* bestätigen das (siehe Randspalte). Neuere Untersuchungen der Extremitätenknochen zeigen aber auch, dass Australopithecinen noch gut klettern und sich auf allen vier Gliedmaßen auf dem Boden fortbewegen konnten.

Neben Lucy wurden vor 1974 und auch danach viele weitere Fossilien gefunden, die unseren Vorfahren zugeordnet werden kön-

nen. Der älteste Fund wird auf 4,4 Mio. Jahre datiert, es handelt sich um *Ardipithecus ramidus*. Er besitzt Hominidenmerkmale und steht zeitlich der gemeinsamen Wurzel von Mensch und Schimpanse bereits relativ nahe. Ob mit ihm das *„missing link"*, das Zwischenglied in der evolutionären Entwicklung, gefunden ist, ist weiterhin unklar.

Etwas jünger ist *Australopithecus anamensis*, dessen Merkmale zum Teil an die von Menschenaffen erinnern, andererseits ging er anscheinend schon aufrecht. Wegen der Unvollständigkeit dieser beiden ersten Hominidenfunde ist die systematische Einordnung unsicher. Zurzeit geht man davon aus, dass *A. anamensis* zu den möglichen Vorfahren von *A. afarensis* gehört, von dem es neben Lucy eine Reihe weiterer Fossilfunde gibt.

1 Der ostafrikanische Graben

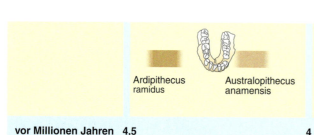

Fußspuren von Laetoli

Ardipithecus ramidus	Australopithecus anamensis		Australopithecus afarensis

| vor Millionen Jahren | 4,5 | 4 | 3 |

A. afarensis verschwand vor 3 – 2,5 Mio. Jahren. Zur gleichen Zeit entstand ein anderer Hominide mit etwa gleichem Hirnvolumen, *A. africanus*. Er war wie sein Vorgänger von grazilem Körperbau. Die Abnutzungsspuren auf den Zahnoberflächen beider Arten deuten auf vorzugsweise pflanzliche Kost hin. Aus A. africanus ging wahrscheinlich eine weitere Gruppe von Hominiden mit robustem Körperbau hervor, die von den meisten Wissenschaftlern inzwischen einer neuen Gattung zugeordnet werden: *Paranthropus aethiopicus, P. boisei* und *P. robustus*. Ihr außerordentlich kräftiges Gebiss und die Abnutzungsmerkmale deuten auf harte pflanzliche Kost hin. Charakteristisch sind die ausgeprägten Scheitelkämme des Hirnschädels. Ihr Hirnvolumen lag zwischen 410 und etwas über 500 cm³.

Zu Beginn der Entwicklung der Menschenartigen gab es also verschiedene Arten der Gattung Australopithecus. Sie entstanden in Afrika und verbreiteten sich nicht darüber hinaus. Die Herstellung von Werkzeugen konnte für sie bisher nicht nachgewiesen werden. Alle Vertreter der Australopithecinen und der Gattung Paranthropus starben später wieder aus.

Auslöser für die *Entstehung der Hominiden* waren wahrscheinlich geologische Ereignisse, die klimatische und ökologische Veränderungen in Ostafrika zur Folge hatten. Vor etwa 20 Mio. Jahren begann sich das mehr als 6 000 km lange *ostafrikanische Grabensystem* zu bilden. Entlang dieser geologisch aktiven Zone kam es besonders in Ostafrika zu Vulkanismus und Gebirgsauffaltungen. Dadurch geriet Ostafrika allmählich in den Regenschatten von Gebirgen, die Regenwälder verschwanden und es bildeten sich vielgestaltige Savannenlandschaften. Es entstanden also zwei Regionen mit völlig andersartigen ökologischen Bedingungen, in denen unterschiedliche Evolutionsfaktoren wirkten. In der westlich des Grabenbruchs liegenden feuchten und mit Regenwald bestandenen Region entwickelten sich aus einem gemeinsamen Vorfahren die Menschenaffen, in Ostafrika mit seinen trockeneren Savannen die Vorfahren der Menschen.

Im freien Gelände der Savannen ermöglichte die aufgerichtete Körperhaltung eine weitaus bessere Übersicht. Zweibeiner konnten dadurch Raubtiere, Beute oder Nahrungspflanzen viel früher entdecken und besaßen somit gegenüber vierbeinigen Lebewesen entscheidende Selektionsvorteile. Die Hände wurden frei für die Benutzung von Werkzeugen. Mögliche Nahrungsquellen unserer Vorfahren waren in der Savanne über weite Gebiete verstreut. Die Überwindung großer Distanzen war zur Nahrungsbeschaffung notwendig, die zweibeinige Fortbewegungsweise erweist sich bei geringem Tempo als energetisch sehr günstig. Die Hände konnten außerdem zum Transport von gesammelten Nahrungsmitteln über größere Entfernungen eingesetzt werden. Der aufrechte Gang mindert auch die Wärmestrahlung auf den Körper. Die Bedeutung der einzelnen Faktoren für die Entstehung des aufrechten Ganges wird unterschiedlich bewertet.

A. afarensis

A. africanus

P. boisei

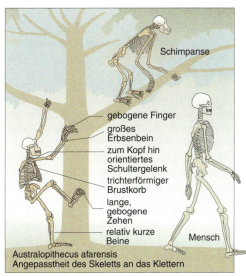

Schimpanse

gebogene Finger
großes Erbsenbein
zum Kopf hin orientiertes Schultergelenk
trichterförmiger Brustkorb
lange, gebogene Zehen
relativ kurze Beine

Mensch

Australopithecus afarensis
Angepasstheit des Skeletts an das Klettern

1 Skelettvergleich

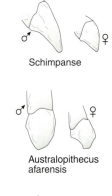

Schimpanse

Australopithecus afarensis

Mensch

Eckzähne im Vergleich

Australopithecus africanus

Paranthropus robustus

Paranthropus aethiopicus

Paranthropus boisei

2

1

Homo — eine Gattung erobert die Erde

Homo habilis

Homo rudolfensis

Homo ergaster

Homo erectus

Einer der ersten Vertreter der Gattung Homo, zu der auch wir heutigen Menschen gehören, ist *Homo habilis*. Ihm werden die ältesten bekannten, aus vor 2,5 bis 1,2 Millionen Jahren alten Geröllen hergestellten *Steinwerkzeuge* (Olduvan-Industrie) zugeschrieben. Sie bestehen aus einfachen Abschlägen und Steinkernen. Die Herstellung dieser frühesten Geräte erfordert bereits eine hervorragende räumliche Vorstellung und gute motorische Fertigkeiten. Die ältesten Reste des Homo habilis werden auf ca. 2,5 Mio. Jahre datiert. Sein Gehirnvolumen — ein wichtiges Kriterium für die Zuordnung zur Gattung Homo — war mit 600 bis 800 cm^3 bereits deutlich größer als das von *Australopithecus africanus*, seinem möglichen Vorfahren (Abb. 117.2).

Im gleichen Zeitraum lebten in Afrika weitere Hominiden mit größerem Gehirn, der etwas ältere *Homo rudolfensis* (Hirnvolumen ca. 750 cm^3) und der etwas jüngere *Homo ergaster* mit deutlich moderneren Merkmalen. Ob Letzterer aus Homo habilis oder Homo rudolfensis hervorging, ist nicht geklärt. Homo ergaster nutzte kontrolliert das Feuer. Dies ermöglichte ihm nicht nur die Abwehr von Tieren, er konnte so erstmals kalte Klimazonen besiedeln. Zudem stellte Homo ergaster höher entwickelte Steingeräte her, z.B. symmetrische Faustkeile.

Fossilfunde aus Asien zeigen, dass frühe Menschen Afrika verließen. Ein auf Java gefundener Schädel wurde auf 1,6 bis 1,8 Mio. Jahre datiert. Weitere Funde aus Asien sind deutlich jünger. Die asiatischen Funde werden heute oft als *Homo erectus* von der schlankeren afrikanischen Art *Homo ergaster* unterschieden. Das Gehirnvolumen der Homo ergaster bzw. Homo erectus-Gruppe schwankte zwischen ca. 800 cm^3 bei frühen Funden und ca. 1 200 cm^3 bei späteren Funden. Die frühen Menschen, die vor weniger als 1 Mio. Jahren Europa von Afrika aus besiedelten, wurden zunächst ebenfalls dem

Homo erectus zugeordnet. Inzwischen werden sie von vielen Wissenschaftlern in Anlehnung an den etwa 600 000 Jahre alten Unterkieferfund in der Nähe von Heidelberg als *Homo heidelbergensis* innerhalb der Homo ergaster-/Homo erectus-Gruppe und damit als eigene Art klassifiziert. Diese Menschenart war auch im westlichen Asien und im nördlichen Afrika verbreitet. Auf der Basis dieser Klassifizierung geht man heute davon aus, dass Homo heidelbergensis der Vorfahre des Neandertalers *(Homo neanderthalensis)* ist. Dieser entstand vor etwa 200 000 Jahren irgendwo in seinem Verbreitungsgebiet in Europa oder im Nahen Osten.

Der heute lebende *Homo sapiens* entstand vor 150 000 bis 200 000 Jahren aus afrikanischen Populationen der Homo ergaster/Homo erectus-Gruppe und verließ vor ca. 100 000 Jahren ebenfalls Afrika. Europa wurde nach dieser Theorie in zwei aufeinander folgenden Wellen von Homo besiedelt *("Out of Africa"-Modell)*. Das würde bedeuten, dass Neandertaler und moderner Mensch zeitweise nebeneinander in Europa lebten.

Die Evolution des Homo sapiens geht mit einer Weiterentwicklung in der Werkzeugherstellung einher. Er stellte Klingen und Spezialwerkzeuge, wie zum Beispiel Stichel, Kratzer und Spitzen, und auch sägeähnliche Geräte her.

In morphologischer Hinsicht fällt besonders die Zunahme des Gehirnvolumens beim modernen Menschen auf (Abb. 117. 2). Dabei spielten verschiedene Faktoren eine Rolle. Der aufrechte Gang ermöglichte den Gebrauch der Hände. Das förderte einerseits die Entwicklung des Werkzeuggebrauchs, andererseits auch die Höherentwicklung des Sozialverhaltens. Komplexeres Sozialverhalten und differenzierter Werkzeuggebrauch förderten die Selektion in Richtung größerer Gehirne. Diese waren leistungsfähiger, was nun umgekehrt positive Auswirkungen auf

Homo rudolfensis

Homo habilis

Homo ergaster

Australopithecus- und Paranthropus-Arten

vor Millionen Jahren 2,5   2

den Werkzeuggebrauch und das Sozialverhalten hatte, usw. Die Zunahme des Gehirnvolumens begünstigte die Entstehung menschlicher Gesellschaften mit komplizierten Sozialstrukturen, in denen Arbeitsteilung praktiziert wurde (z. B. Jagen und Sammeln). Die Weiterentwicklung von Kooperation und Arbeitsteilung sowie die Entwicklung einer abstrakten Wortsprache förderte die Fähigkeit unserer Vorfahren, Großtiere zu jagen und war außerdem Voraussetzung dafür, dass sich die menschliche Kultur entwickeln konnte (Abb. 1).

Außerdem könnten die Großtierherden Ostafrikas ideale Lebensbedingungen für unsere Vorfahren geboten haben, da immer hinreichend tote Tiere als Nahrungsgrundlage vorhanden waren (Abb. 3). Gebrauchsspurenanalysen weisen auf das Schneiden von Fleisch und Pflanzen sowie Holzbearbeitung hin. Diejenigen Vorfahren, die zum ersten Mal mithilfe von primitiven Steinwerkzeugen in der Lage waren, die Haut eines Tieres zu öffnen und es zu zerlegen, erwarben weitere Überlebensvorteile. Sie konnten mithilfe von Werkzeugen auch Großtiere als Nahrungsgrundlage verwerten, da sie nun zerlegt und abtransportiert werden konnten. Unsere Vorfahren verzehrten nicht nur das Fleisch, sondern gelangten durch den Werkzeuggebrauch auch an das phosphatreiche Knochenmark der Beute. Eiweiß und Phosphat sind wichtige Stoffe für die Gehirnentwicklung.

Aufgaben

1. Tragen Sie entlang einer Zeitachse entsprechend der Abbildung unten die vermutlichen Vorfahren des heutigen Menschen ein und ergänzen Sie jeweils die wichtigsten Neuerungen, z. B. aufrechter Gang, Werkzeuggebrauch, Feuer usw.
2. Die Artnamen in der Evolution des Menschen wurden historisch immer wieder geändert. Warum ist die Artbenennung bei Fossilfunden besonders schwierig?

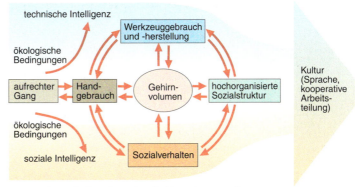

1 Modell für die Zunahme des Gehirnvolumens

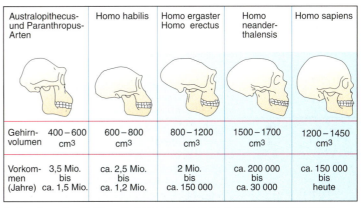

	Australopithecus- und Paranthropus- Arten	Homo habilis	Homo ergaster Homo erectus	Homo neanderthalensis	Homo sapiens
Gehirn- volumen	400 – 600 cm³	600 – 800 cm³	800 – 1200 cm³	1500 – 1700 cm³	1200 – 1450 cm³
Vorkommen (Jahre)	3,5 Mio. bis ca. 1,5 Mio.	ca. 2,5 Mio. bis ca. 1,2 Mio.	2 Mio. bis ca. 150 000	ca. 200 000 bis ca. 30 000	ca. 150 000 bis heute

2 Zunahme des Gehirnvolumens im Verlauf der menschlichen Evolution

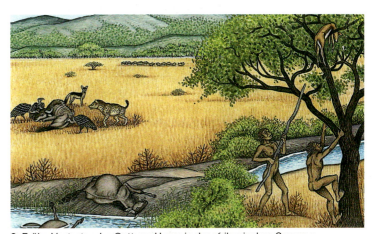

3 Frühe Vertreter der Gattung Homo in der afrikanischen Savanne

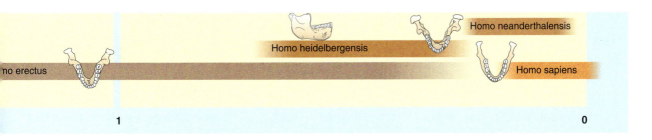

Homo neanderthalensis

Homo heidelbergensis

no erectus

Homo sapiens

1   0

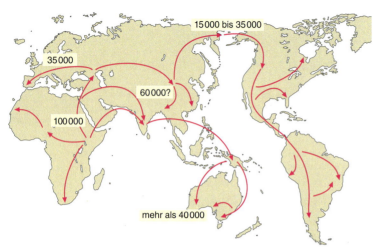

1 Ausbreitung des Homo sapiens nach dem „Out of Africa"-Modell

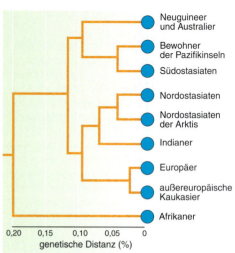

2 Unterschiede in der mt-DNA (vereinfacht)

Die Herkunft des heutigen Menschen

Woher kommen wir und wie wurden wir, was wir sind? Das ist nicht nur eine philosophische Frage. Viele Forscher vertreten auf der Basis der räumlichen und zeitlichen Verteilung von Fossilfunden das *„Out of Africa"*-Modell. Danach entstand der moderne *Homo sapiens* vor weniger als 200 000 Jahren in Afrika, von wo er sich etwa 100 000 Jahre später über die ganze Erde ausbreitete und dabei die bereits ansässigen Hominiden *(Neandertaler)* verdrängte.

Das „Out of Africa"-Modell wird durch molekulargenetische Befunde gestützt: Man verglich die DNA der Mitochondrien (mt-DNA) von 147 Menschen in Europa, Afrika, Asien, Australien und Neuguinea. Weil Mitochondrien hauptsächlich von der Mutter vererbt werden, entfällt die genetische Rekombination weitgehend. mt-DNA-Unterschiede lassen sich somit fast ausschließlich auf Mutationen zurückführen (s. Seite 98). Man nimmt an, dass die genetische Distanz, ausgedrückt in Basenpaarunterschieden, proportional zur Zeit seit der Trennung der Populationen ist. Die Eichung dieser *molekularen Uhr* erfolgte anhand von gut datierbaren anthropologischen Zeugnissen aus Papua-Neuguinea und Australien. Danach entspricht einem Zeitraum von 100 000 Jahren eine mittlere Veränderung der DNA von 0,2 bis 0,4 %. Mithilfe der Ergebnisse konnte man ein Dendrogramm erstellen und die Ausbreitungswege rekonstruieren. Die genetische Distanz zwischen Afrikanern und allen übrigen Menschen ist am größten, beträgt aber auch nur 0,2 % (100 000 Jahre).

Kritiker wenden ein, das die Schlussfolgerungen aus der Untersuchung der mt-DNA auf zum Teil ungesicherten Annahmen beruhen. Sie meinen, die Mutationsrate muss nicht für den gesamten erfassten Zeitraum gleich groß gewesen sein und eine spätere Vermischung der aufgespaltenen Linien sei möglich.

Neben dem „Out of Africa"-Modell ist daher das *multiregionale Modell* der Menschwerdung in der wissenschaftlichen Diskussion. Es geht davon aus, dass in mehreren Gebieten Afrikas, Europas und Asiens unabhängig voneinander aus *Homo erectus* bzw. *Homo ergaster* der moderne *Homo sapiens* entstanden sein soll. Intensiver Genfluss zwischen den Populationen soll dann dafür gesorgt haben, dass Homo sapiens heute eine einzige Art bildet. Dieses Modell ist jedoch sehr umstritten.

Aufgaben

① Erklären Sie, warum sich mt-DNA besonders gut für Stammbaumanalysen eignet (s. Seite 96).
② Vergleichen Sie das Dendrogramm (s. Abb. 2) mit dem in Abb. 1 dargestellten Ausbreitungsweg.
③ Stellen Sie die wichtigsten Aspekte des „Out of Africa"-Modells und der Hypothese von der multiregionalen Entwicklung gegenüber.
Nach welcher der Theorien liegt die gemeinsame Wurzel aller Menschen weiter zurück?

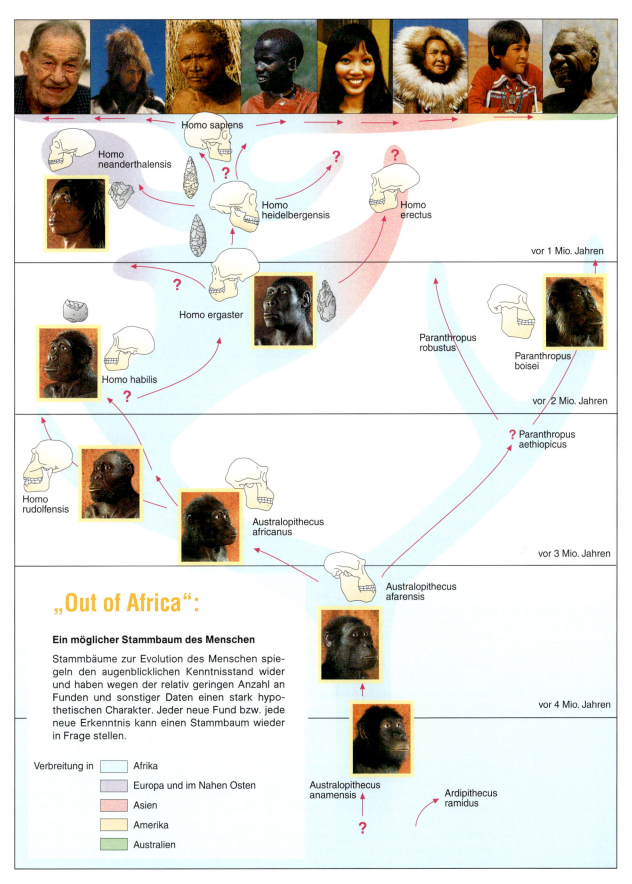

Homo saplens

Homo neanderthalensis

?

?

Homo heidelbergensis

Homo erectus

vor 1 Mio. Jahren

?

Homo ergaster

Paranthropus robustus

Paranthropus boisei

Homo habilis

?

vor 2 Mio. Jahren

? Paranthropus aethiopicus

Homo rudolfensis

Australopithecus africanus

vor 3 Mio. Jahren

„Out of Africa":

Ein möglicher Stammbaum des Menschen

Stammbäume zur Evolution des Menschen spiegeln den augenblicklichen Kenntnisstand wider und haben wegen der relativ geringen Anzahl an Funden und sonstiger Daten einen stark hypothetischen Charakter. Jeder neue Fund bzw. jede neue Erkenntnis kann einen Stammbaum wieder in Frage stellen.

Australopithecus afarensis

vor 4 Mio. Jahren

Verbreitung in □ Afrika

□ Europa und im Nahen Osten

□ Asien

□ Amerika

□ Australien

Australopithecus anamensis

Ardipithecus ramidus

?

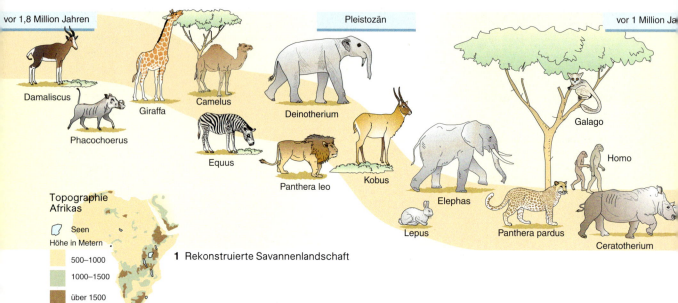

Damaliscus

Phacochoerus

Giraffa

Camelus

Deinotherium

Equus

Panthera leo

Kobus

Galago

Homo

Elephas

Lepus

Panthera pardus

Ceratotherium

1 Rekonstruierte Savannenlandschaft

Topographie Afrikas

Seen

Höhe in Metern

500–1000

1000–1500

über 1500

Waldveränderungen durch Klima-veränderungen Afrikas

Wald-zone

Primärbereich der savannen-bewohnenden Affen

Sekundäre Ausbreitungszonen

Regen

^{16}O verdunstet

^{16}O kehrt zurück

$^{18}O/^{16}O$ Verhältnis unverändert

Zwischeneiszeit (Warmzeit)

Schnee

^{16}O verdunstet

Eis

Land

^{18}O angereichert

$^{18}O/^{16}O$ Verhältnis gestiegen

Eiszeit

Sauerstoffisotopen-Analyse

Paläoökologie Ostafrikas

Zentralafrika ist mit dem Kongobecken das Zentrum der Verbreitung von Menschenaffen. Abgesehen vom Orang-Utan, der in Indonesien lebt, existieren hier drei der vier Menschenaffenarten: Bonobo, Schimpanse und Gorilla. Zusammen mit der Tatsache, dass alle frühen Hominiden-Fossilien aus den östlich des Rift-Valleys angrenzenden Gebieten stammen, zwingt dies zu dem Schluss, dass die Evolution der Hominiden von Zentralafrika ausgehend über eine Besiedlung Ostafrikas stattfand. Die wichtigsten Veränderungen fanden vor 8 bis 2 Millionen Jahren statt. Ein wichtiger Motor von Veränderungen waren Klimaänderungen, die zu einer Ausbreitung der Regenwälder oder zu ihrem Schrumpfen führen mussten. Dabei konnten sich die Regenwälder des Kongobereichs problemlos nach Norden und Süden ausdehnen. In Ostafrika führte eine Änderung der Regenmenge aber aufgrund des Oberflächenreliefs zu einer Zerstückelung der Wälder (s. Randspalte oben).

Das Klimaarchiv sind die Meeresböden, in denen sich über die gesamte Zeit Schicht für Schicht Sedimente ablagerten. In ihnen finden sich u. a. die Schalenreste kleiner Einzeller, die in diese Schalen Sauerstoffverbindungen einbauten. Den notwendigen Sauerstoff entnahmen sie dem Meerwasser. Sauerstoff besitzt zwei Isotope ^{18}O und ^{16}O. Von diesen verdunstet aufgrund der geringeren Masse ^{16}O leichter an der Meeresoberfläche und sammelt sich in Kaltzeiten in den Polkappen an. Dadurch sinkt die ^{16}O-Konzentration im Meerwasser. Wenn

man also Meeresbodensedimente mit geeigneten Methoden zeitlich datieren kann, verraten die Reste der Einzeller, ob die Sedimente aus einer Kalt- oder Warmzeit kommen (s. Randspalte unten).

Ergänzende Daten liefert die *Pollenanalyse*. In allen Sedimenten sind Pflanzenpollen enthalten. Für das Gebiet um Omo in Ostafrika konnte man durch Pollen belegen, dass vor rund 4 Millionen Jahren noch 24 verschiedene Baumtypen existierten. 3 Millionen Jahre später waren es nur noch 11. Anfangs lagerten sich mehr als doppelt soviel Baum- wie Gräserpollen ab. Am Ende kamen auf einen Baumpollen mehr als 100 Pollen von verschiedenen Grasarten.

Anhand der Fossilien weiß man zusätzlich, welche Tiere diese Landschaften bewohnten. Gebissformen, Abnutzungsspuren an den Zähnen und Mikrospuren, die sich im Rasterelektronenmikroskop erkennen lassen, verraten, ob die Pflanzenfresser Blätter, Früchte, Gräser oder mehrere Pflanzenteile zu sich nahmen. Nage- und Bissspuren an Knochenresten und versteinerter Kot liefern weitere Auskünfte über die Nahrungsbeziehungen im Ökosystem.

Insgesamt hat sich das Gebiet östlich des Grabenbruchs in der Zeit der Hominidenevolution mehrfach stark verändert. Immer wieder dehnten sich Wälder aus und schrumpften wieder zu kleinen Resten. Dieses Waldmosaik hat die Differenzierung der lokalen Populationen vorangetrieben.

Stereolithographie

In einem *Stereolithographie* genannten Verfahren kann man die genauen Daten der berechneten Schädelform an einen Laser weitersenden. Dieser bildet aus flüssigem Harz in mehreren Schichten einen Kunstkopf, der abschließend in einem UV-Ofen ausgehärtet wird. Der ergänzte und nachgebildete Schädel ist dann Grundlage für die weitere Gesichts-rekonstruktion für Museumsexponate.

1 Richtige Gewebestärke durch Abstandshalter

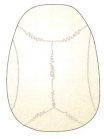

< 20 Jahre

35–40 Jahre

55–60 Jahre
Verwachsungsgrad
der Schädelnähte

Weichteilrekonstruktion — auf der Suche nach Gesichtern

Seit der Mensch im Rahmen der Paläo-Anthropologie und Archäologie seine eigene Vergangenheit erforscht hat, war er bemüht, vergangene Welten durch Bilder zu veranschaulichen. Wie kommt man zu derartigen *Rekonstruktionen*? Problemlos lässt sich aus der Lage von Beinknochen die Körpergröße des einzelnen Individuums berechnen. Aus einem schnauzenartig vorspringenden Kiefer und einem fliehenden Kinn kann man leicht auf den ungefähren Gesichtsschnitt schließen. Aber wie sah das Individuum genau aus? Kann man aus einem gefundenen Schädel die individuellen Gesichtszüge des ehemaligen Menschen rekonstruieren?

Diese Frage beschäftigte in den 20er-Jahren des 20. Jahrhunderts den russischen Wissenschaftler MICHAIL GERASSIMOW. Er begann damit, an den Köpfen von Leichen die Weichteildicke über dem Schädelknochen an bestimmten Punkten auszumessen. Er stellte fest, dass diese Messwerte bei allen Menschen ungefähr gleich waren. Nachdem er diese Gesetzmäßigkeiten gefunden hatte, begann er damit, an einzelnen Schädeln von Personen, von denen aus ihren Lebzeiten noch Fotos existierten, Knetmasse auf den Schädel aufzutragen und so das Gesicht des Verstorbenen zu rekonstruieren. Die Fotos waren ihm zu diesem Zeitpunkt aber nicht bekannt. Der anschließende Vergleich dieser Rekonstruktion mit den Fotos des Verstorbenen bestätigte, dass das Verfahren funktioniert. Die individuellen Züge der Person waren also aus der Schädelform zu erschlie-

ßen. Da im Gesichtsbereich die Haut nahe über den Knochen liegt, ist das Profil der Person relativ leicht zu erhalten. Problematisch ist der Nasenbereich, da die Nase von Knorpel erfüllt ist, der völlig vergeht. Aus der Form des oberen und unteren Randes der Nasenöffnung des Schädels lässt sich aber die ungefähre Form der Nase erschließen.

Für die Rekonstruktion ist zunächst entscheidend, ob es sich um den Schädel eines Mannes oder einer Frau handelt und wie alt die Person zum Zeitpunkt des Todes war. Das Geschlecht lässt sich meist leicht an der Stirnpartie, die bei Männern etwas stärkere Überaugenwülste zeigt als bei Frauen, und an Merkmalen der Schädelbasis feststellen. Das Alter ist am Verwachsungsgrad der Schädelnähte erkennbar (s. Randspalte).

Spätere Forscher entwickelten die Methode der Weichteilrekonstruktion weiter. Heute kann man Schädel dreidimensional einscannen, fehlende Teile im Computer vervollständigen und die Gesichter rekonstruieren. Mit diesen Programmen lassen sich Phantombilder erstellen, die dem Gesichtsschnitt der ehemaligen Personen sehr ähnlich sind. Sie werden bei der Kriminalpolizei eingesetzt.

Selbst Schädelreste lassen heute eine annähernde Rekonstruktion des Aussehens der lebenden Person zu. Man ging davon aus, dass der Schädel symmetrisch gebaut ist und entwickelte ein Programm, das aus Bruchstücken die jeweilige Gegenseite berechnet und fehlende Teile ergänzt.

Zur Herstellung von Museumsexponaten benutzt man Tonmodelle, die mit der Hand geformt werden. In diese bezieht man Informationen über Alter und Geschlecht mit ein. Auf das fertige Modell trägt man anschließend mehrere Silikonschichten auf, um eine Hohlform zu erlangen, mit der man dann weitere Duplikate aus Silikon herstellen kann. In diese Silikonabgüsse setzt man anschließend noch Original-Haare ein. Bei der Übertragung dieser Methode auf die Schädel ausgestorbener Hominiden kann man nun — nach dem *Aktualitätsprinzip* — davon ausgehen, dass die Weichteilstrukturen bei unseren Vorfahren unseren sehr ähnlich waren.

Aufgabe

1. Welche Merkmale der auf Seite 124 abgebildeten modernen Neandertalerrekonstruktion sind sicher bzw. unsicher?

Material

Fossilfunde in Deutschland

Steinheim liegt ca. 20 km nördlich von Stuttgart an der Murr. An der unteren Murr wurden seit vielen Jahren Sand und Kies abgebaut, die schon vor ca. 250 000 Jahren dort abgelagert worden waren. Immer wieder wurden dabei Fossilien gefunden. Am 24. Juli 1933 meldete KARL SIGRIST, der Sohn des Kiesgrubenbesitzers, dem Hauptkonservator der Württembergischen Naturaliensammlung in Stuttgart, FRITZ BERCKHEMER, einen aufsehenerregenden Fund. Schon am nächsten Tag wurde der erstaunlich gut erhaltene Schädel von BERCKHEMER und von dem Oberpräparator MAX BÖCK geborgen. Es gab eine Vereinbarung zwischen SIGRIST und BERCKHEMER, Fossilienfunde zu melden. Bei dieser Entdeckung handelte es sich also nicht um einen der glücklichen Zufallstreffer, wie es sie in der Wissenschaft gelegentlich gibt, sondern um das Ergebnis einer jahrelangen intensiven Zusammenarbeit.

Der Schädel wurde in den sogenannten *Antiquus-Schottern* gefunden. Sie sind benannt nach dem ebenfalls dort gefundenen Waldelefanten (*Palaeoloxodon antiquus*). Daneben wurden auch Fossilien von Löwen, Wasserbüffeln und Nashörnern geborgen. In den unmittelbar darüber liegenden Schichten fand man Fossilien von Wollnashorn, Mammut, Steppenbison und Steppenelefant.

Der *Steinheimer Schädel* ist ca. 250 000 Jahre alt und gehört damit in eine Zwischeneiszeit. Das Gehirnvolumen beträgt 1 160 ml. Der Schädel wurde nach dem Tod dieses Menschen an der linken Seite stark beschädigt. Auch die Schädelbasis wurde aufgebrochen. Ähnliche Beobachtungen liegen aus Java und Choukoutien vor. Der Steinheimer ist vermutlich eine Frau, die mit ca. 25 Jahren gestorben ist.

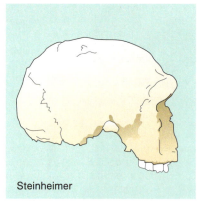

Steinheimer

Aufgaben

① Welche Rückschlüsse kann man aus diesen Funden auf die Umwelt und ggf. auch auf die Lebensweise des Steinheimer Menschen ziehen?
② Welche Rückschlüsse auf die Stellung des Steinheimers in der Stammesgeschichte der Hominiden lassen die beschriebenen Funde zu?

Der Steinheimer Schädel ist nicht der erste Fund eines fossilen Menschen in Süddeutschland. Bereits am 21. Oktober 1907 wurde von dem Sandgräber DANIEL HARTMANN in der Sandgrube Rösch bei Mauer in der Nähe Heidelbergs ein Unterkiefer entdeckt. Der Dozent an der Universität Heidelberg OTTO SCHOETENSACK nahm die wissenschaftliche Auswertung dieses *Homo heidelbergensis* vor. Der Heidelberger Fund besteht nur aus einem Unterkiefer mit gut erhaltenen Zähnen (Abb. 2). Aus der Abnutzung der Zähne kann man schließen, dass der Heidelberger 18 bis 25 Jahre alt wurde. Der am Kieferende liegende, senkrecht stehende Unterkieferast, der den Kiefer mit dem Schädel verbindet, ist sehr breit und dient zur Anheftung starker Kaumuskeln. Die Altersbestimmung ergibt einen Wert von 783 000 bis 520 000 Jahren. Damals lag an dieser Stelle eine Flussschleife des Neckars. Das Klima war feucht und warm. Als der Lauf des Neckars sich änderte, trocknete das Flussbett aus und es entstand die heutige Sandgrube.

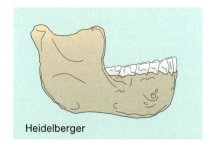

Heidelberger

Aufgaben

③ Vergleichen Sie den Unterkiefer des Heidelbergers mit dem eines modernen Menschen und eines Schimpansen. Welche Gemeinsamkeiten und Unterschiede kann man feststellen?
④ Welche Schlussfolgerungen kann man daraus ziehen?

In Bilzingsleben (Thüringen) wurden seit 1969 Überreste von Hominiden gefunden. Es handelt sich dabei um 12 kleine Knochenstücke des Schädels bzw. um 7 Zähne. Weiterhin wurden zerschlagene Tierknochen, Werkzeuge aus Feuerstein und Quarzit geborgen. An Überresten von Tieren fand man u. a. Waldelefant, Bison, Ur, Löwe und Makake. Die Pflanzen waren mit Eichen, Hasel, Buchsbaum, Feuerdorn, Köröser Flieder, Fingerstrauch und Zürgelbaum vertreten. Alle diese Funde stammen aus einem flachen See und seiner Umgebung. Beim Anstieg seines Wasserspiegels wurden die Funde rasch konserviert. Ihr Alter wird mit ca. 300 000 Jahren angegeben.

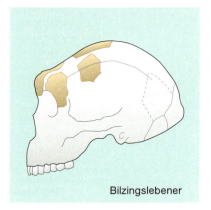

Bilzingslebener

Der Schädel des Bilzingslebeners wies einen nicht unterbrochenen Überaugenwulst auf. Die Schädelreste gleichen denen, die von H. ergaster bzw. H. erectus in Ostafrika (Olduvai), Ostasien (Pekingmensch) und auf Java gefunden wurden.

Aufgaben

⑤ Die Abbildung auf Seite 123 zeigt eine Karte mit der Umwelt des Menschen von Bilzingsleben. Beschreiben Sie mithilfe dieser Abb. die Umweltbedingungen dieses Menschen.
⑥ Was machte gerade eine derartige Umgebung für ihn als Lebensraum interessant?
⑦ Vergleichen Sie die Region mit den Angaben zu den Lebensräumen anderer Hominiden. Erörtern Sie Unterschiede und Gemeinsamkeiten.

Die Bedeutung der Funde von Bilzingsleben liegt weniger in spektakulären Funden menschlicher Überreste, sondern eher in den zahlreichen Geräten, den Feuerstellen, den Spuren einfacher Behausungen, von „Werkstätten" und Speiseabfällen. Für die Rekonstruktion der Lebensbedingungen eines Menschen ist es wichtig, eine genaue Vorstellung von den damals herrschenden Klimabedingungen, der Pflanzenwelt, vom Vorkommen von Raubtieren und von jagdbaren Tieren zu bekommen. Am Beispiel des Fundes von Bilzingsleben kann dies exemplarisch gezeigt werden: Der dortige Travertin enthält Abdrücke zahlreicher Pflanzenreste, Reste von Weichtieren und Muschelkrebsen. Travertin ist ein porenreicher Kalksinter, der durch Erwärmung kalkhaltigen Wassers entsteht. Travertinbildung beobachtet man heute unter den Umweltbedingungen der Karstgebiete des Balkans und in Kleinasien.

Die Karte zeigt das Vorkommen einer bestimmten Art von Landlungenschnecke (*Helicigona banatica*) die als Lebensraum Laubmischwälder bevorzugt. Die Punkte zeigen Fundstellen fossiler Schnecken, die gelbe Fläche das heutige Verbreitungsgebiet. Helicigona toleriert Änderungen von Umweltfaktoren nur in engen Grenzen. Ihr Vorkommen ist daher ein Indiz für ganz bestimmte Umweltbedingungen.

Aufgabe

⑧ Rekonstruieren Sie aus den Angaben der Karte und den Angaben im Text die Umwelt- und Lebensbedingungen des Bilzingslebeners.

Bei der Auswertung derartiger Funde stellt sich stets das Problem, wie aussagekräftig sie sind:
— Beim „working-back"-Verfahren (Abb. links unten) werden alle gefundenen Überreste sorgfältig analysiert, nicht nur der Hominidenfund selbst, sondern auch Begleitfauna, Begleitflora und Indikatoren für bestimmte Umweltbedingungen.
— Beim Analogverfahren werden aus der vergleichenden Untersuchung heute noch lebender Naturvölker Rückschlüsse auf die Deutung von Fossilfunden gezogen.

Aufgaben

⑨ Nehmen Sie zur Aussagefähigkeit beider Methoden Stellung.
⑩ Bei manchen Fundstellen sind die Forscher dazu übergegangen, nur einen Teil der Fundstelle auszugraben, einen anderen Teil unverändert zu belassen. Sie verzichten damit bewusst auf mögliche Funde. Welche Gründe könnten für diese Vorgehensweise sprechen?

Fundstätte mit Knochen und Werkzeugen

Interpretation des Grabungsbefundes als Oberflächenhorizont

Nahrungsreste

Steinwerkzeuge

Feuerspuren

intuitive Erklärung des Grabungsbefundes als Lagerplatz

Die Funde von Ehringsdorf (bei Weimar) sind ca. 220 000 Jahre alt. Dabei handelt es sich um Reste von vermutlich neun Individuen. Ein Überaugenwulst ist vorhanden. Das Gehirnvolumen betrug ca. 1 300 ml. Sicher nachgewiesen sind Spuren von Lagerfeuern und eine Fülle von Steinwerkzeugen. An einem Schädelknochen ist eine verheilte Bissverletzung zu erkennen.

Aufgabe

⑪ Zu welcher Gruppe von Hominiden kann man diesen Fund stellen?

Neandertaler — ein Stück Forschungsgeschichte

Als der Düsseldorfer Schulrektor, Prediger und Kirchendichter JOACHIM NEUMANN im 17. Jahrhundert in einem wildromantischen Tal 13 km östlich der Stadt spazieren ging, konnte er nicht ahnen, dass man es eines Tages nach ihm benennen würde und dass man hier einen Vormenschen-Fund machen würde. Der damaligen Mode folgend, hatte er seinen Namen ins Griechische übersetzt und nannte sich Neander.

1856, also drei Jahre vor dem Erscheinen von DARWINS Werk „Die Entstehung der Arten ...", fanden Arbeiter im Lehm einer Höhle des Neandertals Knochen, die sie zum Teil in einer Kiste sammelten, den Rest schaufelten sie aus der Höhle heraus. Der ortsansässige Lehrer CARL FUHLROTT erkannte ihre Besonderheiten und gab sie an HERMANN SCHAFFHAUSEN ab, der sie 1857 als Reste einer „barbarisch wilden Rasse" veröffentlichte. Die führenden Wissenschaftler der damaligen Zeit — mit Evolutionsgedanken noch nicht vertraut — betrachteten die Skelettreste als Überbleibsel eines kranken Individuums. 1863 vergab WILLIAM KING die Artbezeichnung Homo neanderthalensis. Er glaubte in

Rekonstruktionen aus den Jahren 1888, 1960 und 2006

der Schädelform die „Dumpfheit des Schimpansen" zu erkennen. Im gleichen Jahr erhielt der englische Forscher GEORGE BUSK einen fast identischen Schädel, den man schon 1848 in einem Steinbruch in Gibraltar gefunden hatte. Dadurch ließ sich der Neandertaler nicht mehr als krankhafte Ausnahmeerscheinung deuten. Eine Anerkennung als eigene Menschenform erlangte er aber erst, als man 1886 im belgischen Spy zwei fast vollständige Skelette entdeckte. Ein weiteres Skelett in der Nähe von Chapelle-aux-Saints in Frankreich wurde von MARCELLIN BOULE aus Paris untersucht und 1911 veröffentlicht. Er zeichnet das Bild vom dumpfen Wilden, der in gebeugter Haltung, mit schiefem Hals und kleinem Hirn, mit Keule bewaffnet durch die Welt schlurfte — ein Bild, das zum Teil bis heute vorhalten sollte.

Erst Grabungen von RALPH SOLECKI 1953 und 1957 in Shanidar/ Irak änderten das Bild. Er fand die Reste von neun Neandertalern, von denen einer zeitlebens einen verkrüppelten Arm hatte, ein anderer nach Pollenanalysen Blumen ins Grab gelegt bekam. Seine Forschung machte aus den dumpfen Trotteln plötzlich sozial engagierte „Blumenkinder". Zwei Anatomen untersuchten zur gleichen Zeit das Skelett aus Chapelle-aux-Saints erneut, deckten Fehleinschätzungen von BOULE auf und kamen zu dem Schluss, dass der Neandertaler — rasiert und in einem Anzug steckend — mit der New Yorker U-Bahn fahren könnte, ohne aufzufallen. Entsprechend wertete man den Neandertaler zu einer ausgestorbenen Unterart des modernen Menschen auf und nannte ihn Homo sapiens neanderthalensis.

1997 konnten die Urgeschichtler RALF SCHMITZ und JÜRGEN THISSEN bei einer Nachgrabung im Neandertal den 1856 aus der Höhle geschaufelten Lehm lokalisieren. Er enthielt neben Steinwerkzeugen und Tierresten Knochenfragmente, die an das 1856 geborgene Material angepasst werden konnten — die Sensation war perfekt (Abb. 1).

Neandertaler waren etwas kleiner, aber kräftiger gebaut als der moderne Mensch und besaßen ein etwas größeres Hirnvolumen ($1\,200 - 1\,700\,\text{cm}^3$). Sie bewohnten Europa und den Nahen Osten seit 200 000 bis 300 000 Jahren — eine Phase mit Eiszeiten, in denen sie Rentiere, Wollnashörner und Mammuts jagten. Ihr typisches Werkzeug war der Faustkeil. Schmuck und Kunstwerke ließen sich ihnen bis jetzt nicht eindeutig zuordnen.

1 1856 geborgener Oberschenkel mit 1997 ausgegrabenem Fragment

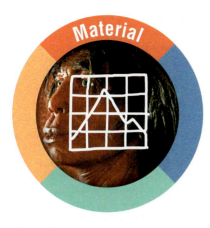

Neandertaler und moderne Menschen

Das Bild des Neandertalers wandelte sich im Verlauf der Forschungsgeschichte mehrfach. Vom primitiven Urmenschen über eine Unterart zu einer sehr ähnlichen eigenen Art. Einige moderne Forscher weisen aber auch darauf hin, dass die Neandertaler ganz eindeutig anders waren als wir.

Neandertalerfunde

Abbildung 1 zeigt Skelette und Schädel im Vergleich sowie die Fundverteilung der Neandertaler-Funde im europäischen Raum. Im Jahr 2006 gab es allein in Deutschland 10 Fundstellen mit Resten von Neandertalern.

Aufgaben

① Stellen Sie die wesentlichen Merkmale im Schädel- und Skelettbau von Neandertaler und modernem Menschen gegenüber.

② Stellen Sie einen möglichen Zusammenhang zwischen dem Körperbau des Neandertalers, seiner Verbreitung und dem damaligen Klima her.

Sprache der Neandertaler

Sprache wird in den Weichteilen des Stimmapparates über dem Kehlkopf erzeugt. Ein Teil davon sitzt an der Schädelbasis und ein anderer ist mit der Muskulatur an den knöchernen und knorpeligen Anteilen des Zungenbeins verbunden. Während ein in Kebara (Israel) gefundenes Neandertaler-Zungenbein sehr modern wirkt, lässt die Schädelunterseite auf eine andere Form des Stimmapparates schließen. Neandertaler besaßen eine längere Zunge, eine höhere Lage des Kehlkopfes und dadurch einen kürzeren Rachenraum.

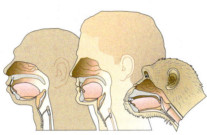

2 Vergleich der Stimmapparate

Aufgabe

③ Leiten Sie aus dem Bau der abgebildeten Kehlköpfe ab, warum der Neandertaler wahrscheinlich anders gesprochen hat als der moderne Mensch.

DNA-Vergleiche

1997 gelang es, aus dem Oberarmknochen des Fundes aus dem Neandertal kurze Fragmente mitochondrialer DNA zu isolieren, durch die Polymerase-Kettenreaktion zu vervielfältigen und mit dem entsprechenden Abschnitt der mitochondrialen DNA heutiger Menschen zu vergleichen (Abb. 3). Bis 2006 bestätigten sieben weitere DNA-Untersuchungen die Ergebnisse. Bisher hat man keine mt-DNA-Sequenz beim modernen Menschen entdecken können, die der eines Neandertalers entspricht. Außerdem liegt kein anatomischer Nachweis für eine Vermischung vor.

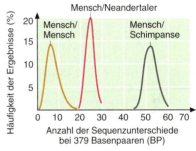

3 Ergebnisse des mt-DNA-Vergleichs

Aufgabe

④ Deuten Sie die Befunde.

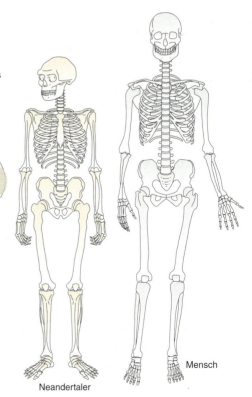

1 Fundstellen und Schädel- und Skelettvergleich

Tundra
Steppe
Nadelmischwald
Laubmischwald

Neandertaler

Mensch

Neandertaler

Mensch

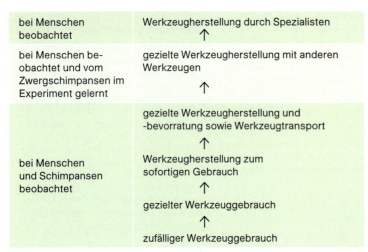

bei Menschen beobachtet	Werkzeugherstellung durch Spezialisten ↑
bei Menschen beobachtet und vom Zwergschimpansen im Experiment gelernt	gezielte Werkzeugherstellung mit anderen Werkzeugen ↑
bei Menschen und Schimpansen beobachtet	gezielte Werkzeugherstellung und -bevorratung sowie Werkzeugtransport ↑ Werkzeugherstellung zum sofortigen Gebrauch ↑ gezielter Werkzeuggebrauch ↑ zufälliger Werkzeuggebrauch

1 Entwicklung der Werkzeugherstellung und -benutzung

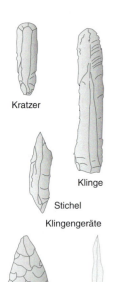

Kratzer

Klinge

Stichel

Klingengeräte

später Faustkeil

früher Faustkeil

Geröllgerät

Werkzeugentwicklung

Lange Zeit glaubte man, dass die Werkzeugherstellung und der Werkzeuggebrauch eine typisch menschliche Fertigkeit ist und dass unsere frühen Vorfahren die Schwelle zum Menschsein überschritten, als sie die ersten Werkzeuge herstellten. Als die Primatologin JANE GOODALL jedoch entdeckte, dass Schimpansen sich Zweige zurechtbrachen und anspitzten, um in Termitenbauten zu stochern, war diese Vorstellung nicht mehr haltbar. Als sie zusätzlich berichtete, dass diese Schimpansen sich vor dem Termitenangeln mehrere Zweige zurechtbrachen, diese neben dem Futterplatz deponierten und nacheinander einsetzten, wenn ein Stöckchen abbrach, erwies sich auch der Gedanke als falsch, dass der Mensch als einziges Lebewesen Vorratshaltung von Werkzeugen betreibt. Heute glaubt man, dass nur der Mensch Werkzeuge mit Werkzeugen herstellt.

In Westafrika benutzen Schimpansen Steinhämmer um Nüsse zu knacken. Ein gezieltes Zerschlagen von Steinen mit anderen Steinen ist im Freiland noch nicht beobachtet worden, wurde jedoch von einem Zwergschimpansen im Experiment erlernt. Die Fähigkeit, Werkzeuge herzustellen, muss also schon sehr früh vorhanden gewesen sein. Da die Steinbearbeitung ein sehr komplizierter Vorgang ist, haben die ältesten Werkzeuge wahrscheinlich aus den vergleichsweise leicht zu bearbeitenden aber vergänglichen Rohstoffen, wie Holz, Horn oder Knochen bestanden. Daher muss der Anfang menschlicher Werkzeugherstellung teilweise im Dunkeln verborgen bleiben.

Die Anfänge der Steinbearbeitung liegen möglicherweise in der Beobachtung, dass von Klopfsteinen abgespaltene Splitter scharfe Kanten haben, die sich zum Schneiden eignen. Die ältesten bekannten Steinwerkzeuge sind die 2,5 bis 1,5 Millionen Jahre alten, aus Geröllen hergestellten *pebble-tools* aus Afrika. Ihre zickzack-förmige umlaufende scharfe Kante entstand dadurch, dass aus wechselnden Richtungen Teile abgeschlagen wurden. So entstehen gleichzeitig *Abschläge* und *Kernsteine*. Beide eignen sich als Werkzeug.

Die Herstellung dieser frühesten Geräte erfordert schon eine hervorragende räumliche Vorstellung, gutes motorisches Vermögen sowie die Beachtung bestimmter Schlagwinkel, d. h. Leistungen, die von freilebenden rezenten Affen nicht bekannt sind. Gebrauchsspurenanalysen weisen auf das Schneiden von Fleisch und Pflanzen sowie Holzbearbeitung hin. Erst die Fähigkeit, Haut zu durchschneiden, eröffnete die Möglichkeit der Fleischnutzung. Solche Werkzeuge treten zeitgleich mit dem späten Australopithecus und Homo habilis auf. Eine direkte Zuordnung zu einer der beiden Gattungen ist nicht möglich. Da die Werkzeugtradition ungebrochen weitergeführt wurde, als Australopithecus ausstarb, ist sicher, dass zumindest Homo habilis Werkzeuge herstellte.

Vor 1,7 bis 1,5 Millionen Jahren entwickelte der Homo erectus eine Steingerätekultur (Kernsteingeräte) mit Faustkeilen und Picken (*Acheuleen-Kultur*). Mit der Erfindung einer neuen Schlagtechnik, dem sogenannten „weichen Schlag" mithilfe von Geweihenden und der speziellen Vorbereitung der Kernkante für den Schlag (*Kantenpräparation*), ließen sich Faustkeile immer symmetrischer und dünner herstellen. Diese Formen könnten auf ästhetische Vorstellungen der Hersteller hindeuten.

Vor rund 200 000 bis 100 000 Jahren, zur Zeit des archaischen Homo sapiens, werden die großen Kerngeräte seltener und Geräte aus Abschlägen häufiger. Durch eine neue Bearbeitungsmethode stellte man Abschläge mit parallelen Kanten her, die mindestens doppelt so lang wie breit waren (*Klingen*). Durch *Retuschieren* formte man aus Klingen Spezialwerkzeuge, wie Stichel, Kratzer, Spitzen oder sägeähnliche Geräte. Der Fortschritt der Klingentechnik bestand darin, dass bei der Geräteherstellung viel weniger Abfall entstand, d. h. das wertvolle Rohmaterial besser genutzt wurde.

Experimentelle Archäologie

Die Frage, wie man bestimmte Werkzeuge hergestellt haben könnte, lässt sich am besten beantworten, wenn man versucht, sie nachzubauen. Die sogenannte *experimentelle Archäologie* ist ein in Deutschland junger Wissenschaftszweig, der versucht, bei der Deutung gefundener Gegenstände von reiner Spekulation zu sachlich fundierten Grundlagen zu kommen. Auch auf Fragen nach Zeitaufwand für Produktion und Einsatz lassen sich Antworten finden.
Achtung: Während des Schlagens immer eine Schutzbrille und wenn nötig, Handschuhe tragen!

Was man braucht

Zunächst benötigt man als Rohmaterial für die Werkzeugherstellung Gesteinsarten, die *spröde* sind, d. h. leicht und nach vorhersagbaren Gesetzmäßigkeiten zersplittern. Dies sind z. B. Feuersteine und Quarzite, die man am leichtesten in Flussgeröllen und Kiesgruben aufsammeln kann. Eiszeitlich transportierter Feuerstein, wie er in Norddeutschland häufig zu finden ist, besitzt viele Risse, zersplittert daher unvorhersehbar und eignet sich so nur selten für eine Bearbeitung.

Um von diesen Rohmaterialien Teile abzuschlagen, benötigt man Schlagsteine oder Basalenden von Geweihen (ca. 25 cm lang). Als Schlagsteine eignen sich längliche Gerölle aus *zähem*, d. h. nicht splitterndem Gestein, wie z. B. Kalkstein. Die Schlagsteine sollten gut in der Hand liegen und ein vorstehendes, abgerundetes Schlagende besitzen.

Bevor man versucht, einige Abschläge herzustellen, ist es wichtig, ein wenig Theorie kennenzulernen. Um ein Stück

Gestein abzutrennen, muss die Schlagenergie so stark sein, dass die das Gestein durchlaufenden Energiewellen groß genug sind, um die Kristalle des Gesteins voneinander zu trennen. Vom Auftreffpunkt des Schlagsteines läuft die Energie kegelförmig in den getroffenen Stein und wird mit zunehmender Entfernung vom Schlagpunkt immer geringer. Will man einen flachen Abschlag herstellen, muss man den Auftreffwinkel (rund 70°) des Schlagsteines so berechnen, dass die Energiewelle möglichst parallel zur Oberfläche des Kernsteines verläuft (s. Abb.).

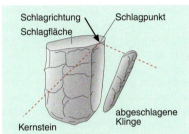

Schlagrichtung — Schlagpunkt
Schlagfläche
abgeschlagene Klinge
Kernstein

Merkmale eines Abschlages

Die folgenden Abbildungen fassen die typischen Erkennungsmerkmale der Unter- und Oberseite eines Abschlages zusammen. Sie verraten, dass ein Fundstück gezielt bearbeitet wurde.

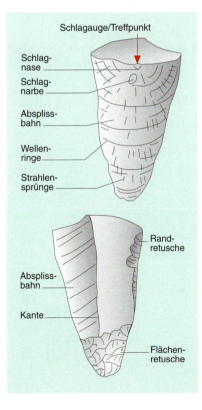

Schlagauge/Treffpunkt
Schlagnase
Schlagnarbe
Absplissbahn
Wellenringe
Strahlensprünge

Randretusche
Absplissbahn
Kante
Flächenretusche

Schlag mit dem Stein (hart)

Schlägt man mit einem Stein, darf man *nicht* auf die Kante treffen, da die Schlagenergie die Kante zerstört. Der Auftreffpunkt des Schlagsteines muss einige Millimeter neben der Kante liegen. Hat man durch Abtrennen eines Abschlages

am Kernstein ein Negativ mit begrenzenden Graten erzielt, sollte man den folgenden Schlagpunkt über den Grat setzen, um so einen längeren Abschlag zu erzielen. Den Schwung des Schlagsteines erreicht man durch entsprechende Bewegung im Ellenbogen- und Handgelenk.

Weicher Schlag mit dem Geweih

Im Gegensatz zum harten Schlag kann man mit einem Geweih unter Beachtung der Schlagwinkel direkt auf die Kante schlagen. Diese dringt dabei ein wenig in das weichere Geweih ein. Dabei wird durch die Bewegungsenergie des Schlegels ein Stück des spröden Steines abgerissen. Vor dem Schlag auf die Kante *muss* diese durch leichte Schläge von zu stark vorstehenden „Nasen" befreit und mit einem rauen Stein verrundet werden.

Aufgabe

① Versuchen Sie, einfache Abschläge und Klingen herzustellen und zu retuschieren.

Kleinere Rohmaterialstücke lassen sich stehend bearbeiten, während man den zu bearbeitenden Stein mit der einen und den Schlagstein bzw. das Geweih mit der anderen Hand hält. Größere Stücke lassen sich leichter im Sitzen bearbeiten. Dabei lagert man das Rohstück auf einem Oberschenkel, wo es auf einer Unterlage (Kissen oder Decke) fest angedrückt und so gehalten wird, dass die Schlagkante in einem günstigen Winkel für den Schlagstein oder das Geweih liegt. Vor jedem Schlag sollte man auf der Unterlage liegende Gesteinssplitter entfernen. Fehlt eine Unterstützung im Bereich des Abschlages, kann das Rohstück oder der Abschlag zerbrechen.

Hautfarbe und Verwandtschaft

Afro-Indianerin durch Perücke und Make-up verändert

In der Einkaufsstraße einer Großstadt treffen wir auf Menschen mit Unterschieden in der Sprache, in der Kleidung, im Aussehen und Benehmen — wir leben in einer multikulturellen Gesellschaft. Viele der beobachteten Unterschiede lassen sich durch äußere Einflüsse, also durch Mode, Frisur oder Make-up erklären (s. Randspalte). Außerdem tragen Tradition, Erziehung, Lebensweise und Ernährung zum vielfältigen Erscheinungsbild der Menschen bei. Über die verwandtschaftliche Beziehung der Personen untereinander sagt das Äußere nichts aus.

Im 18. Jahrhundert teilte LINNÉ die Art *Homo sapiens* in die vier sogenannten Rassen „Weiße", „Gelbe", „Rotbraune" und „Schwarze". Er orientierte sich dabei an dem äußeren Merkmal der Hautfarbe und seiner geografischen Verteilung (Abb. 129.2). Der Begriff „Rasse" wird heute nur noch in der Tierzucht verwendet. Rassen zeichnen sich durch die konstante Vererbung spezifischer Merkmale aus und entstehen durch von Züchterverbänden kontrollierte Inzucht. Eine Übertragung des Rassenbegriffs auf den Menschen ist biologisch nicht haltbar, wurde und wird aber leider immer wieder von bestimmten Gruppen benutzt, um die Diskriminierung und Verfolgung einzelner Personengruppen zu rechtfertigen.

Inwieweit Variabilität und Ähnlichkeitsgruppen von Menschen erbliche Ursachen haben, lässt sich heute populationsgenetisch untersuchen und älteren Typisierungen gegenüberstellen.

Im späten 20. Jahrhundert erstellten Molekularbiologen ein Dendrogramm der heutigen Menschen, sie verglichen die Gen-Häufigkeiten in 42 Populationen aus 5 Kontinenten (Abb. 1). Zur Ermittlung genetischer Distanzen dienten Gene bzw. Proteine, die in menschlichen Populationen in verschiedenen Ausführungen *(Allelen)* vorkommen, also variabel sind. Man geht davon aus, dass ein Allel in einer Population besonders häufig ist, wenn seine Entstehung weit zurückliegt und nicht der Selektion unterlag.

Menschen stimmen zu 99,9 % in ihrer DNA-Sequenz überein, nur 0,1 % sind variabel. Das gilt z. B. für die Allele A, B, 0 der Blutgruppen. Nur ein Bruchteil der variablen Gene beeinflusst äußerlich auffällige Merkmale wie die Hautfarbe des Menschen. Genetische Unterschiede betreffen lediglich die Häufigkeitsverteilung der variablen Gene. Dabei ist die genetische Variabilität innerhalb einer Menschenpopulation oft größer als zwischen Populationen verschiedener geografischer Regionen. Es gibt also z. B. größere genetische Unterschiede zwischen zwei Menschen schwarzer Hautfarbe, als zwischen einem Menschen schwarzer und einem weißer Hautfarbe. Die Analyse zeigt, dass wir „unter der Haut" alle Afrikaner sind.

Aufgabe

(1) Belegen Sie anhand Abbildung 1 und Abbildung 129.2, dass LINNÉS Menschenrassen keine Verwandtschaftsgruppen darstellen.

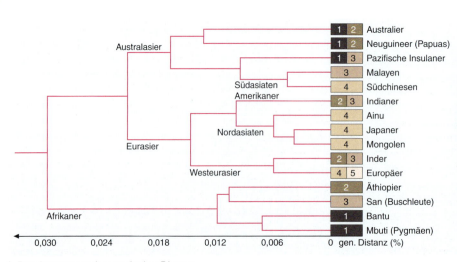

1 Dendrogramm mit genetischer Distanz

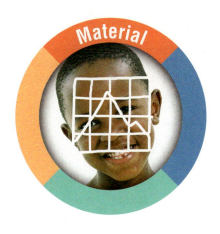

Hautfarbe und Sonnenlicht

Die Hautfarbe gehört zwar zu den offensichtlichsten geografischen Variationen beim Menschen, sie lässt aber keine Rückschlüsse auf die phylogenetische Verwandtschaft zu. Die Hautfarbe ist vielmehr ein Zeichen für die Variationsbreite des Menschen und für seine Anpassungsfähigkeit an die jeweiligen Lichtbedingungen. UV-Licht wirkt in vielfacher Hinsicht auf den Stoffwechsel ein.

Aufgaben

1. Die Färbung der Haut lässt sich auf das Pigment Melanin zurückführen. Es wird auch als „natürlicher Sunblocker" bezeichnet, denn es schützt die Haut vor der mutagenen Wirkung des UV-Lichtes und damit vor der Entstehung von Hautkrebs. Beschreiben Sie anhand Abb. 1.
2. Hautkrebs entsteht meist im fortgeschrittenen Alter von Menschen, die sich in der Vergangenheit zu hohen Sonnenintensitäten ausgesetzt haben. Was bedeutet das für ihre reproduktive Fitness?
3. Das UV-Licht der Sonne beeinflusst auch die Bildung und den Zerfall von Vitaminen. Beschreiben Sie anhand des Schemas (Abb. 3).
4. Folsäuremangel in der Schwangerschaft einer Frau erhöht das Risiko für Neuralrohrdefekte beim ungeborenen Säugling, Vitamin D-Mangel erschwert die Calciumaufnahme im Verdauungskanal und damit die normale Entwicklung des Skelettsystems.
   Begründen Sie, warum in sonnenreichen Regionen Menschen mit dunkler Hautfarbe begünstigt sind, in Regionen mit einer geringeren täglichen UV-Strahlung dagegen solche mit heller Hautfarbe.
5. Beschreiben Sie die Verteilung der Hautfarben auf der Erde (Abb. 2) und formulieren Sie eine evolutionsbiologische Erklärung.
6. Bei der geografischen Verteilung gibt es auch Abweichungen von der aufgrund der UV-Intensität erwarteten Hautfarbe, z. B. sind viele heutige Bewohner Australiens heller als die Ureinwohner *(Aborigines)*. Nennen Sie mögliche Ursachen, berücksichtigen Sie dabei die heutigen Lebensumstände der Menschen.

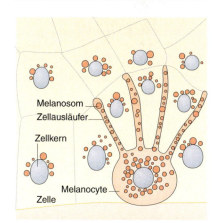

1 Melaninbildung in der Oberhaut

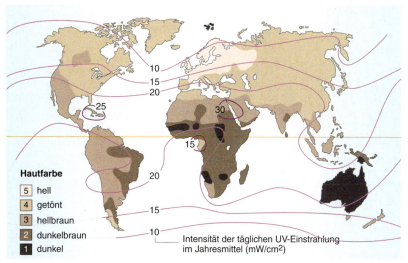

2 Geografische Verbreitung der Hautfarbe und UV-Einstrahlung

Hautfarbe
5 hell
4 getönt
3 hellbraun
2 dunkelbraun
1 dunkel

Intensität der täglichen UV-Einstrahlung im Jahresmittel (mW/cm^2)

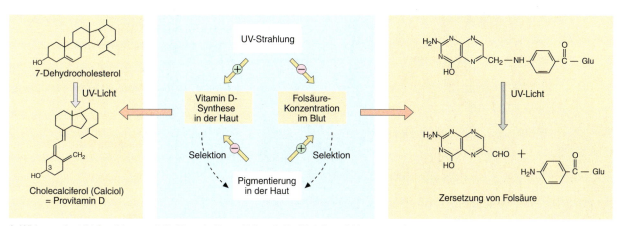

3 Wirkung der UV-Strahlung auf die Vitamin D- und Vitamin B- (Folsäure-) Konzentration

Ursprünge menschlichen Verhaltens

Evolutive Ursprünge menschlichen Verhaltens finden sich bei baumbewohnenden Primaten. Aus Vergleichen mit ähnlich lebenden heutigen Arten können wir vermuten, dass sie für Fluchten in den Baumkronen über gutes und räumliches Sehen verfügten und meist Kleingruppen mit einem komplizierten sozialen Geflecht ausbildeten. Grundbaustein war wahrscheinlich die Mutter-Kind-Einheit. Da Jungtiere getragen wurden, war es nur möglich, 1 bis 2 Junge gleichzeitig zu bekommen.

In den Anforderungen, im artenreichen Regenwald Nahrung zu finden, vermuten einige Forscher den Ursprung der *Intelligenz*. Dafür spricht, dass Affen, die die allgegenwärtigen Blätter fressen, in Tests geringere Intelligenzleistungen erbringen als Affenarten, die ein räumlich und zeitlich wechselndes Angebot von Blüten oder Früchten nutzen. Andere Wissenschaftler sehen in den Problemen, in einem komplizierten Sozialsystem zu leben, den Selektionsdruck, der *soziale Intelligenz* herausbildete.

Verwandtschaft innerhalb der Gruppe konnte einerseits über Verwandtenselektion die Ausbildung *altruistischer Verhaltensweisen* fördern, andererseits ermöglichte die Gedächtnisleistung zusammen mit individuellem Kennen ausgeprägtes Helfen auf Gegenseitigkeit. Dabei kann die Gegenleistung aus einem anderen Verhaltensbereich stammen. Sie kann für Futterteilen z. B. in ausgeprägter sozialer Fellpflege bestehen. Hier liegen Ursprünge für *Tausch* und *Handel*.

Verhaltensforscher beobachteten während ihrer Studien, dass Schimpansenmännchen vor Auseinandersetzungen mit Ranghöheren durch freundliches Verhalten versuchten, möglichst viele Gruppenmitglieder „auf ihre Seite zu bringen". Sie benutzten die Gruppe als *soziales Werkzeug* zum Erreichen ihrer Ziele. Die Verständigung innerhalb von sozialen Gruppen wurde durch die Entwicklung von Kommunikationssignalen (Mimik, Gestik, Laute) gefördert.

Zunehmende soziale Intelligenz ermöglichte einsichtiges Verhalten und die Entwicklung *technologischer Fähigkeiten*. Bei verschiedenen Schimpansengruppen entdeckte man unterschiedliche Formen von Werkzeugbenutzung und -herstellung (s. Seite 126). Diese werden durch Vorbild, Beobachtung und Nachahmung von Jungtieren übernommen, d. h. tradiert. Derartige Traditionen erlernter Informationen und Fähigkeiten stellen einfache tierische Kulturen dar und sind möglicherweise die Ursprünge menschlicher *Kulturgeschichte* (s. Seite 132 f.)

Bei Schimpansen liegt ein Ansatz von *Arbeitsteilung* der Geschlechter vor. Die Männchen jagen häufiger Beutetiere, wie z. B. kleine Wildschweine oder Colobusaffen, und teilen mit den Weibchen, die sich stärker durch Sammeln von Früchten ernähren.

Vorläufer der Australopithecinen standen im östlichen Afrika vor 5 bis 8 Millionen Jahren vor dem Problem, dass Trockenperioden zu einem langsamen Waldverlust führten. Es entstand ein Selektionsdruck zur Anpassung an die nun vorherrschenden Steppenbedingungen. Abnutzungsspuren der Zähne zeigen, dass sie hauptsächlich Früchte, Blätter und härtere Pflanzenteile fraßen. Die komplizierte Suche nach unterirdischen Knollen, Früchten und tierischer Nahrung förderte die Ausbildung der Intelligenz.

Für die Suche nach unterirdischen Pflanzenteilen diente der Grabstock. Tragwerkzeuge, wie Beutel oder Netze, wurden umso bedeutsamer, je stärker die Arbeitsteilung von Jägern und Sammlern voranschritt. Da auch heute noch bei tropischen Naturvölkern der Nahrungsgrundbedarf durch Pflanzen gedeckt wird, wird wohl auch in der Vergangenheit die Jagd nur eine untergeordnete Rolle gespielt haben. Erst der *Homo erectus* dürfte die Fähigkeit zur Großwildjagd erreicht haben.

1 Lebensbild von Australopithecinen (Modellvorstellung)

Druck mit beweglichen Lettern,
Johannes Gutenberg (um 1440)

Optische Telegrafen,
(um 1800)

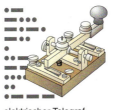

elektrischer Telegraf,
Samuel Morse (1837)

„Global Village", Internet
(seit ca. 1990)

Römische Capitalis
(ca.100 v. Chr.)

Griechisches Alphabet
(900 v. Chr.)

Phönikisches Alphabet
(1300 v. Chr.)

Ägyptische Bilderschrift
(ab 3000 v. Chr.)

Höhlenmalerei, Gravuren
(ab ca. 20 000 v. Chr.)

Kulturelle Entwicklung

Kultur entsteht in der Auseinandersetzung des Menschen mit seiner Umwelt. Zu den Kulturgütern gehören Sprache, Religion, Ethik, Kunst, Recht, Staat, Geistes- und Naturwissenschaften sowie die Umsetzung von Erkenntnissen aus der Erforschung der Natur in der Technik. Die Entwicklung und Weitergabe von Kulturgütern ist ein Artmerkmal des Menschen, das man bei allen Völkern antrifft.

Die *kulturelle Entwicklung* vollzog sich im Vergleich zur biologischen Evolution des *Homo sapiens* in atemberaubendem Tempo. Innerhalb von etwa 10 000 Jahren entwickelten sich aus umherziehenden Gruppen von Jägern und Sammlerinnen Industriegesellschaften. Als Ursache hierfür kommen insbesondere drei biologische Merkmale des Menschen in Betracht:

— Ein stark entwickeltes *Großhirn*, das es ermöglicht, lebenslang zu lernen und kreativ zu sein.
— Die Fähigkeit des *Kehlkopfs*, differenzierte Laute zu bilden als Voraussetzung zur sprachlichen Kommunikation.
— Die *Greifhand* mit dem opponierbaren Daumen, die es erlaubt, Werkzeuge herzustellen und zu gebrauchen.

Der Geschwindigkeitsunterschied zwischen biologischer und kultureller Entwicklung ist gewaltig. Dies zeigt, dass unterschiedliche Mechanismen wirksam sind. Während die Evolution mit einem ungeheuren Aufwand an Material und Zeit vergleichsweise mühsam über Mutation und Selektion zufällig hin und wieder neue, für ihren Träger geeignetere Eigenschaften hervorbringt, können Menschen zielgerichtet für Erweiterung und Weitergabe ihres Wissens sorgen. Jede Generation schöpft aus dem Vorrat an Erfahrungen und Kenntnissen ihrer Vorfahren. Durch Übernahme von Wertvorstellungen sowie Verhaltensweisen und Techniken zur Beherrschung der Umweltbedingungen entstehen Traditionen. Dieser Informationsfluss wird durch die vergleichsweise lange Jugendzeit und die engen Beziehungen zwischen mehreren Generationen begünstigt. Je besser die Möglichkeiten zur Informationsspeicherung und -verbreitung wurden, um so schneller haben sich die Kenntnisse vermehrt und verbreitet. Als besonders einschneidende Ereignisse auf diesem Weg sind die Erfindung des Buchdrucks im 15. Jahrhundert und die Entwicklung der Mikroelektronik in neuester Zeit zu bewerten. Mithilfe solcher Medien werden Kenntnisse, die der Einzelne im Laufe seines Lebens erwirbt, unter Umgehung des genetischen Systems in nachfolgende Generationen eingebracht. So betrachtet, verläuft die kulturelle Entwicklung teilweise nach lamarckistischen Gesetzen. Die Folge ist, dass ein einschneidender kultureller Wandel innerhalb einer einzigen Generation auftreten kann.

Als Merkmale unterliegen auch Kulturgüter der Selektion. Im Gegensatz zur biologischen Evolution werden die Merkmale selbst und nicht ihre Träger, die Individuen, selektiert. Der Computer z. B. ersetzt heute in vielen Fällen die Schreibmaschine. Das liegt an den Vorteilen des Geräts, jedoch nicht daran, dass Computerbenutzer mehr Nachkommen hätten. Auf veränderte Selektionsbedingungen kann infolge der lebenslangen Lernfähigkeit des Menschen bereits innerhalb einer Generation reagiert werden.

Durch Technik und Medizin macht sich der Mensch teilweise von den natürlichen Selektionsbedingungen unabhängig. Oft werden ursprüngliche Verhältnisse ins Gegenteil verkehrt. Nicht die Umwelt bewirkt die Anpassung des Menschen, sondern mithilfe der Technik wird die Umwelt in kürzester Frist den Bedürfnissen des Menschen entsprechend verändert. Dies ist nicht immer zum Nutzen der Umwelt und hat, wenn auch oft zeitlich stark verzögert, negative Folgen für den Menschen selbst. In jedem Fall beeinflusst der Mensch mit Veränderungen seiner Lebensbedingungen die weitere Evolution seiner Art und die des Lebens auf der Erde.

Kulturenvielfalt und menschliche Universalismen

Kulturelle Vielfalt

Die Fähigkeit zu lernen ermöglicht es nicht nur den Menschen, ihr Verhalten an kurzfristige Veränderungen oder lokale Besonderheiten der Umwelt anzupassen und dieses Verhalten durch Nachahmung von der vorherigen Generation zu übernehmen. Lebensräume, wie Kältesteppen, Regenwälder oder Savannen erfordern unterschiedliche Werkzeuge und Ernährungsstrategien, ermöglichen oder erfordern aber auch verschiedene Sozialformen und moralische sowie religiöse Vorstellungen.

Traditionelle Vorstellungen

Die traditionelle Vorstellung der Anthropologie sah im menschlichen Gehirn einen bei der Geburt leeren und später von außen programmierten Allzweck-Computer. Nach dieser Vorstellung war menschliches Verhalten ein ausschließ-

lich soziales Produkt. Der Anthropologe BROWN fasst die herkömmliche Theorie so zusammen: „Kultur verläuft willkürlich und kann innerhalb einer Gesellschaft unzählige Formvariationen annehmen. Menschliches Verhalten wird grundsätzlich durch Kultur und nicht etwa durch Biologie oder Genetik bestimmt." Vom Ende des 19. Jahrhunderts zum Teil bis heute vertreten Anthropologen diese Idee. Gemeinsame biologisch determinierte Verhaltensweisen waren danach weder nötig noch möglich.

Der neue Erklärungsansatz

Neuere Untersuchungen zeigen, dass diese Vorstellungen vom leeren Allzweck-Computer-Gehirn, das von außen programmiert wird, falsch sind. TOOBY und COSMIDES belegen, dass das menschliche Gehirn viele „Module" enthält, die für verschiedene Problemlösungsfelder zuständig sind und Verhaltensprogramme steuern. Diese müssen für alle gleich sein *(Universalismen)*, da sie in den rund zwei Millionen Jahren evolvierten, in denen unsere Vorfahren in Sammlerinnen- und Jägerkulturen lebten. Die wenigen Jahrtausende, die moderne Kulturen, wie z. B. Ackerbauern, existieren, konnten keine evolutiven Veränderungen am Gehirn bewirken.

Daraus folgt zwangsläufig, dass alle Menschen weltweit ein gemeinsames „Grunddesign" besitzen müssen.

Kulturerwerb

Bis vor kurzer Zeit glaubte man, dass die von Erwachsenen vorgelebte Kultur von den Kindern passiv übernommen würde *(Tradition)*. Inzwischen hat man erkannt, dass diese Übernahme durch Kinder ein sehr aktiver, aber auch selektiver Vorgang ist. Kinder suchen aus dem, was sie umgibt, „kulturelle Einheiten" heraus. Daher spricht man heute lieber von „rekonstruierter" oder „adoptierter" Kultur. Jedes Kind wird in eine Gruppe mit Verhaltensregeln und Moralvorstellungen hineingeboren, beobachtet das Verhalten der Gruppenmitglieder und

erschließt die in den Köpfen der anderen vorherrschenden Regeln und Überzeugungen, um Vorhersagen über mögliche Reaktionen und Verhaltensweisen machen zu können. Nur so ist Kommunikation möglich. Dabei wird besonders gut von Verwandten, Freunden und erfolgreichen Personen gelernt. Je weniger die Vorstellungen der Kommunikationspartner übereinstimmen, desto schwieriger wird die Kommunikation. Dadurch entsteht beim Besuch fremder Länder der sogenannte *Kulturschock*. Die Übernahme von Wertvorstellungen scheint prägungsähnlichen Charakter zu haben, sodass einmal erlernte Werte später schwer oder gar nicht verändert werden können.

Universalismen

Merkmale, die alle Menschen gemeinsam haben, nennt man *Universalismen*. Zu ihnen gehören u. a.

a) die Sicht der Welt, d. h. Menschen erleben sich als das Zentrum ihrer Welt, vermenschlichen Tiere und Objekte, denken in Kausalketten und nicht vernetzt und können sich transzendente Wesen vorstellen.

b) das Leben in Gruppen, d. h. Menschen leben in geschlossenen, strukturierten Gruppen, haben große Teile der Mimik und deren Verstehens gemeinsam, bevorzugen Verwandte, erkennen soziale Betrüger, bilden Dialekte, Stammes- und Statusabzeichen aus, erleben sich als die „wahren Menschen" und misstrauen Fremden *(Ethnozentrismus)*, entwickeln gemeinsame Normvorstellungen und lieben Klatsch.

c) die Sexualität, d. h. Menschen entwickeln ein Inzesttabu, besitzen übereinstimmende Partnerwahlkriterien und zeigen geschlechtsspezifische Eifersuchtsreaktionen.

Die meisten Morde weltweit werden von eifersüchtigen Männern begangen, die sexuelle Untreue am stärksten fürchten, während die Frauen emotionale Untreue stärker eifersüchtig macht.

Für die Inuit, die sich fast ausschließlich von Meerestieren ernähren, wohnt ihre wichtige Göttin Sedna, die über die Tiere der See herrscht, bezeichnenderweise auf dem Boden des Meeres.

Die starke Übereinstimmung der Werkzeuge in verschiedenen Kulturen ist leicht zu verstehen, da sie an ihrem Funktionieren gemessen werden und es für bestimmte Probleme oft nur eine Lösung gibt. Die Richtigkeit transzendenter Vorstellungen lässt sich nicht kontrollieren.

Partnersuche

Untersuchungen in verschiedenen Kulturen weltweit haben aufgedeckt, dass Männer und Frauen sich in den Kriterien der Partnerwahl unterscheiden, dass die Vorstellungen der Männer und Frauen untereinander jedoch weitgehend übereinstimmen.

> **Netter aufgeschl. Er,** stud., sportl., schlank., 48 J., 177 cm, naturverb., einfühlsam möchte schl. jüngere, gutauss. Frau mit Bildung und Niveau für einen späteren gemeinsamen Weg kennenlernen. Chiffre ✉ 684150667A

> **Akademikerin,** 52 J., 162 cm, jugendlicher Typ, blond, 50 kg, Normalfigur, wünscht für eine dauerhafte Beziehung den warmherzigen aufgeschlossenenen Partner. Bild wäre schön. Chiffre ✉ 157468066A

Frauen und Männer suchen beide nach intelligenten, freundlichen und verständnisvollen Partnern. Männer bewerten körperliche Attraktivität stärker als Frauen. Diese legen mehr Wert auf gute Verdienstmöglichkeiten des Partners als die Männer.

Werkzeuge und Götter

Vor rund 20 000 Jahren waren die Kulturen weltweit annähernd gleich, die Menschen benutzten Steinwerkzeuge, die sich weltweit nur in Feinheiten unterschieden. Alle Unterschiede, die wir heutzutage sehen, sind in der Zeit danach vom Menschen in lokalen Populationen entwickelt worden. Dabei sind ihre Werkzeuge — je nach Funktion — oft

sehr ähnlich, deren Verzierung, der Körperschmuck der Menschen und ihre Vorstellung von Göttern unterscheidet sich jedoch stark. Aber dennoch findet man oft Übereinstimmungen. So lokalisieren Jägerkulturen, die sich auf Wanderungen an Gestirnen orientieren, ihre Götter meist im Himmel, die Götter der Ackerbauern sind oft weiblich und in der Erde.

Habitatwahl

Ein für unsere Vorfahren geeigneter Lebensraum musste verschiedene Erwartungen erfüllen: Er musste Wasser und Nahrung liefern, überschaubar sein und Schutz bieten. Für diesen Schutz spielten mit Sicherheit Bäume eine wichtige Rolle, aber nur, wenn sie gut zu erklettern waren und Sichtschutz boten. Da die Savanne die längste Zeit der Lebensraum unserer Vorfahren war, ist zu erwarten, dass deren Landschaftsmerkmale auch heute noch von Menschen bevorzugt werden.

Folgt man den Wünschen vieler Eigenheimbauer, so würden die meisten ein Grundstück in einer leicht hügeligen Landschaft mit einem See oder Fluss bevorzugen. Das Grundstück sollte eine leichte Bepflanzung mit Büschen und Bäumen haben, aber den Blick auf das Ufer und die Landschaft nicht verstellen. Evolutionspsychologen erkennen in dieser Landschaft die Savanne wieder, in der sich unser Gehirn entwickelte.

Savanne

Wüste

Steppe

Regenwald

Prärie

Die Zukunft des Menschen

Die Zukunft des Menschen ist nicht nur ein akademisches Thema, sondern auch eine Frage und insbesondere eine Aufgabe, die uns alle angeht, denn sie betrifft unser eigenes Leben von morgen. Die Verantwortung für unsere Kinder und für eine lebenswerte Umwelt fordert von uns allen, uns über die anstehenden Probleme zu informieren und unser Wissen an geeigneter Stelle in die Tat umzusetzen.

Die Zukunft sind Sie!

Wissenschaftliche Prognosen

„Wenn es mit dem Verkehrsaufkommen in den Städten so weitergeht, werden die Straßen in ein paar Jahren von einer 15 cm dicken Schicht Pferdemist bedeckt sein." Diese Prognose aus dem 19. Jahrhundert erwies sich glücklicherweise als nicht zutreffend, denn die Erfindung des Automobils machte Pferdekutschen sehr schnell überflüssig. Dafür brachte der Autoverkehr neue, andere Probleme, von denen man zur damaligen Zeit noch nichts ahnen konnte.

Die meisten wissenschaftlichen *Prognosen* vergleichen Daten der Vergangenheit mit solchen der Gegenwart und ermitteln daraus einen Trend für die Zukunft. Solche Extrapolationen und lineare Modelle können zukünftige qualitative Neuerungen normalerweise nicht berücksichtigen, sie sagen eher etwas darüber aus, „Was wäre, wenn alles so weitergeht?" und können so auch eine Mahnung für verantwortungsbewusstes Handeln sein. Es ist also nicht zwangsläufig das Ziel der Prognose, die wirkliche Zukunft vorauszusagen.

„Unser Ziel ist die gemeinsame Sorge und Verantwortung um bzw. für die Zukunft der Menschheit!" So definiert der *Club of Rome* das Ziel seiner Arbeit. Aufsehen erregte die nicht kommerzielle Organisation mit dem 1972 veröffentlich-

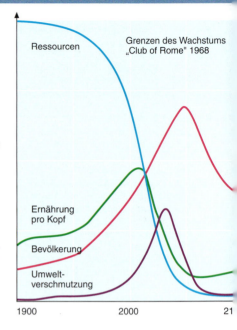

ten Bericht „Die Grenzen des Wachstums" (Friedenspreis des Deutschen Buchhandels 1973), wonach bei einem fortgesetzten wirtschaftlichen Wachstum im Jahr 2100 Hungersnöte und Rohstoffprobleme drohten. Das Buch wurde von DENNIS MEADOWS zusammengestellt und über 12 Millionen mal in 37 Sprachen verkauft.

Prophezeiungen und Orakel

Die Zukunft steht in deinen Händen!" behaupten Handleser und geben vor, in den Linien der Handflächen wie in einem offenen Buch lesen zu können. Beugelinien entstehen durch den engen Kontakt zwischen äußeren und tieferen Hautschichten. Sie bilden sich nicht erst durch Bewegungen der Hand, sondern sind schon beim Neugeborenen zu sehen. Tests, bei denen der gleiche Handabdruck verschiedenen Handlesern vorgelegt wurde, zeigten große Abweichungen in den Wahrsagungen. Die Trefferquote lag bei nur 1 %, zutreffende Vorhersagen waren also rein zufällig.

Wahrsagungen bedienen sich oft sogenannter „Barnum statements". Das sind Aussagen, die auf jede Person zutreffen. Untersuchen Sie das Horoskop für Ihr Sternzeichen in verschiedenen Zeitschriften daraufhin.

Schon immer war der Mensch neugierig auf seine Zukunft. Präsentieren Sie eine kleine Kulturgeschichte der Wahrsagungen, Traumdeutungen, Horoskope und Orakel.

Science Fiction

Reisen durch die Zeit und zu fernen Galaxien — Science Fiction macht es möglich! Das Wort ist eine Kombination von „Science", also (Natur-) Wissenschaft und „Fiction", also (Er-) Dichtung in Wort und Bild.

Bekannte Vertreter dieser Richtung sind in der Literatur z. B. JULES VERNE (20 000 Meilen unter dem Meer, Reise um den Mond), GEORGE ORWELL (1984), ALDOUS HUXLEY (Schöne neue Welt), H. G. WELLS (Krieg der Welten, Zeitmaschine). Es gab und gibt viele erfolgreiche Science Fiction-Filme, wie Planet der Affen, Matrix, X-Man, I Robot usw.

Science Fiction soll einerseits unterhalten und fesseln, drückt andererseits aber auch die Unsicherheiten, Befürchtungen und Hoffnungen für die Zukunft aus, die durch wissenschaftliche Erkenntnisse und technische Neuerungen

ÖKOLOGIE
SOZIALES
ÖKONOMIE

„Nachhaltige Entwicklung"

Entwickeln Sie einen Maßnahmenkatalog, der die Menschheit zukunftsfähig macht. Erörtern Sie, inwieweit das Konzept der „nachhaltigen Entwicklung" die Mahnungen der Wissenschaftler ernst genommen und umgesetzt hat.

Träume und Visionen

„Imagine all the people, living life in peace—you may say, I'm a dreamer, but I'm not the only one...
John Lennon, 1971

Plastik „Knotted Gun" vor dem UN-Gebäude in New York

I have a dream that one day this nation will rise up and live out the true meaning of its creed: „We hold these truths to be self-evident: that all men are created equal."
Martin Luther King, 1963

Träume sind oft gleichbedeutend mit Zukunftswünschen. Machen Sie Interviews, in denen Ihr Gesprächspartner den Satz „Ich habe einen Traum ..." vollenden soll.

Zukunftsmenschen

Unterscheidet sich der Mensch der Gegenwart von dem der Vergangenheit und wie wird der Mensch der Zukunft aussehen? Wird er alle biologischen Unzulänglichkeiten durch technische Ersatzteile ausgetauscht haben und einem Roboter gleichen? Oder wird sein Körper mit Ausnahme des Daumens fett und schwammig sein, sodass er selbsttätig gerade noch die Tastatur für Handy, PC und TV bedienen kann? Oder wird der Mensch dank Gentechnik alle Krankheiten besiegt haben, aber sich individuell kaum noch von seinem Nachbarn unterscheiden? Oder kommt der Mensch doch noch zur Vernunft und lebt in Frieden und Eintracht mit seinen Mitmenschen und der Natur?

Viele Biologen meinen, dass sich die Biologie des Menschen und seine Gene in den letzten 100 000 Jahren kaum geändert haben, die Weiterentwicklung fand vor allem auf kultureller Ebene statt. Diskutieren Sie, ob sich das durch Gentechnik, Stammzelleneinsatz und pränatale Diagnostik ändern könnte.

ausgelöst werden. Teilweise befasst sie sich auch mit deren mögliche Auswirkungen auf das gesellschaftliche Leben.

Bereiten Sie eine Buchausstellung zum Thema „Science Fiction" vor, kombinieren Sie diese mit Lesungen, Audio- und Videovorführungen oder Theaterszenen. Gehen Sie dabei kritisch auf die realistischen und fiktiven Anteile der Werke ein.

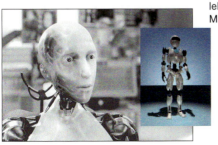

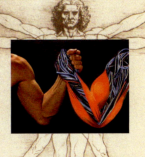

Wie stellen Sie sich den Menschen der Zukunft vor? Machen Sie eine Umfrage und stellen Sie die Ergebnisse in einer Collage dar.

Chemische Evolution: organische Makromoleküle entstehen

Am Anfang war ein Knall. Das besagt die *Urknalltheorie*, wonach sich vor 10 bis 20 Mrd. Jahren Raum und Materie gleichzeitig ausdehnten und mit einem Urknall die Entstehung des Universums einleiteten. Nach dieser Theorie betrug die Temperatur 10^{11} K, Materie existierte nur in Form von Elementarteilchen. Mit der Ausdehnung des Universums sanken Temperatur und Strahlungsenergie, bei 3000 K bildeten sich als erste Atome Helium und Wasserstoff. Zusammenballungen von Partikeln ließen die Planeten entstehen. Vor etwa 4 bis 5 Mrd. Jahren war unsere Erde ein glutflüssiger Planet ohne Atmosphäre, der langsam abkühlte. Dabei bildete sich eine feste, Wärme isolierende Kruste. Aus dem flüssigen Erdinneren emporsteigende Gase ließen eine sauerstofffreie *Uratmosphäre* entstehen, die Umwelt war beherrscht von Blitzen, Radioaktivität, Vulkanismus, Meteoriteneinschlägen und starker UV-Strahlung. Vor etwa 4 Mrd. Jahren unterschritt die Atmosphäre die 100 °C-Grenze, Wasserdampf kondensierte und es bildeten sich Urmeere. In diesen *Urmeeren* entwickelte sich nach heutiger Auffassung vor etwa 4 bis 3,5 Mrd. Jahren das Leben aus unbelebter Materie.

Die frühe Phase dieser *chemischen Evolution* kann man modellhaft rekonstruieren. Eine reduzierende Uratmosphäre vermuteten HAROLD UREY und STANLEY MILLER (1953) als Ausgangsbedingung für ihre Modellversuche.

Sie simulierten die Umweltbedingungen auf der frühen Erde in einem dicht verschlossenen Versuchsgefäß mit einem Gemisch aus Methan, Kohlenstoffdioxid, Stickstoff, Ammoniak, Wasserdampf und Wasserstoff (Abb. 1). Elektrische Entladungen simulierten Blitze, Erhitzen und Abkühlen die Temperaturschwankungen. Nach einigen Tagen ließen sich Aminosäuren und andere organische Moleküle nachweisen.

Andere Wissenschaftler versuchten, weitere mögliche Bedingungen der Urerde in ähnlichen Versuchen zu simulieren. Sie verwendeten zusätzlich UV-Strahlung und setzten Lavagestein und Tonmineralien ein, die katalytisch wirksame Oberflächen besitzen. In diesen Versuchen entstanden nicht nur die in Nucleinsäuren vorkommenden Basen, sondern auch ATP, alle 20 biologisch relevanten Aminosäuren und viele Kohlenhydrate. Alle wichtigen Grundbausteine des Lebens können also unter solchen einfachen abiotischen Bedingungen entstehen — vermutlich erfolgte das auch in den Urmeeren.

Organische Moleküle werden in sauerstofffreier Umgebung nicht oxidiert, sie sammelten sich allmählich in einer *„Ursuppe"* an. Man vermutet, dass sich auf Gesteinen organische Filme bildeten, auf denen polymere Makromoleküle entstanden. Im Versuch ließen sich auf diese Weise Polypeptide *(Proteinoide)* herstellen. Laborexperimente zei-

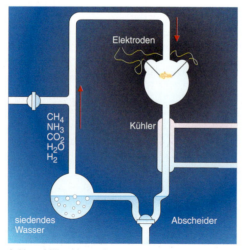

1 Urey-Miller-Versuch

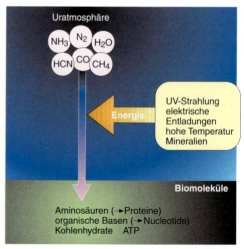

2 Biomoleküle aus einfachen Verbindungen

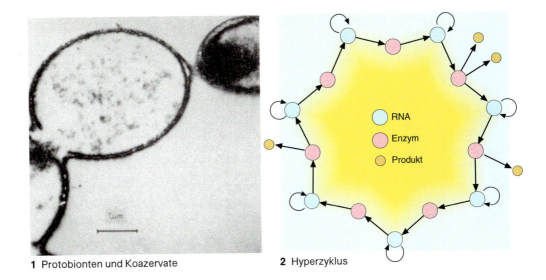

1 Protobionten und Koazervate

2 Hyperzyklus

RNA

Enzym

Produkt

Mikrosphären
Hohlkugeln aus Proteinoiden in kaltem Wasser

Liposomen
durch eine Membran abgegrenzter Reaktionsraum

Koazervate
Tröpfchen, die sich aus einer Lösung von Polypeptiden, Nucleinsäuren und Kohlenhydraten selbst assoziieren

Protobionten
einfachste Lebensform, Vorläufer der Zellen

gen, dass Proteinoide sich in kaltem Wasser von selbst zu winzigen Hohlkugeln zusammenlagern. Diese Tröpfchen werden als *Mikrosphären* bezeichnet. Werden Reaktionsräume in Lösungen durch Lipidmembranen abgegrenzt, so spricht man von *Liposomen*. Deren Semipermeabilität ermöglicht osmotische Vorgänge. Tropfen, die sich aus Polypeptiden, Nucleinsäuren und Polysacchariden bilden, sind *Koazervate*.

Koazervate können Substrate aus der Umgebung absorbieren und in veränderter Form wieder abgeben, sie weisen also bereits einen einfachen Stoffwechsel auf. In der Ursuppe entstand vermutlich ein Gemisch aus verschiedenen abgegrenzten Reaktionsräumen, von denen einige schnell zerfielen, andere sich durch Aufnahme weiterer Stoffe vergrößerten. Sie bildeten Ableger oder Tochterbläschen, sie wuchsen und vermehrten sich, und das umso mehr, je besser sie an ihre Umwelt adaptiert waren. Diese Vorformen der lebenden Zelle in der Ursuppe, die *Protobionten*, besaßen damit biologische Eigenschaften.

Allerdings konnten die Protobionten-Ableger die günstigen Eigenschaften ihrer Erzeuger nur übernehmen, wenn ein Stoff diese Information speichern, verdoppeln und weitergeben konnte. Hierfür dienen bei allen uns heute bekannten Lebewesen die *Nucleinsäuren*: DNA wird in RNA transkribiert und in Proteine translatiert, die letztlich wieder die DNA-Synthese *(Replikation)* katalysieren. Diese komplexe DNA-RNA-Proteinwelt muss sich aus einfacheren Vorläufern entwickelt haben.

Molekularbiologen vermuten, dass bei der Entstehung des Lebens RNA als erster Informationsträger auftrat, sie sprechen von einer „Welt der RNA". Für RNA als Ur-Erbinformationsträger sprechen verschiedene Befunde: Kurze Stränge von RNA können abiotisch entstehen. RNA stabilisiert sich selbst durch teilweise Basenpaarung, die damit eine charakteristische Gestalt besitzt. Die genetische Information dafür liegt in ihrer Nucleotidsequenz. Außerdem gibt es RNA mit katalytischen Fähigkeiten. Solche *Ribozyme* entfernen zum Beispiel die Introns aus der m-RNA oder synthetisieren RNA. RNA kann sich also selbst reproduzieren, sie wirkt autokatalytisch. Kopierfehler erzeugen RNA-Varianten, die in einer RNA-Welt um Bausteine konkurrieren. Im Reagenzglas lässt sich eine Selektion von RNA-Molekülen tatsächlich beobachten. RNA kann später als einfache Matrize für Aminosäuren gedient haben.

Wenn Proteine und RNA auf einfache Weise zusammenarbeiten, können bereits kleine Systeme entstehen, die aber noch nicht unabhängig arbeiten. Mehrere solcher Systeme können dann durch Kooperation ein neues, sich selbst erhaltendes System (*Selbstorganisation*) bilden, das man *Hyperzyklus* nennt (Abb. 2). Ein Hyperzyklus in einem Koazervat-Bläschen besitzt dann schon Basiseigenschaften eines lebenden Organismus.

Zwar bleibt die Entstehung des Lebens letztlich im Bereich wissenschaftlicher Spekulationen, aber diese sind begründet, fußen auf wissenschaftlichen Ergebnissen und zeigen einen prinzipiellen Weg auf, wie Leben entstanden sein könnte.

Frühe biologische Evolution: erste lebende Zellen

Stromatolithen

Stromatolithen
gr. *stroma* = Lager
gr. *lithos* = Gestein

Die ersten lebenden Zellen entstanden nach heutigem Verständnis in der *Ursuppe*. Wann dies war, ist nicht so leicht zu beurteilen. Die Gesteine aus der fraglichen Zeit sind meistens erodiert oder durch geologische Prozesse sekundär umgeformt worden. Zugängliche Gesteinsformationen, die unversehrt scheinen, findet man u. a. noch in Australien, Grönland und Südafrika. Aus fossilen Belegen dieser Gesteine lässt sich die Geschichte des Lebens rekonstruieren. Demnach finden sich erste geochemische Andeutungen von Lebensprozessen in 3,7 Mrd. Jahre alten Gesteinen, morphologisch erhaltene Fossilien fehlen aber noch.

Erste fossile Zellen stammen aus 3,5 Mrd. Jahre alten Sedimentgesteinen, den *Stromatolithen* (s. Randspalte). Diese bestehen aus teppichartigen Kolonien von Bakterien, zwischen denen sich Sedimente verfingen. In älteren Stromatolithen findet man Zellen, die den noch heute existierenden Cyanobakterien ähneln.

Leben braucht Energie. Wahrscheinlich ernährten sich die ersten Urzellen anaerob von den organischen Molekülen in der Ursuppe, vielleicht auch von weniger erfolgreichen Urzellen. Es waren also *heterotrophe Protocyten*. Die Nahrungsressourcen waren aber nicht unbegrenzt und verknappten zwangsläufig. Diese Situation begünstigte Zellen, die ihren Energiebedarf aus anderen Quellen decken konnten, wie z. B. der Nutzung anorganischer Reaktionen. Doch auch die dafür erforderlichen Mineralstoffe waren knapp.

Nur eine Energiequelle war und ist ständig und in ausreichender Menge vorhanden: Es ist das Sonnenlicht. Die Lichtnutzung in der Fotosynthese brachte daher die entscheidende Wende in der Geschichte des frühen Lebens. Heutige Pflanzen gewinnen in den lichtabhängigen Reaktionen aus Wasser Elektronen bzw. Wasserstoff für die lichtunabhängigen Synthesereaktionen. Dabei setzen sie Sauerstoff frei.

Die ersten fotosynthetischen Zellen verwendeten wahrscheinlich noch Schwefelwasserstoff (H_2S) statt Wasser. Erste geochemische Indizien, die auf das Vorkommen von elementarem Sauerstoff hinweisen, sind in 2,7 Mrd. Jahre alten Gesteinen zu finden. Dies markiert wahrscheinlich die Entstehung der Cyanobakterien. Chemische Indizien aus Ölschiefern zeigen, dass in allen Gewässertypen neben Stromatolithen in der lichtdurchfluteten Schicht Mikrobenmatten und wahrscheinlich auch diverse Planktonorganismen entstanden.

Die Verwendung von Wasser in der Fotosynthese war ein wichtiger Schritt in der Geschichte des Lebens, denn nun reicherte sich Sauerstoff in der Atmosphäre an und allmählich entstand aus der anaeroben Uratmosphäre die Luft in ihrer heutigen Zusammensetzung (Abb. 1). Für viele anaerobe Urzellen war dies eine Umweltkatastrophe, denn Sauerstoff war für sie ein starkes Gift. Nun hatten *heterotrophe Prokaryoten* einen Vorteil, die Sauerstoff aerob mit hoher Energieausbeute nutzen konnten.

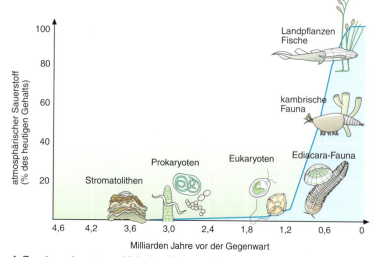

1 Zunahme des atmosphärischen Sauerstoffs

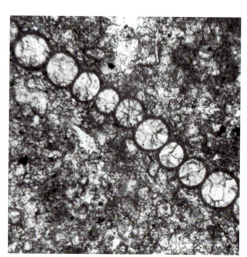

2 Beispiel für ein Mikrofossil

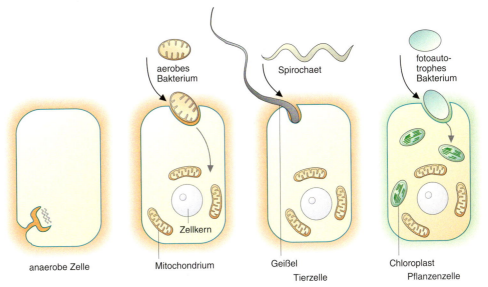

1 Endosymbiontenhypothese

- aerobes Bakterium
- Spirochaet
- fotoautotrophes Bakterium
- Zellkern
- anaerobe Zelle
- Mitochondrium
- Geißel / Tierzelle
- Chloroplast / Pflanzenzelle

Endosymbiontenhypothese: Eukaryoten entstehen

Endosymbiose
gr. *endo* = innen
gr. *symbiosis* = Zusammenleben

Form der Symbiose, bei der der Symbiont innerhalb des Wirtsorganismus lebt

Das Leben auf dem Planeten Erde war allein von Prokaryoten beherrscht, bis vor rund 2 Mrd. Jahren die ersten Eukaryoten auftraten. Wie der neue Zelltyp der *Eucyte* mit Zellkern, Plastiden und Mitochondrien aus dem ursprünglichen Zelltyp Protocyte entstand, ist weder fossil noch durch Übergangsformen belegt.

Daher ist man auf Hypothesen angewiesen, die sich auf cytologische Besonderheiten der Plastiden und Mitochondrien gründen:

- Plastiden und Mitochondrien haben zwei Biomembranen, dabei ähnelt die innere Membran der Protocyten-Membran, die äußere ist eine typische Eucyten-Membran.
- Sie verfügen über eigene Ribosomen, die sich deutlich von denen des Zellplasmas unterscheiden, aber mit denen von Prokaryoten übereinstimmen.
- Sie können sich selbstständig durch Teilung vermehren, denn sie besitzen eine eigene DNA, die wie die der Prokaryoten histonfrei, ringförmig geschlossen und haploid ist.
- Ihre Proteinbiosynthese wird durch dieselben Antibiotika gehemmt wie bei Prokaryoten.
- In Chloroplasten findet man das gleiche Chlorophyll wie in Cyanobakterien.

Die Vermutung liegt nahe, dass die Gemeinsamkeiten zwischen den Eukaryoten-Organellen und den Prokaryoten auf eine phylogenetische Verwandtschaft zurückzuführen sind.

Die *Endosymbiontenhypothese* besagt: Vorläufer der Eukaryoten umschlossen Prokaryoten wie bei der Phagocytose mit einem Membranbläschen und nahmen sie in ihre Zelle auf. Aufgenommene Bakterien wurden nicht verdaut, sondern blieben intakt und entwickelten sich zu Mitochondrien, aufgenommene Cyanobakterien zu Plastiden. Die Eukaryoten profitieren von den Stoffwechselprodukten ihrer Endosymbionten, diese von der konkurrenzarmen, ressourcenreichen neuen Umwelt. Tatsächlich kennt man heute noch lebende Einzeller mit endosymbiontischen Cyanobakterien. Unklar bleibt die Entstehung des diploiden Zellkerns. Man vermutet, dass die ersten Eukaryoten doppelkernig waren und das genetische Material mit ER-Membranen umgaben. Noch heute gibt es einfache doppelkernige Einzeller (s. Randspalte).

Die Eucyte ist also eigentlich ein Mosaik von Zellen mit unterschiedlicher taxonomischer Herkunft. Neue Arten entstehen also nicht nur durch die Aufspaltung von Arten, sondern auch durch deren Kombination — die Zweige eines Stammbaumes können unter bestimmten Bedingungen zusammenwachsen. Symbiosen können ein Motor der Evolution sein, denn sie vergrößern wie Mutation und Rekombination die Vielfalt.

Aufgabe

① Nennen Sie weitere Beispiele für die Entstehung neuer taxonomischer Gruppen durch die Kombination von Arten.

Diplomonaden

Mehrzeller entstanden mehrmals in der Evolution

Die Evolution der Lebewesen liest sich wie eine Liste von Erfindungen eines Patentamtes. Nach der Entwicklung der Fotosynthese durch die Prokaryoten und der Bildung der Eucyte als zusammengesetzter Superzelle wird sie durch weitere *Kompartimentierung* komplexer und leistungsfähiger: Das Zellvolumen einer Eucyte ist etwa 40-mal so groß wie das einer Protocyte, die Zelloberfläche ist dagegen relativ klein. Der Stoffaustausch über die Zellmembran reicht nicht mehr aus, um das Cytoplasma zu versorgen. Innerhalb der Zelle werden die Transportwege für Diffusion zu lang. Eucyten vergrößern die innere Oberfläche auf das Fünfzigfache, indem sie aus Membranen Einstülpungen, Falten und Röhren bilden, die als neue Verteiler dienen. Außerdem wird der große Zellkörper durch ein *Cytoskelett* aus Proteinfilamenten gestützt.

Die eukaryotischen Einzeller *(Protista)* ernährten sich sehr unterschiedlich. Manche konnten die Ernährungsweise offenbar auch je nach Umweltbedingungen wechseln. In nährstoffreicher Umgebung gaben einige Zellen Enzyme ab und nahmen dann die gelösten Stoffe wieder auf, sie waren die Vorfahren der heutigen *Pilze.* Dies war aber nicht die einzige Form heterotropher Ernährung. Die Aufnahme fester Nahrungsbestandteile und Beweglichkeit führten zur Evolution der *Tiere.* Verschiedene autotrophe Formen entstanden möglicherweise allein schon durch die Aufnahme von verschiedenen autotrophen Zellen als Endosymbionten. Das könnte die vielfältigen Plastidentypen der heutigen Rotalgen, Braunalgen und Grünalgen erklären. Aus Grünalgen entwickelten sich letztlich die *Pflanzen.*

In allen Fällen sind der Größe von Einzellern Grenzen gesetzt, denn eine bestimmte Kern-Plasma-Relation darf nicht unterschritten werden, damit der Zellkern den Zellstoffwechsel steuern kann. Die Entwicklung der *Mehrzelligkeit* erfolgte offenbar mehrmals konvergent bei Tieren, Pilzen, Algen und Pflanzen. Mehrzelligkeit entstand erst gegen Ende des Präkambriums, vor etwa 700 Mio. Jahren. Um diese Zeit gingen die Stromatolithen stark zurück und wurden von Mehrzellern am Meeresboden verdrängt *(Ediacara-Fauna,* Abb. 1).

Es gibt prinzipiell zwei Möglichkeiten für die Entstehung von Mehrzellern: Einzelne Zellen einer Art können gezielt zusammenkommen und nachträglich mit einer Matrix verkleben, es entstehen *Aggregationskolonien.* Schon Cyanobakterien, also prokaryotische Lebewesen, bilden so lange Fadenkolonien. Unter den Eukaryoten erreichen die Schleimpilze so Mehrzelligkeit. Die andere Möglichkeit besteht darin, dass Tochterzellen nach der Zellteilung zusammenbleiben und sogenannte *Zellteilungskolonien* bilden, wie sie von der kugelförmigen Grünalge *Volvox* bekannt sind. Diese zweite Variante erlaubt, dass eine Zellverbindung zwischen den Tochterzellen erhalten bleiben kann und sich übergeordnete Steuersysteme entwickeln können. Die Zellen sind dann nicht mehr eigenständig, sie übernehmen unterschiedliche Aufgaben, es ist also eine *Differenzierung* innerhalb des Mehrzellers möglich.

Eine für die Evolution besonders bedeutsame Entwicklung war die Entstehung der *sexuellen Fortpflanzung,* also die Differenzierung von Keimzellen und Körperzellen. Die Rekombination des genetischen Materials durch Meiose und Befruchtung ermöglichte in den folgenden Erdzeitaltern eine enorme Artenvielfalt.

Volvox

Aufgaben

① Die Grünalge *Volvox* gilt als besonders einfacher Mehrzeller. Beschreiben Sie Bau und Organisation dieser kugelförmigen Alge (s. Randspalte).

② Gibt es nach phylogenetischen Gesichtspunkten eine systematische Gruppe der „Mehrzeller"? Begründen Sie.

1 Ediacara-Fauna

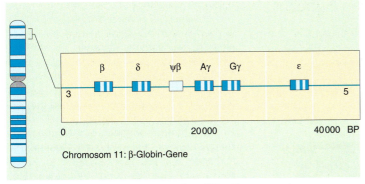

1 Die β-Globin-Genfamilie des Menschen (BP = Basenpaare)

Neue Gene und Informationen

Untersucht man die Genome verschiedener Organismen, so stellt man als grobe Tendenz fest, dass höher entwickelte Organismen ein größeres Genom besitzen. Da sich komplexe Organismen aus einfachen entwickelt haben, hat der Umfang genetischer Information deutlich zugenommen. Man nimmt heute an, dass dabei die Genduplikation eine wesentliche Rolle gespielt hat. Moderne Analysemethoden von Genen haben gezeigt, dass die meisten Gene in Genfamilien vorkommen. Genfamilien sind Cluster aus mehreren mehr oder weniger ähnlichen Genen (Abb. 1). Die gesamte Genfamilie ist durch mehrere Duplikationsschritte aus einem Ursprungsgen entstanden. Durch Duplikation entsteht jedoch noch keine neue Information, erst durch folgende Mutationen werden die gleichen Gene so unterschiedlich, dass sie verschiedene Funktionen haben können (Abb. 3).

Das Vorkommen von Genfamilien hat offenbar große Selektionsvorteile. Zum einen nimmt man an, dass quasi eine „Sicherungskopie" existiert, wenn die Information eines Gens durch Mutationen unbrauchbar geworden ist. Organismen mit mehrfachen Genen sterben daher weniger leicht aus.

Zum anderen bieten Varianten eines Gens dem Organismus erweiterte physiologische Fähigkeiten, die ihm größere Flexibilität in seiner Umwelt verschaffen. Ein Beispiel ist der Sperbergeier. Er lebt in der trockenen Savanne Afrikas und kann bei seiner großräumigen Nahrungssuche bis in Höhen über 11000 m fliegen. Er besitzt drei Hämoglobinvarianten, die ihm zusammen die Atmung in einer breiten Spanne von Sauerstoffpartialdrücken ermöglichen (Abb. 2). Eine Variante speichert auch bei geringem Partialdruck in großen Höhen noch ausreichend Sauerstoff.

Weiterhin können neue Funktionen aus duplizierten Genen entstehen. Manche Proteine besitzen mehrere Funktionen, je nachdem, in welchem Gewebe das Gen exprimiert wird. Duplizierte Gene ermöglichen dann eine Spezialisierung auf eine der beiden Funktionen. Das Wachstumshormon z.B., das das Größenwachstum beim Menschen fördert, wird in der Hypophyse gebildet. Zu seiner Genfamilie gehört auch das Gen für Chorion-Somatotropin. Dieses Hormon wird nur während einer Schwangerschaft in der Plazenta gebildet und fördert u.a. die Ausbildung von Milchdrüsen. Die beiden Gene haben den gleichen Ursprung und sind ähnlich, codieren aber inzwischen für Proteine mit deutliche verschiedenen Funktionen.

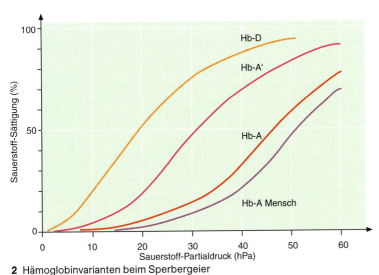

2 Hämoglobinvarianten beim Sperbergeier

3 Genduplikation bei β-Globinen

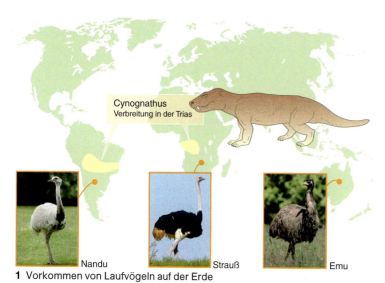

Cynognathus
Verbreitung in der Trias

Nandu   Strauß   Emu

1 Vorkommen von Laufvögeln auf der Erde

ALEXANDER VON
HUMBOLDT

ALFRED WEGENER

Tier- und Pflanzengeografie

Am Ende des 18. und in der ersten Hälfte des 19. Jahrhunderts trugen Naturwissenschaftler eine Fülle von Daten über die geografische Verbreitung von Pflanzen und Tieren zusammen. So umfasste die Sammlung von ALEXANDER VON HUMBOLDT (1769 – 1859) ca. 60 000 Pflanzen, darunter 3600 neue Arten. Er erforschte auch die Abhängigkeit der Pflanzen von Umweltbedingungen wie Klima, Boden und Höhenlage und gilt heute als Begründer der *Pflanzengeografie.*

Die Ergebnisse der Tier- und Pflanzengeografie zeigten für die damalige Zeit überraschende Ergebnisse: So ähneln sich auf der Nordhalbkugel die Faunen Nordamerikas, Europas und Asiens (außer Südasien), während auf der Südhalbkugel sich die Faunen Südamerikas, Afrikas und Australiens deutlich unterscheiden. Andererseits gibt es Laufvogelarten in Südamerika, Südafrika

und Australien (Abb. 1). Sie sind nach neueren Analysen ihrer mitochondrialen DNA alle miteinander verwandt, stammen also von einer gemeinsamen Stammart ab (Abb. 1). Es blieb lange unklar, wie das auf getrennten Kontinenten möglich ist.

Neben den biologischen Ähnlichkeiten findet man auch in der Geologie viele Übereinstimmungen zwischen den Kontinenten. Beispielsweise gleichen sich Gesteinsformationen und die darin enthaltenen Fossilien in Ost-Brasilien und Westafrika. Eine erste Erklärung derartiger Befunde lieferte ALFRED WEGENER (1880 – 1930). Er betrachtete die Umrisse der Kontinente und stellte fest, dass sie sich teilweise wie ein Puzzle zusammenfügen lassen. Er entwickelte 1912 die Theorie, dass die Kontinente erst im Verlauf von vielen Millionen Jahren in ihre heutige Position gelangt seien *(Kontinentalverschiebung).* Zu seiner Zeit wurde diese Theorie belächelt, aber inzwischen wurde sie durch viele Forschungsergebnisse bestätigt und gehört heute als *Plattentektonik* zu den Grundkenntnissen der modernen Geologie.

Nach der Plattentektonik haben die Kontinente eine eigene Geschichte. Die Kontinentalplatten sind seit der Entstehung der Erde vielfach auseinandergebrochen, über den Globus gedriftet und nach Zusammenstößen wieder zu größeren Einheiten verschmolzen. Es gab also im Laufe der Erdgeschichte unterschiedlich viele Kontinente an verschiedensten Positionen auf der Erde (Abb. 2).

Heute beobachtet man die Verschiebung der Kontinente mithilfe von hochauflösenden Messungen durch Laser und Satelliten. Demnach driften z. B. Nordamerika und Europa jährlich um 6 cm auseinander. Dies erscheint nicht viel, aber im Laufe mehrerer Millionen Jahre wird daraus eine große

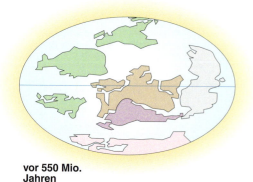

**vor 550 Mio.
Jahren**

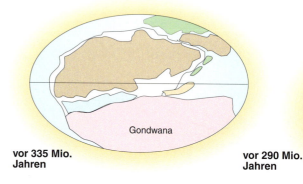

Gondwana

**vor 335 Mio.
Jahren**

Pa

**vor 290 Mio.
Jahren**

2 Die Kontinente im Laufe der Erdgeschichte

Entfernung. Ostafrika löst sich gegenwärtig vom Rest des Kontinents, und der ostafrikanische Graben wird vielleicht in ein paar Millionen Jahren eine Meeresstraße sein.

Die Verteilung der Kontinente hatte großen Einfluss auf die Evolution der Organismen auf der Erde. Zum einen beeinflussen Lage und Relief das Klima der Kontinente mit Temperaturen, Meeresströmungen, Winden und Niederschlägen. Von diesen Faktoren hängt es ab, welche Ökosysteme auf dem Kontinent vorkommen und welche Organismen dort existieren können. Beispielsweise liefern der kalte Humboldtstrom, die Andenkette und die vorherrschenden Passatwinde die klimatischen Bedingungen für die Wüste Atacama an der Westküste Südamerikas.

Zum anderen sind Meere für viele Lebewesen ein unüberwindliches Hindernis. Die Arten auf einem Kontinent sind daher von Arten anderer Kontinente isoliert. So entwickelten sich z. B. die Beuteltiere Australiens in kontinentaler Abgeschiedenheit. Viele Arten, die ursprünglich einen gesamten Kontinent besiedelt hatten, wurden durch Aufbrechen und Auseinanderdriften des Kontinents in Populationen mit unterschiedlicher Selektion getrennt. So entstanden neue Arten.

Wenn durch geologische Vorgänge eine neue Landverbindung entsteht, kommt es zur räumlichen Vermischung der Arten beider Kontinente. Arten, die im Sinne der Stellenäquivalenz auf den getrennten Kontinenten ähnliche ökologische Positionen besetzt hatten, stehen nun in starker Konkurrenz. Alle Arten sind mit neuen Räubern konfrontiert, während sich das Beutespektrum für Räuber erweitert. Viele Arten sind dem neuen Selektionsdruck nicht gewachsen und sterben aus, während sich für erfolgreichere Arten ein Freiraum für Radiationen öffnet.

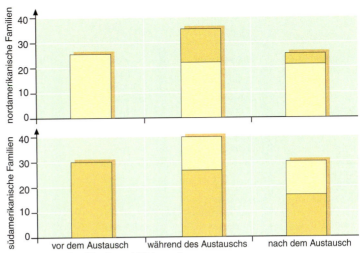

1 Säugerfamilien Nord- und Südamerikas

Aufgaben

① Erklären Sie die Verteilung der Fossilfundstellen von Cynognathus (Abb.142.1) mithilfe der Kontinentalverschiebung. (Abb. 142.2).

② Nord- und Südamerika waren fast immer getrennte Kontinente, erst vor 2 Millionen Jahren entstand eine Landbrücke im heutigen Panama. Erklären Sie vor diesem Hintergrund die in Abbildung 1 dargestellten Veränderungen der Säugerfamilien Nord- und Südamerikas.

③ Nennen Sie weitere Beispiele für Ökosysteme, die durch Lage und Relief eines Kontinents bedingt sind, und beschreiben Sie sie kurz.

④ Die Entfernung zwischen Europa und Nordamerika beträgt gegenwärtig etwa 6 000 km. Berechnen Sie, wie weit sich der Atlantik im Laufe eines Lebens (70 Jahre) verbreitert, und wann er um weitere 1 000 km breiter sein wird.

Tethysmeer

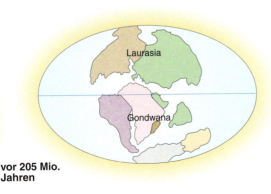

Laurasia

Gondwana

vor 205 Mio. Jahren

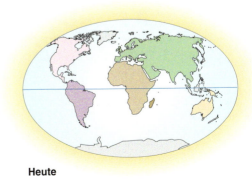

Heute

3500 Millionen Jahre	570	510	435	410	35...

Prä-kambrium

Kambrium

Ordovicium

Silur

Devon

Karbon

Im **Präkambrium** vor 3,5 Milliarden Jahren bilden Cyanobakterien *Stromatolithen*. 1,5 Milliarden Jahre später treten erste eukaryotische *Einzeller* auf; es handelt sich um Planktonalgen mit komplizierten Zellwänden. Fremd und skurril erscheinen uns die ersten *Vielzeller (Ediacara-Fauna)*. Manche sind offensichtlich Vorläufer der Tiere, andere scheinen weder Tier noch Pflanze zu sein, sondern erloschenen Gruppen anzugehören. Weder Maul noch After sind zu finden. Sie leben im Wasser schwebend oder als Matten auf dem Sediment, genährt durch symbiontische Mikroben oder durch im Wasser gelöste Nährstoffe.

Im **Kambrium** ist das Leben im Meer reich entwickelt, das Festland dagegen weitgehend unbesiedelt. Fossil überliefert sind *Wirbellose*, z. B. Trilobiten, Stachelhäuter, Weichtiere und Chordatiere, die vielleicht als Schutz vor räuberischen Arten Schalen und Skelette ausgebildet haben. Von ihnen wird viel Karbonat gebildet und abgelagert. Das Kambrium ist eine Phase besonders starker Artaufspaltung, viele der neuen Arten sterben noch im Kambrium wieder aus. Auf der Südhalbkugel liegt der Großkontinent *Gondwana*, im Norden kleinere Kontinente.

Im **Ordovicium** sind alle noch heute bekannten Stämme der Meerestiere vorhanden. Besonders die *Weichtiere* (Schnecken, Muscheln und Tintenfische) entfalten sich arten- und individuenreich. Unter den Tintenfischen hat sich bis heute *Nautilus* als lebendes Fossil gehalten. Es bilden sich erste Korallenriffe an den Küsten. Kalkbildende *Grünalgen* dringen bis in das Brackwasser vor. Das Ordovicium endet mit einem ersten Massenaussterben.

Im **Silur** besiedeln erste Pflanzen das Festland. Es sind einfach gebaute Nacktfarne *(Psilophyten)* mit einem Verdunstungsschutz gegen Austrocknung, Leitgeweben zum Wassertransport und Festigungsgeweben für eine aufrechte Gestalt. *Tausendfüßer* und *Skorpione* folgen den Pflanzen an Land. In den Meeren entfalten sich die Wirbeltiere in Form verschiedener Fischklassen.

Im **Devon** treten *Insekten* auf und die *Wirbeltiere* erobern Landlebensräume (mit Bärlappen und Farnen). Lungenfische oder Quastenflosser aus Flachwasserregionen sind die Ausgangsformen der Amphibien. Sie haben vier Beine, einen Verdunstungsschutz aus Knochenplatten und atmen überwiegend mit Kiemen und Lungen.

Im **Karbon** entstehen Sumpfwälder aus baumhohen *Farnen, Schachtelhalmen* und *Bärlappen*, deren Reste wir heute als *Steinkohle* kennen. *Rieseninsekten* erobern den Luftraum. Kollisionen der Großkontinente führen zur Gebirgsbildung, Gondwana vereist. Viele Arten sterben aus.

Karbon

Devon

Silur

Ordovicium

Kambrium

Präkambrium

vor 335 Mio. Jahren

vor 550 Mio. Jahren

Erdmittelalter (Mesozoikum)

| 290 | 250 | 205 | 135 | 65 | 1,6 |

Perm

Im **Perm** entfalten sich *Reptilien*; sie sind landlebenden Amphibien durch innere Besamung und beschalte Eier überlegen. *Samenpflanzen* verdrängen *Sporenpflanzen*, es gibt Käfer und Schmetterlinge. Der Superkontinent *Pangaea* entsteht. Das Perm endet mit einem Massenaussterben.

Trias

Im **Trias** beherrschen Reptilien Meer, Land und Lüfte, darunter sind sehr große Arten wie die *Dinosaurier*. Aus einer alten Reptiliengruppe entwickeln sich die ersten *Säugetiere*. Bei den Landpflanzen dominieren *Farne, Ginkgos* und *Nadelbäume*. Auch das Trias endet mit einem Massenaussterben.

Jura

Im **Jura** erscheinen die Vorfahren der Vögel (*Archaeopteryx*), weiterhin sind *Reptilien* die vorherrschende Tiergruppe. Neben den Nadelbäumen gibt es erste *Laubbäume*. Im Meer entfalten sich Gehäuse-Tintenfische (*Ammoniten* und *Belemniten*), außerdem leben dort *Knochenfische* und *Meeresreptilien*. Die Ozeane dehnen sich aus und überfluten große Teile des heutigen Eurasiens.

Kreide

In der **Kreide** leben viele kalkhaltige, riffbildende Meerestiere, die fossil als Schreibkreide erhalten bleiben. Vermutlich löst der Einschlag eines Meteoriten eine weltweite Umweltkatastrophe aus: Staub verdunkelt den Himmel und lässt die Erdtemperatur sinken. Ammoniten, Belemniten, Dinosaurier und viele Reptiliengruppen sterben aus. Das *Tethysmeer* teilt *Pangaea* in den Südkontinent *Gondwana* und den Nordkontinent *Laurasia*.

Tertiär

Im **Tertiär** entwickeln sich bei warmem bis tropischem Klima vielfältige *Säugetier-* und *Vogelarten*. Die *Radiation der Säugetiere* führt relativ schnell zur Bildung neuer Ordnungen, wie Nagetiere, Primaten, Fledermäuse, Wale oder Robben. Pflanzliche Ablagerungen vertorfen und bilden *Braunkohle*. Blütenpflanzen entfalten sich in einer Koevolution mit den Insekten. Die Lage der Kontinente nähert sich der heutigen Verteilung, Meeresströmungen ändern sich und der Meeresspiegel schwankt stark. Es entstehen die heutigen Flusssysteme und Gebirge.

Quartär

Im **Quartär** breitet sich die Gattung *Homo* auf allen Kontinenten aus. Das Klima im Quartär ist geprägt durch den Wechsel von *Eis-* und *Warmzeiten*. Im Eiszeitalter verdrängen Inlandvereisungen besonders auf der Nordhalbkugel die subtropische Lebewelt. An Kälte angepasste Tiere wie das *Mammut* tauchen auf. In der Nacheiszeit kehren die durch die Kälte vertriebenen Arten teilweise in die eisfreien Gebiete zurück. Es entwickeln sich allmählich die heutigen Vegetationsverhältnisse. Durch wachsende Bevölkerungszahlen und technische Entwicklung greift der Mensch nachhaltig in die Biosphäre ein.

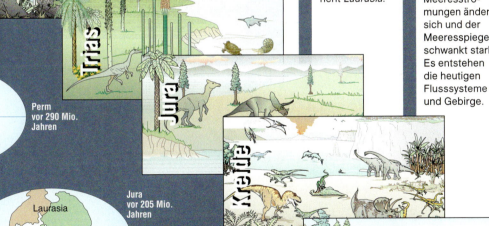

Perm
vor 290 Mio. Jahren

Laurasia

Gondwana

Tethysmeer

Jura
vor 205 Mio. Jahren

Eurasien

Heute
seit 1,6 Mio. Jahre

Sporangium

Cooksonia caledonica

Pflanzen erobern das Festland

Unsere natürliche Umwelt ist heute ohne eine Pflanzendecke kaum vorstellbar. Tatsächlich war das Festland aber von der Urzeit vor 3 500 Millionen Jahren bis zum Ordovicium vor 510 Millionen Jahren gänzlich unbesiedelt. Es gab in feuchten Böden allenfalls einige Cyanobakterien, bevor sich aus Grünalgen die ersten Pflanzen, vermutlich Moose, entwickelten. Von ihnen sind nur die Sporen fossil überliefert. Die Pflanzen eroberten das Land in vier Phasen: Im Silur entstanden einfache Nacktfarne, im Devon gab es bereits baumhohe Farnpflanzen, im Karbon entwickelten sich ganze Wälder aus Farn- und ersten Samenpflanzen, in der Kreide folgte die Radiation der Blütenpflanzen (Abb. 1). Umfangreiche Abänderungen in Bau und Entwicklung sowie die Symbiose mit Pilzen (Mykorrhiza) machten diesen Erfolg möglich.

Anforderungen für das Leben an Land

Psilophyten
psilos, gr. = Kahlheit
phyto, gr. = Pflanze

Leben an Land bedeutet in erster Linie Leben an der Luft. Wird eine Grünalge, wie z. B. der Meersalat, an den Strand gespült, fällt das

Wasser	Luft
– ist immer verfügbar – enthält Mineralstoffe – wirkt stützend – absorbiert Teil des Lichts – enthält wechselhaft Sauerstoff	– wirkt austrocknend für oberirdische Teile – wirkt nicht stützend – bietet größeres Lichtspektrum – enthält mehr Sauerstoff

2 Umweltfaktor Wasser bzw. Luft

zarte Gewebe in sich zusammen, bleicht und vertrocknet (Abb. 2). Luft und Wind entziehen Wasser und stellen ganz andere Anforderungen an die Festigkeit. Besonders empfindlich sind die ersten Entwicklungsstadien. Kann sich die Pflanze nicht über die Luft mit Feuchtigkeit versorgen, muss das Bodenwasser durch Leitungsbahnen transportiert werden, auch Nährstoffe müssen verteilt werden. Das Leben an Land hat aber auch entscheidende Vorteile: Der Sauerstoffgehalt der Luft übertrifft den des Meerwassers (auch Pflanzen benötigen Sauerstoff), die Lichtverhältnisse sind günstiger, das ermöglicht eine hohe Produktivität. Außerdem stand den Pflanzen ein riesiger konkurrenzarmer Lebensraum zur Verfügung.

Die Nacktfarne im Silur

Glücklicherweise sind die Pflanzen des Silurs in verkieselten Torfbänken fossil so gut erhalten, dass man sogar ihr Gewebe mikroskopisch untersuchen kann. Sie besiedelten Küstensäume und feuchte Niederungen. Man nennt sie *Nacktfarne (Psilophyta)*, denn sie hatten keine Blätter und nur sehr einfache Wurzeln. Eine Epidermis mit Kutikula und Spaltöffnungen schützte sie vor übermäßiger Verdunstung (Abb. 147.1). Außerdem besaßen sie einfache Leitgewebe für Wasser und Mineralstoffe *(Xylem)* und für Nährstoffe *(Phloem)* sowie Festigungszellen. Wie alle Pflanzen machten sie einen Generationswechsel von haploider, gametenbildender *(Gametophyt)* und diploider, sporenbildender Generation *(Sporophyt)* durch. Die Sporen wurden von einem Zellmantel geschützt *(Sporangium)*.

ab Mio. Jahren	Abteilung: Farnpflanzen			Abteilung: Samenpflanzen	
	Klasse: Bärlappe	Klasse: Schachtelhalme	Klasse: Echte Farne	Unterabteilung: Nacktsamer	Unterabteilung: Bedecktsamer
Quartär 1,6					
Tertiär 65			Nadelhölzer		
Kreide 135					
Jura 205			Ginkgogewächse		
Trias 250	Siegel- und Schuppenbäume				
Perm 290					
Karbon 355		Cordaiten			
Devon 410	Stammform: Psilophyten				

1 Erdgeschichtliche Entwicklung der Gefäßpflanzen

Die Farnpflanzen des Devon

Im Devon und Karbon entfalteten sich die *Farnpflanzen*, also die Bärlappe, die Schachtelhalme und die eigentlichen Farne. Im Gegensatz zu den heutigen Formen erreichten sie damals jedoch Baumgröße. Die zu den Bärlappen zählenden Siegel- und Schuppenbäume verdankten ihre Festigkeit einem zentralen Holzteil. Der Sporophyt war die dominierende Generation, die Sporen wurden in Sporenbehältern gebildet (Abb. 1). Die vom zarten Gametophyten der Farnpflanzen gebildeten Keimzellen waren weiterhin auf Wasser angewiesen. Dank einer Geißel waren die männlichen Keimzellen schwimmfähig. Aus der befruchteten Eizelle entwickelte sich dann wieder der kräftige Sporophyt.

Die Nacktsamer des Karbon

Erst bei den Samenpflanzen war der Befruchtungsvorgang vom Wasser unabhängig. Samen entstanden aus *Samenanlagen* des Sporophyten. Hier verschmolzen die Keimzellen der auf wenige Zellen reduzierten Gametophyten (Abb. 2). Die Zygote wuchs zum Embryo heran, der bis zur Keimung im Samen ruhte. Der Samen war damit eine neue widerstandsfähige Verbreitungseinheit. Außerdem wiesen Samenpflanzen einen Holzkörper mit leistungsfähigem Leit- und Festigungsgewebe auf. Im Karbon entstanden ausgedehnte Wälder aus *Nacktsamern,* wie Nadelbäumen und Ginkgogewächsen, die noch heute als *Steinkohlelager* fossil erhalten sind. Moose sind ein früher, unabhängiger Seitenzweig der Pflanzen, der stets an feuchte Lebensräume gebunden blieb.

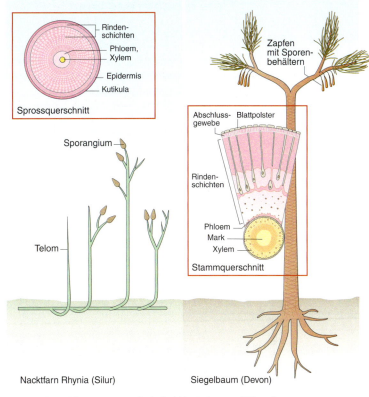

Nacktfarn Rhynia (Silur) Siegelbaum (Devon)

1 Gestalt und Sprossquerschnitt bei Nacktfarn und Siegelbaum

Die Blütenpflanzen der Kreidezeit

Bei den Nacktsamern reiften die Samen noch unbedeckt auf einer Samenschuppe. Bei den *Bedecktsamern*, also unseren heutigen *Blütenpflanzen*, sind die Samen von einem aus Fruchtblättern gebildeten Fruchtknoten umgeben. Damit ist die *Frucht* die neue Verbreitungseinheit, sie wird durch Wind oder Tiere transportiert und führt auf diese Weise zu neuen Standorten (s. Randspalte). Auch bei der Übertragung des *Pollens*, also der männlichen Sporen und späteren Gametophyten, von einer Blüte zur anderen spielen Wind und Tiere, vor allem Insekten, eine bedeutende Rolle. Das leitete eine *radiative Entwicklung* sowohl bei den Blütenpflanzen als auch bei den Insekten ein und führte zu der heutigen großen Vielfalt.

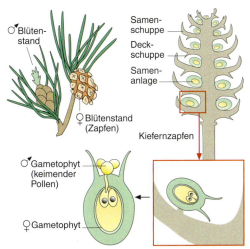

2 Entwicklung bei Nacktsamern (Kiefer)

Aufgaben

① Nennen Sie natürliche Lebensräume, die nicht von Pflanzen bedeckt sind, und suchen Sie nach möglichen Ursachen.
② Symbiosen mit Mykorrhiza fördern die Mineralstoffversorgung an Land. Nennen Sie Beispiele.

Früchte als Verbreitungseinheit

Tiere erobern das Land

Vor der Besiedlung des Landes lebten Tiere ausschließlich im Wasser. Die Bedingungen an Land unterscheiden sich jedoch von denen im Wasser. Heutige Landtiere sind daran durch bestimmte Merkmale angepasst. Von besonderer Bedeutung ist die Schwerkraft, die an Land deutlich spürbar ist, während Wasser durch seinen Auftrieb Organismen in Schwebe hält. Landtiere brauchen daher eine starke Muskulatur und Gliedmaßen zum Stützen des Körpers und zur Fortbewegung. Dies ist umso bedeutender, je größer ein Tier ist (s. Seite 20). Zum anderen leben Landtiere an der Luft. Sie atmen hier mit Lungen oder Tracheensystemen und besitzen einen Austrocknungsschutz benötigen.

So ähneln die Flossen des *Quastenflossers* schon Gliedmaßen. *Lungenfische* verfügen über eine modifizierte Schwimmblase, die sie als Lunge verwenden. Beide sind fossil bekannt und werden als mögliche Ausgangsformen diskutiert.

Paläontologische Befunde zeigen, dass im späten Devon Wirbeltiere entstanden, die auch an Land leben konnten. Ihr Lebensraum waren tropische Flachwasserbereiche und amphibische Landschaften. An Land gab es ein reiches Nahrungsangebot, da dort schon Pflanzen und Gliedertiere vorhanden waren. Dort kamen auch keine Fressfeinde und wenig Konkurrenten vor. Die Fähigkeit, an Land

1 Gliedertiere gehen an Land

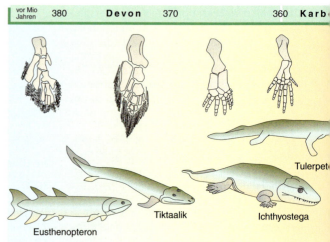

2 Evolution der Tetrapoden

Im Wasser lebende Gliedertiere besitzen bereits einen Panzer, der Stütze und Schutz bietet. Im späten Silur besiedelten Gliedertiere wie z. B. Spinnen das Land bald nach den ersten Landpflanzen. Skorpione und Insekten sind an Land seit dem Devon bekannt. Die Überlieferung durch Fossilien ist jedoch insgesamt nur spärlich. Von den anderen wirbellosen Tieren sind keine frühen Fossilien vom Festland bekannt.

Die Entstehung der Tetrapoden

Die Entwicklung von Landwirbeltieren aus Fischen wurde erst durch eine Reihe von Änderungen in der Körperorganisation möglich. Strukturänderungen grundsätzlicher Art findet man bei zwei heutigen Fischarten.

zu gehen, stellte unter diesen Umständen einen großen Selektionsvorteil dar. Fossilien aus einer Zeitspanne von nur 15 bis 20 Millionen Jahren zeigen den Übergang vom Fisch zum Landtier. Am Beispiel der Evolution einer Brustflosse zu einem ersten Vorderbein lässt sich dies veranschaulichen. Die Tiere stellen zwar keine Ahnenreihe dar, dokumentieren aber wichtige Entwicklungsschritte. Während zu Beginn eine vielstrahlige Flosse existierte, erkennt man am Ende dieser Schritte bereits Arm- und Handknochen (Abb. 2). Diese Tiere besaßen erstmals vier derartige Gliedmaßen. Sie stehen an der Basis aller vierfüßigen Wirbeltiere, der echten Vierfüßer (*Tetrapoden*). Die Vierfüßigkeit stellt ein neues Merkmal dar, das die Radiation eines ganzen Tierstamms ermöglichte.

Die ersten Tetrapoden waren Amphibien. Sie besaßen bereits Lungen zum Atmen an der Luft sowie Gliedmaßen zum Stützen des Körpers und zur Fortbewegung. Die Haut bot wenig Austrocknungsschutz, darin gleichen sie heutigen Amphibien. Dies änderte sich erst im Karbon und ermöglichte die Entstehung der Vorfahren heutiger Reptilien.

Die Anzahl der Zehen ist bei *Ichthyostega*, *Tulerpeton* und anderen Amphibien des späten Devons noch sehr variabel, ebenso die Anzahl der Zehenknochen. Damit entsprachen sie noch nicht dem allgemeinen Grundbauplan für Tetrapoden. Es scheint so, als durchlief der Fußbauplan noch „Versuchsstadien", bis sich die bekannte Fünfzehigkeit einstellte (Abb. 1).

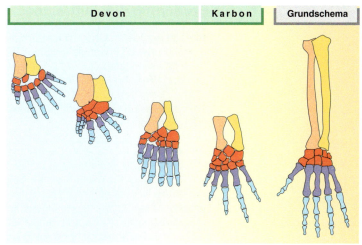

Devon **Karbon** **Grundschema**

1 Variabilität der Zehenzahl

ettelkasten

Der Fall Ichthyostega

Ichthyostega war das erste Tier, das als Brückentier zwischen Fischen und Amphibien berühmt wurde. Das Skelett von Ichthyostega wurde 1932 von der Arbeitsgruppe von GUNNAR SÄVE-SÖDERBERGH auf Grönland gefunden. Im selben Jahr veröffentlichte er eine erste Rekonstruktion. Größte Berühmtheit erlangte das Fossil durch die weiteren Veröffentlichungen von ERIK JÄRVIK, der an der Expedition teilgenommen hatte. Seitdem ist Ichthyostega ein klassisches Beispiel für ein *„missing link"*, das in alle Lehrbücher Eingang gefunden hat.

JÄRVIK arbeitete ab 1934 am Schwedischen Museum für Naturgeschichte in Stockholm und war ein bedeutender Paläozoologe des letzten Jahrhunderts. Er war aber wohl ein schwieriger Eigenbrötler, denn er hielt die Fundstücke von Ichthyostega bis zu seinem Tod im Jahr 1998 vor anderen Forschern unter Verschluss wie auch die genaue Position des Fundortes.

Der Arbeitsgruppe um JENNIFER CLACK und PER AHLBERG gelangen jedoch Ende der 90er-Jahre in Grönland neue Funde, die die Rekonstruktion von JÄRVIK infrage stellten. Als wichtige Unterschiede zu JÄRVIK stellten sie u. a. heraus:

— Der Schädel ist nicht direkt am Rumpf angewachsen. Es gibt eine Halswirbelsäule und einen Nacken. Dies bedeutet, dass der Kopf bereits beweglich war.
— Die Gelenkflächen von Knochen lassen die Stellung der Knochen zueínander erkennen. Daraus folgt, dass die hinteren Gliedmaßen nach hinten gestreckt waren, wobei die Zehen nicht als Füße aufgestellt werden konnten. Ichthyostega hatte daher geringere Bewegungsmöglichkeiten an Land als vermutet.
— JÄRVIK hatte an den einzig erhaltenen hinteren Gliedmaßen fünf Zehen anstelle der vorhandenen sieben rekonstruiert.

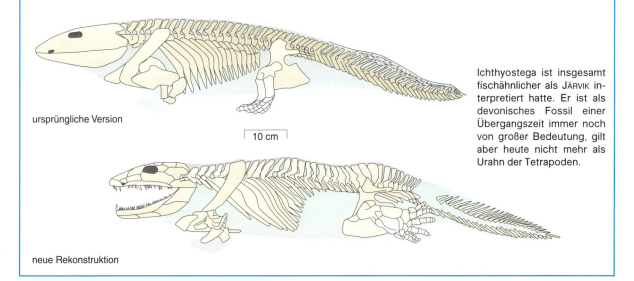

ursprüngliche Version

10 cm

neue Rekonstruktion

Ichthyostega ist insgesamt fischähnlicher als JÄRVIK interpretiert hatte. Er ist als devonisches Fossil einer Übergangszeit immer noch von großer Bedeutung, gilt aber heute nicht mehr als Urahn der Tetrapoden.

Flügelschläge pro Sekunde	
Wanderheuschrecke	20
Maikäfer	46
Stechmücke	ca. 300
Storch	2
Star	ca. 5
Kolibri	bis 78

max. Fluggeschwindigkeit (km/h)	
Stechmücke	1,4
Maikäfer	11
Wanderheuschrecke	16
Storch	45
Star	81
Mauersegler	180

Die Eroberung des Luftraumes

„Luftlinie: die kürzeste oberirdische Verbindung zwischen zwei Punkten der Erdoberfläche", so heißt es im Lexikon. Der Luftweg ist also der ideale Weg von Ort zu Ort — vorausgesetzt, man kann vom Erdboden abheben. Gleich 4-mal wurde der Luftraum im Verlauf der Evolution erobert (Abb. 1).

Die Eroberung des Luftraumes bietet eine Fülle von Vorteilen. Durch die neue Dimension der Fortbewegung werden viele neue Ressourcen für Nistplätze und Nahrung erschlossen. Bei allen Entwicklungen mussten jedoch grundlegende Prinzipien des Fliegens berücksichtigt werden. Notwendig ist ein Auftrieb größer als die Schwerkraft und ein Vortrieb größer als der Luftwiderstand. Für den Auftrieb und Vortrieb sorgen entweder große, gewölbte Flügel und ein stromlinienförmiger Körper (Gleitflug) oder ein schnelles Flügelschlagen mit hohem Energieaufwand (Schwirrflug).

Viele kleine fliegende Tiere können sich nur mit hohem Energieaufwand im Schwirrflug in der Luft halten, jedoch geschickt manövrieren. Viele große Gleiter können lange Strecken mit minimalem Energieaufwand überwinden, benötigen aber freie Flächen zum Nahrungserwerb und viel Energie für den Start und für Flugmanöver. Mittelgroße Tiere weisen die besten Voraussetzungen für das Fliegen auf.

Die ersten fliegenden Insekten (Urnetzflügler und Urlibellen) hatten Flügelspannweiten von 8 — 30 cm. Insekten sind also heute im Vergleich zu früher sehr klein mit hochfrequentem Flügelschlag. Die ersten Flugsaurier besaßen 60 cm Spannweite. Sie entwickelten sich weiter zu riesigen Seglern mit maximalen Spannweiten von über 10 m. Flugsaurier starben am Ende der Kreidezeit (vor 65 Millionen Jahren) in Folge einer Klimaverschlechterung vollständig aus.

Vögel haben ihre Flugfähigkeit unabhängig von den Flugsauriern erlangt (Konvergenz), sie stammen wahrscheinlich von Dinosauriern ab. Im Jahre 2003 fand man in China Fossilien von Microraptor, einem kleinen Dinosaurier, der an allen vier Extremitäten und am Schwanz federartige Gebilde trug (s. Randspalte). Mit diesen zwei Flügelpaaren war er möglicherweise bereits zum Gleitflug fähig. Als ältester fossil erhaltener Vogel gilt Archaeopteryx (s. Seite 151). Die ersten Vögel waren mit Spannweiten von 40 — 60 cm mittelgroß, sie hatten von ihren Reptilienvorfahren verschiedene Prädispositionen für den Flug mitgebracht. Entscheidend waren jedoch die Federn. Das Federkleid schützte nicht nur vor Auskühlung und Energieverlust, sondern wurde durch Konturfedern auch wasserabweisend.

Eine Fortbewegung auf zwei Beinen machte den Funktionswechsel der Vorderextremität möglich. Ein besonders leichter Knochenbau ließ die Vogelahnen letztlich die Schwerkraft überwinden und zu Fliegern werden. Lungen mit Luftsäcken sorgen für effektive Atmung. Heute sind Vögel in allen Lebensräumen präsent, weltweit sind 9 000 Arten bekannt.

Microraptor

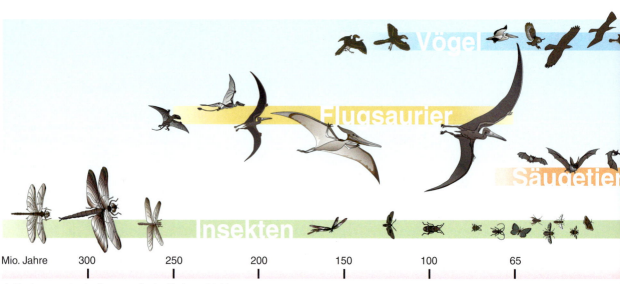

Vögel

Flugsaurier

Säugetier

Insekten

Mio. Jahre	300	250	200	150	100	65

1 Eroberung des Luftraumes in der Erdgeschichte

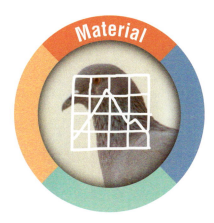

Archaeopteryx

In der Nähe Solnhofens (Bayern) wurde 1861 im Jura-Plattenkalk ein Fossil
geborgen, das unter dem Gattungsnamen *Archaeopteryx* („alte Schwinge")
berühmt wurde. Bis heute fand man
nur wenige komplette Exemplare. Sie
zeigen, dass Archaeopteryx eine Reihe
typischer „Fliegermerkmale" aufwies.

Aufgaben

1. Beschreiben Sie anhand Abbildung 2
   inwieweit Archaeopteryx ein Brückentier ist (s. Seite 104).
2. Erklären Sie, warum der Fund von
   Archaeopteryx kurz nach der Ver-
   öffentlichung von DARWINS „Entstehung der Arten" solch ein Aufsehen
   erregte.
3. Vögel sind Leichtgewichte, das ist
   besonders auf die Konstruktion der
   Knochen zurückzuführen. Erklären
   Sie dies anhand Abbildung 3.
4. Fossile Federn des Urvogels gleichen den Schwungfedern moderner flugfähiger Vögel (Abb. 4). Vom
   Federschaft gehen Federäste mit
   Strahlen aus. Bögen und Haken
   verketten benachbarte Strahlen und
   geben der Vogelfeder eine feste
   Kontur.
   Inwieweit unterscheiden sich diese
   Federn von denen flugunfähiger
   Laufvögel?
5. Mit Computertomographie-Aufnah-
   men eines Archaeopteryx-Schädels
   lässt sich der Schädel dreidimensional rekonstruieren, sodass man
   Form und Größe der Gehirnbereiche
   ableiten kann.
   Besonders gut entwickelt sind
   demnach die Hirnbereiche für das
   räumliche Sehen und für die motorische Koordination, außerdem das
   Innenohr.
   Inwieweit bestätigen diese Befunde
   die Flugfähigkeit des Urvogels?

1 Archaeopteryx, Fossil und Rekonstruktion

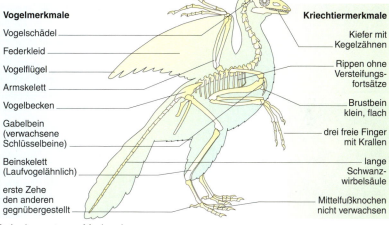

Vogelmerkmale

Vogelschädel
Federkleid
Vogelflügel
Armskelett
Vogelbecken
Gabelbein (verwachsene Schlüsselbeine)
Beinskelett (Laufvogelähnlich)
erste Zehe den anderen gegenübergestellt

Kriechtiermerkmale

Kiefer mit Kegelzähnen
Rippen ohne Versteifungs-fortsätze
Brustbein klein, flach
drei freie Finger mit Krallen
lange Schwanz-wirbelsäule
Mittelfußknochen nicht verwachsen

2 Archaeopteryx, Merkmale

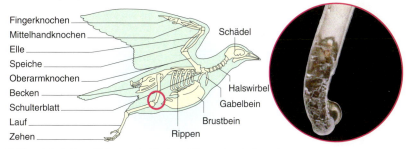

Fingerknochen
Mittelhandknochen
Elle
Speiche
Oberarmknochen
Becken
Schulterblatt
Lauf
Zehen
Schädel
Halswirbel
Gabelbein
Brustbein
Rippen

3 Vogelskelett und Längsschnitt eines Oberschenkelknochens

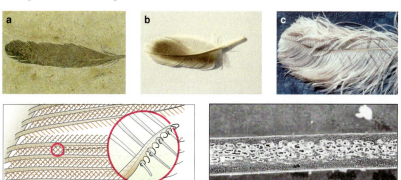

4 Federform und Federäste a) Archaeopteryx, b) flugfähiger Vogel,
   c) flugunfähiger Vogel

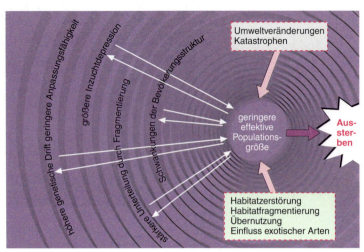

1 Aussterbestrudel

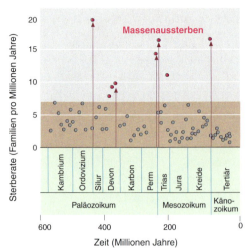

2 Aussterberaten von Meerestieren

Aussterben: Das Ende von Populationen und Arten

Der letzte Braunbär Deutschlands wurde 1835 erlegt. Erst 2006 wanderte wieder ein Braunbär aus Österreich ein. Man erschoss ihn, da eine Gefährdung der Bevölkerung befürchtet wurde.

Man schätzt, dass von allen Arten, die jemals auf der Erde existiert haben, heute weniger als 1 % erhalten sind. In jeweils einer Million Jahre starben allein bei den Meerestieren fünf Familien aus. Pro Jahrhundert gingen vermutlich 100 bis 1000 Pflanzen- und Tierarten natürlicherweise verloren. Legt man 100 Millionen Arten auf der Erde zugrunde, sind das 0,001 bis 0,01 %. In den letzten Jahren ist die Aussterberate auf 1 % gestiegen, also um das 100- bis 1000fache. Verantwortlich dafür sind Einflüsse des Menschen, wie die übermäßige Ausbeutung der Natur durch Jagd, Fischfang, Ernte und Sammeln. Menschen veränderten oder zerstörten außerdem Lebensräume durch Versiegelung von Böden, Rodung von Wäldern, Besiedlung der Küsten, Umweltverschmutzung, Wasserregulierungsmaßnahmen und die Fragmentierung des Lebensraumes. Daneben fördern Transport- und Reiseverkehr die Einschleppung von Arten, die vorhandene verdrängen.

Auf den einzelnen Kontinenten korreliert das Aussterben bestimmter Tiergruppen mit der deutlichen Zunahme der menschlichen Bevölkerung: in Afrika vor mehr als 100 000 Jahren, in Nordamerika vor etwa 10 000 Jahren und in Neuseeland vor etwa 1000 Jahren. Die durch Menschen verursachte Aussterberate ist in der Größenordnung mit den großen Massenaussterben der Erdgeschichte vergleichbar (Abb. 2). Sie erfolgten vor 435 Mio. Jahren am Ende des Ordoviciums, vor 360 Mio. Jahren am Ende des Devons, vor 250 Mio. Jahren am Ende des Perms und vor 65 Mio. Jahren am Ende der Kreide.

Lokales Aussterben

Bevor eine Art ausstirbt, wird sie zunächst selten. Die Seltenheit einer Art ist also immer ein Warnsignal, daher werden seltene Arten in *Roten Listen* registriert, die vom *IUCN (International Union for Conservation of Nature and Natural Resources)* und den einzelnen Ländern herausgegeben werden. Es gibt aber auch Arten, für die eine geringe Dichte zu den charakteristischen Merkmalen gehört. So sind Spitzenkonsumenten immer seltener als ihre Beute. Auch Arten mit Mimikry (s. Seite 50) müssen seltener sein als ihr Vorbild, damit die Abschreckung wirkt.

Das Aussterben betrifft zunächst meist einzelne Populationen in bestimmten Regionen. Dieses *lokale Aussterben* wird durch Einwanderungen aus benachbarten Regionen oft noch ausgeglichen (s. Randspalte). Das Aussterberisiko kann sich aber wie in einem Strudel verstärken (Abb. 1). Kleine Populationen reagieren wenig flexibel auf Umweltveränderungen, denn ihr Genpool ist begrenzt. Es tragen auch nicht unbedingt alle Individuen einer Population zum Genpool der nächsten Generation bei. Zur sogenannten *effektiven Populationsgröße* zählen nur solche Individuen, die eine Fortpflanzungsgemeinschaft bilden. Eine vergreiste Population ist zum Aussterben verurteilt, auch wenn sie groß ist. Diese demographische Bevölkerungsstruktur variiert bei kleinen Populationen besonders stark: Bringt ein Paar zufällig nur männliche Nachkommen hervor, so ist das für große Populationen bedeutungslos, während es den Fortbestand einer kleinen Population bereits gefährden kann. Lokales Aussterben trennt ehemals zusammenlebende Artgenossen räumlich voneinander und erschwert den genetischen Austausch zwischen den Populationsfragmenten. Das verschärft die Inzucht, steigert die Homozygotie und senkt die genetische Variabilität noch weiter. Negative Zufallseffekte durch genetische Drift häufen sich. Mit einer Art sterben schließlich auch die mit ihr eng vernetzten Arten aus *(sekundäres Aussterben)*.

Globales Aussterben

Verfolgt man die Vielfalt der Organismen anhand von Fossilfunden durch die Zeiträume der Erdgeschichte, so fällt auf, dass zu bestimmten Zeiten Arten massenhaft ausstarben, zu anderen sehr schnell viele neue Arten entstanden sind (s. Randspalte). Diese Ereignisse werden zur Einteilung der Erdgeschichte in die *Erdzeitalter* herangezogen: Erdaltertum *(Paläozoikum)*, Erdmittelalter *(Mesozoikum)* und Erdneuzeit *(Känozoikum)*. Die Ursachen des *Artenwandels* sind vielfältig. Eine neue Art kann sich aus einer vorhandenen entwickeln oder aus anderen Lebensräumen eingewandert sein. Erdgeschichtlich haben dabei besonders neu entstandene Landbrücken eine Rolle gespielt, z. B. die Landbrücke von Panama zwischen Nord- und Südamerika. (s. Seite 142). Die Ursachen für das *Massenaussterben* am Ende von Ordovicium, Perm und Kreide werden nach wie vor kontrovers diskutiert. Katastrophen für Flora und Fauna können plötzliche klimatische Änderungen, Bewegungen der Erdkruste, aber auch extraterrestrische Einflüsse sein.

Für das Massenaussterben am Ende der Kreide scheint der Einschlag eines großen Meteoriten verantwortlich zu sein. Große aufgewirbelte Staubmengen in der Atmosphäre veränderten weltweit und plötzlich das Klima. Die Temperaturen sanken, der Himmel verdunkelte sich. Viele Arten konnten sich an diese veränderten Umweltbedingungen evolutiv nicht anpassen. Saurier, Ammoniten und andere Gruppen starben aus. Für die Aufprallhypothese spricht, dass es in den geologischen Schichten am Übergang zwischen Kreide und Tertiär eine anomale Anhäufung von Schwermetallen gibt, darunter das seltene Element Iridium. Schwermetalle treten in Meteoriten in höherer Konzentration auf als auf der Erde. Bis zu dieser Katastrophe hatten Säugetiere unscheinbar und nachtaktiv neben den körperlich überlegenen Dinosauriern gelebt. Jetzt konnten sie an ihre Stelle treten und die Radiation der Säugetiere begann. Nachfahren der Saurier überlebten in Form der Krokodile und Vögel.

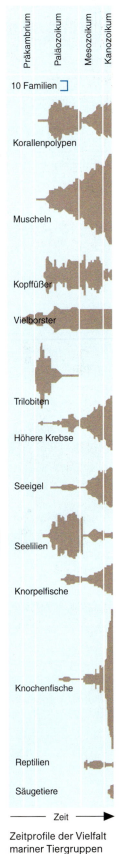

Zeitprofile der Vielfalt mariner Tiergruppen

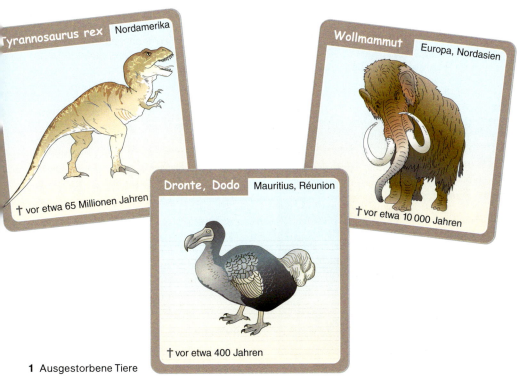

1 Ausgestorbene Tiere

Systematische Reiche der Lebewesen

Kieselalge

Braunalge

Rotalge

LINNÉ unterteilte die zu seiner Zeit bekannten Lebewesen in zwei typologische Reiche: die beweglichen Tiere und die unbeweglichen Pflanzen, letzteren ordnete er auch die Pilze zu. In unserer alltäglichen Umwelt ist diese Einteilung durchaus hilfreich, aber schon ein Blick ins Mikroskop wirft die Frage auf, wie man die Bakterien und die vielfältigen Einzeller einordnen soll. Über Jahrzehnte wurde dieses Problem nur unbefriedigend gelöst, vielfach wurden die Bakterien als Pflanzen eingestuft und die eukaryotischen Einzeller mit Chloroplasten den Pflanzen, die chloroplastenfreien Einzeller den Tieren zugeordnet.

Erst im Jahre 1969 entwickelte ROBERT H. WHITTAKER ein gut akzeptiertes typologisches System, das die einzelligen Gruppen einschloss. Er unterschied fünf *Reiche*: Prokaryotische Einzeller *(Monera)*, eukaryotische Einzeller und einfache Mehrzeller *(Protista)*, Pilze, Pflanzen und Tiere. Zu den prokaryotischen Einzellern zählen alle Bakterien einschließlich der Cyanobakterien, die früher als Blaualgen bezeichnet wurden. Pflanzen, Pilze und Tiere sind mehrzellig, unterscheiden sich aber in der Ernährung: Pflanzen sind autotroph, Tiere und Pilze heterotroph. Tiere nehmen Nahrung auf und verdauen sie in speziellen Organen, Pilze geben Verdauungsenzyme an die Umgebung ab und nehmen dann die organischen Moleküle auf. Zu den Protista zählen neben den einzelligen *Amöben, Sonnentierchen, Geißeltierchen, Foraminiferen, Wimpertierchen, Kieselalgen* usw. auch relativ einfach gebaute Mehrzeller wie *Schleimpilze, Algenpilze, Braunalgen, Rotalgen* und *Grünalgen*. Solche Algen hatte man zuvor den Pflanzen zugeordnet.

Ein natürliches System der Arten versucht, die Verwandtschaft der Lebewesen wiederzugeben. Es sollte möglichst aus monophyletischen Taxa aufgebaut sein, also nur Gruppen enthalten, die sich auf eine gemeinsame Stammart zurückführen lassen. Alle Lebewesen weisen so viele gemeinsame makromolekulare Besonderheiten auf, dass man davon ausgeht, dass das Leben nur einmal entstanden ist, die gesamte Lebewelt also eine monophyletische Gruppe bildet.

Für die weitere Unterteilung aller Lebewesen braucht man Merkmale, die man bei allen Lebewesen vom Colibakterium bis zum Blauwal vergleichen kann. Morphologische Merkmale sind dafür naturgemäß weniger geeignet als genetische, z. B. die Nucleotidsequenzen bestimmter Markergene. Diese Sequenzen werden in aufwändigen statistischen Verfahren verglichen und in Stammbäume umgewandelt. Aus Übersichtsgründen kann bei umfangreichen Stammbäumen darauf verzichtet werden, alle gleichzeitig lebenden Taxa auf einer Ebene darzustellen (s. Seite 155). Die Reiche der Tiere, Pflanzen und Pilze sind nach dieser Analyse vermutlich monophyletische Gruppen, die Protisten bilden dagegen eine Sammelgruppe für Eukaryoten, die sich nicht klar den Reichen Pilz, Tier oder Pflanze zuordnen lassen. Hier wird es sicher noch weitere Veränderungen in der Systematik geben. Bei den Prokaryoten gibt es zwei Verwandtschaftsgruppen, die sich voneinander so stark unterscheiden wie von den Eukaryoten, die *Archaebakterien* und *Eubakterien*. Archaebakterien leben in extremen Lebensräumen, wie heißen Quellen und Salzseen. Zu den Eubakterien zählen u. a. Cyanobakterien, nitrifizierende Bakterien und Purpurbakterien. Prokaryoten bilden also nicht eine, sondern zwei monophyletische Gruppen. Daher wird vielfach vorgeschlagen, dem Reich ein weiteres Taxon überzuordnen, die *Domäne*. Demnach gibt es drei Domänen, zwei prokaryotische und eine eukaryotische: die *Archaea* (Archaebakterien), die *Bacteria* (Eubakterien) und die *Eukarya* (Eukaryoten).

1 Pilze

Aufgabe

① Stellen Sie die verschiedenen Reiche-Systeme grafisch gegenüber.

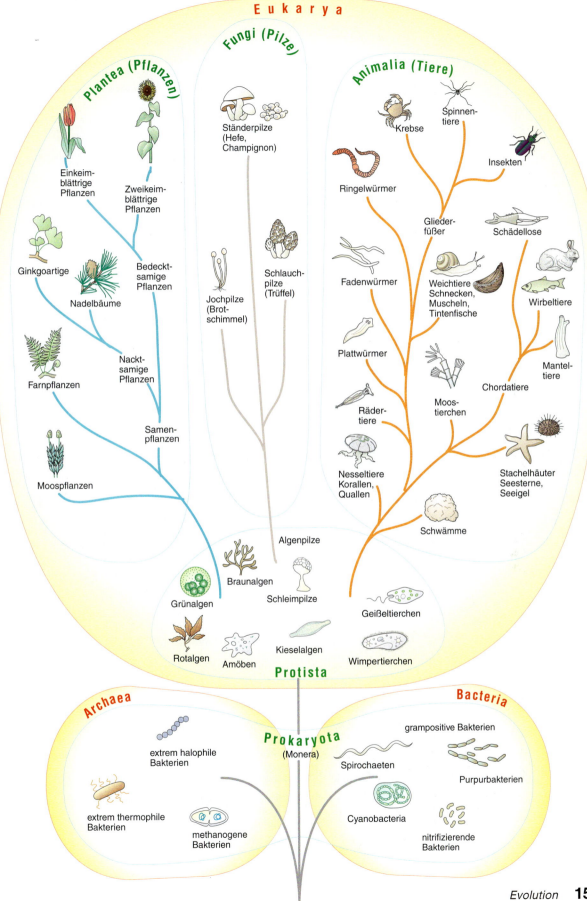

Eukarya

Fungi (Pilze)

Plantea (Pflanzen)

Animalia (Tiere)

Ständerpilze
(Hefe,
Champignon)

Spinnen-
tiere

Krebse

Insekten

Einkeim-
blättrige
Pflanzen

Zweikeim-
blättrige
Pflanzen

Ringelwürmer

Glieder-
füßer

Schädellose

Schlauch-
pilze
(Trüffel)

Ginkgoartige

Bedeckt-
samige
Pflanzen

Jochpilze
(Brot-
schimmel)

Fadenwürmer

Weichtiere
Schnecken,
Muscheln,
Tintenfische

Wirbeltiere

Nadelbäume

Nackt-
samige
Pflanzen

Plattwürmer

Mantel-
tiere

Farnpflanzen

Chordatiere

Räder-
tiere

Moos-
tierchen

Samen-
pflanzen

Moospflanzen

Nesseltiere
Korallen,
Quallen

Stachelhäuter
Seesterne,
Seeigel

Schwämme

Algenpilze

Braunalgen

Schleimpilze

Grünalgen

Geißeltierchen

Rotalgen

Amöben

Kieselalgen

Wimpertierchen

Protista

Archaea

Bacteria

Prokaryota
(Monera)

grampositive Bakterien

extrem halophile
Bakterien

Spirochaeten

Purpurbakterien

extrem thermophile
Bakterien

methanogene
Bakterien

Cyanobacteria

nitrifizierende
Bakterien

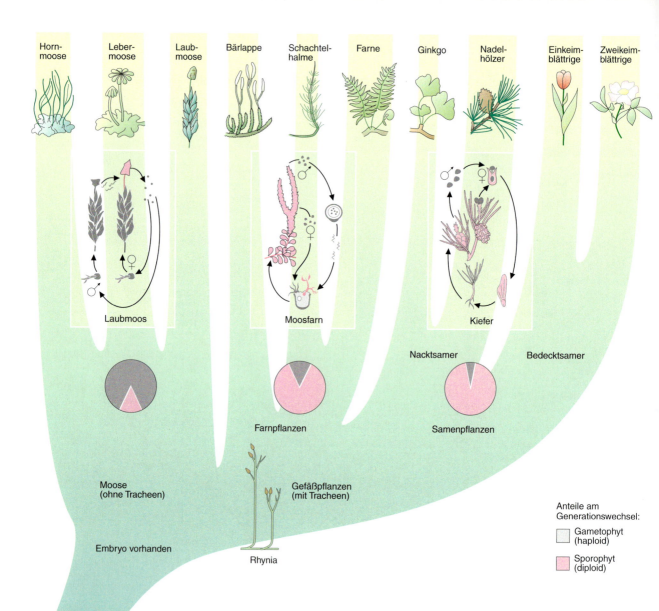

Horn-moose

Leber-moose

Laub-moose

Bärlappe

Schachtel-halme

Farne

Ginkgo

Nadel-hölzer

Einkeim-blättrige

Zweikeim-blättrige

Laubmoos

Moosfarn

Kiefer

Nacktsamer

Bedecktsamer

Farnpflanzen

Samenpflanzen

Moose
(ohne Tracheen)

Gefäßpflanzen
(mit Tracheen)

Anteile am
Generationswechsel:

Gametophyt
(haploid)

Sporophyt
(diploid)

Embryo vorhanden

Rhynia

Grünalgen
(ohne Embryo)

Das Reich der Pflanzen

Die Pflanzen stammen mit großer Sicherheit von grünalgenähnlichen Vorfahren ab. Ein Pflanzenmerkmal ist der Besitz eines Embryos und damit in Zusammenhang stehend eines Generationswechsels zwischen einem haploiden *Gametophyten* und einem diploiden *Sporophyten*. Die einzelnen Strukturen tragen zwar unterschiedliche Bezeichnungen (Pollen, Embryosack, Spore, Vorkeim usw.) sind aber weitgehend homolog. Die gefäßlosen Moose stellen wahrscheinlich eine ältere Seitenlinie dar, die eine eigene Entwicklung durchlaufen hat. Sichere fossile Belege für *Gefäßpflanzen (Tracheophyten)* sind aus den Kieselschiefern des Devon bekannt. Es handelt sich um Pflanzen vom Rhynia-Typ.

Rhynia
Gattung einfach gebauter Pflanzen, die zu den ältesten Besiedlern des Festlandes gehören.

Abteilung: Moose
Echte Wurzeln und Leitbündel fehlen. Das Fotosynthese betreibende Moospflänzchen ist der Gametophyt, auf dem der Sporophyt mit Sporenkapsel sitzt.

Abteilung: Farnpflanzen
Leitbündel mit Tracheen sind vorhanden. Der Gametophyt ist klein, die auffälligere Pflanze wird vom Sporophyten gebildet.

Abteilung: Samenpflanzen
Sie stellen die überwiegende Zahl der heute lebenden Pflanzen. Ihr Generationswechsel ist nicht sofort erkennbar, denn der Gametophyt ist extrem reduziert. Die Verbreitung erfolgt durch Samen.

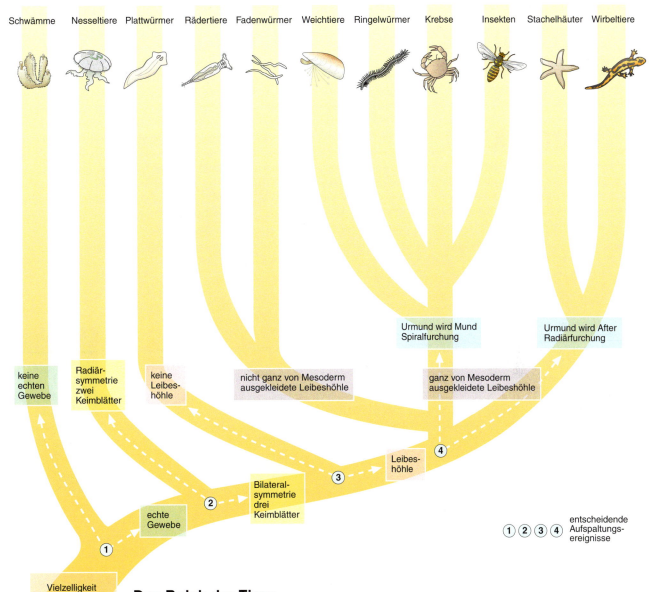

Schwämme Nesseltiere Plattwürmer Rädertiere Fadenwürmer Weichtiere Ringelwürmer Krebse Insekten Stachelhäuter Wirbeltiere

Urmund wird Mund
Spiralfurchung

Urmund wird After
Radiärfurchung

keine
echte
Gewebe

Radiär-
symmetrie
zwei
Keimblätter

keine
Leibes-
höhle

nicht ganz von Mesoderm
ausgekleidete Leibeshöhle

ganz von Mesoderm
ausgekleidete Leibeshöhle

Leibes-
höhle

④

③

echte
Gewebe

②

Bilateral-
symmetrie
drei
Keimblätter

① ② ③ ④ entscheidende
Aufspaltungs-
ereignisse

①

Vielzelligkeit

urtümlicher
Protist

Das Reich der Tiere

Das Tierreich bildet vermutlich eine monophyletische Gruppe aus ca. 30 Stämmen, die sich auf eine 800 Mio. Jahre alte Stammart zurückführen lässt, nur die *Schwämme* könnten unabhängig entstanden sein. Die Embryonalentwicklung spiegelt einige evolutive Schritte wider: Auf einen mit der Gastrula vergleichbaren, radiärsymmetrischen Bauplan lassen sich *Nesseltiere* zurückführen. Bei den weiteren Stämmen bildet sich zusätzlich zum Ento- und Ektoderm als drittes Keimblatt das Mesoderm, der Körper erhält ein Vorderende und wird dadurch bilateralsymmetrisch, *Plattwürmer* bleiben auf dieser Organisationsstufe. Bei allen weiteren wird der Urdarm zum Darmkanal und das Mesoderm umkleidet eine neue Leibeshöhle *(Coelom)* entweder teilweise *(Fadenwürmer, Rädertiere)* oder ganz. Bei *Urmundtieren* wird der ehemalige Urmund zum Mund, ein After bildet sich neu. Dazu gehören *Weichtiere, Ringelwürmer* und *Gliederfüßer.* Ihr Nervensystem liegt als Bauchmark auf der Bauchseite, das Herz auf der Rückenseite. Bei *Neumundtieren* wird der Urmund zum After, der Mund bildet sich neu. Das Nervensystem liegt auf der Rückenseite, das Herz auf der Bauchseite. Das lässt sich bei den sekundär radiärsymmetrischen *Stachelhäutern* allerdings nur noch an Larven beobachten. Die *Chordatiere* entwickeln einen Stützstab *(Chorda)* auf der Rückenseite, der bei den Wirbeltieren vom Knochenskelett (Wirbelsäule) ersetzt wird.

Reproduktion

Unter Reproduktion versteht man im Verlagswesen das Abbilden und Vervielfältigen von Büchern oder Bildern durch Drucktechniken, in der Kunst die Nachbildung eines Originals, in der politischen Ökonomie die Erneuerung im Produktionsprozess, im Unterricht die Wiedergabe von Gelerntem. In allen Fällen wird etwas „wieder hervorgebracht" oder „wieder erzeugt" und für die Reproduktion ist stets eine äußere Instanz nötig.

Im biologischen Bereich wird der Begriff „Reproduktion" als Synonym für Fortpflanzung benutzt. Lebewesen haben im Gegensatz zur unbelebten Natur die Fähigkeit zur Selbstvervielfältigung: Leben erzeugt Leben. Durch die individuell begrenzte Lebenszeit resultiert daraus eine Abfolge von Generationen, die die Möglichkeit zur Veränderung und damit auch zur Evolution schafft. Dazu tragen verschiedene Mechanismen bei, in die der Mensch mehr und mehr durch Gentechnik und Reproduktionsmedizin eingreifen kann.

Rekombination und Vielfalt

Im Verlauf der Meiose werden die elterlichen Erbanlagen durch die zufallsgemäße Verteilung der homologen Chromosomen neu kombiniert. Innerhalb der Chromosomen können die Gene infolge des Stückaustausches umgruppiert werden. Bakterien erreichen Ähnliches durch die sogenannten parasexuellen Vorgänge der Transformation, Transduktion und Konjugation. In allen Fällen resultiert daraus eine größere Vielfalt an Genotypen, die durch Selektion zu einer besseren Angepasstheit der Organismen an ihre Umwelt führt.

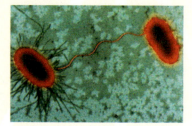

Rekombination und Vielfalt

Spermienreifung

4 haploide Spermien

Replikation und Mutation

Die „identische Replikation" der DNA ist nicht immer ein perfektes Kopieren: Geringfügige Fehler der Polymerase, die die Nucleotide komplementär zum Originalstrang anlagert, führen zu Punktmutationen, andere Fehler etwa zu Rasterverschiebungen, Abbrüchen oder Nonsens-Sequenzen. Trotz der weitgehenden Beibehaltung der genetischen Information können auf diese Weise Varianten erzeugt werden, die „Spielmaterial" für die Evolution darstellen.

Replikation und Mutation

Aus dem Reproduktionslabor

„ICH WÜRDE GERN EIN MENSCH..."
„JAU, SICHER!"
„UND GUTES NIEREN-GEWEBE?!.. IST DAS VIELLEICHT NICHTS?!?"

PETRI-SCHALEN-KONVERSATION

Ungeschlechtliche Fortpflanzung

Einzeller teilen sich, Pflanzen bilden Ausläufer, Brutknospen oder Tochterzwiebeln. Eine derartige *asexuelle Fortpflanzung* ist bei höheren Tieren äußerst selten, jedoch können genetisch identische Organismen künstlich durch *Klonen* auch bei Säugetieren hergestellt werden. Ungeschlechtliche Fortpflanzung — in der keine Neukombination der Erbanlagen möglich ist — darf nicht verwechselt werden mit eingeschlechtlicher Fortpflanzung *(Parthenogenese)*, die z. B den Blattläusen eine Massenvermehrung ermöglicht.

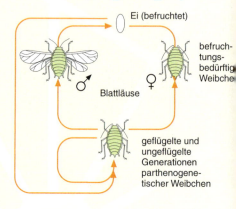

Ei (befruchtet)

befruchtungsbedürftig Weibchen

Blattläuse

geflügelte und ungeflügelte Generationen parthenogenetischer Weibchen

ungeschlechtliche Fortpflanzung

● Zusammenhänge denken ● Zusammenhänge erkennen ● Zusammenhänge erarbeiter

Sexualität

Fortpflanzungsstrategien

Eltern investieren in ihren Nachwuchs. Das verursacht Kosten. Bestimmte Verhaltensstrategien gewährleisten einen möglichst effektiven Einsatz der begrenzten Kapazitäten. Dies kann sich z. B. darin äußern, dass sich eine Organismenart im Verlauf ihres Lebens selten fortpflanzt, dabei aber z. B. durch Brutpflege viel investiert. Eine andere Organismenart kann mit weniger Aufwand häufiger viele Nachkommen haben. Durch die Selektion wird jeweils der bestmögliche Kompromiss begünstigt. Ausschlaggebend sind fast immer ökologische Faktoren.

Agaven kommen in trocken-heißen Lebensräumen vor und vermehren sich ungeschlechtlich. Blüten- bzw. Fruchtbildung erfolgt nur in außergewöhnlich niederschlagsreichen Jahren. Dies ermöglicht den Jungpflanzen eine erfolgreiche Keimung. Das Überangebot an Samen wird nicht komplett vertilgt.

Sexualität

Bei der sexuellen Fortpflanzung wird eine große, stationäre, weibliche Keimzelle von einer kleinen, beweglichen männlichen Keimzelle befruchtet. Die Anzahl der lebensfähigen Fortpflanzungseinheiten (Spermien bzw. fertile Pollen, Eizellen bzw. keimfähige Samenanlagen) bestimmt die *reproduktive Effizienz* der Organismen. Die Selektion legt dagegen den *reproduktiven Erfolg* fest, also die Anzahl der überlebenden Nachkommen. Dadurch verändert sich die Häufigkeit der Allele verschiedener Gene *(reproduktive Fitness)*. Auch helfende Geschwister haben eine reproduktive Fitness.

Fortpflanzungsstrategien

Aufgaben

① Die sogenannte *Big-Bang-Strategie* wird z. B. von einigen Bambusgewächsen verfolgt: Die Organismen durchlaufen über mehrere Jahre nur vegetative Wachstumsphasen, investieren dann ihre gesamte Energie in eine einzige sexuelle Reproduktionsphase und sterben danach ab. Nennen Sie die Vor- und Nachteile.

② Beim Pazifischen Lachs zehren die Männchen und Weibchen während der Wanderung zum Paarungsort von ihrem Körpervorrat und gehen nach dem Ablaichen zugrunde. Beschreiben Sie Kosten und Nutzen dieser Strategie.

③ Beurteilen Sie Revierverteidigung, Brutpflege oder Brutfürsorge oder den Bau spezifischer Nester zur Aufzucht der Nachkommen im Hinblick auf die reproduktive Fitness.

④ Reproduktion im Sinne von „Erzeugen von Nachkommen" bedeutet nicht automatisch Vermehrung. Begründen Sie dies.

⑤ Die verschiedenen Formen der ungeschlechtlichen (vegetativen) Fortpflanzung gewährleisten, dass ein Individuum Kopien aller seiner Gene weitergibt. Stellen Sie die Vor- und Nachteile im Vergleich mit der geschlechtlichen Fortpflanzung dar.

⑥ Fitness im Sinne DARWINS wird nicht an der Anzahl der Nachkommen gemessen, sondern daran, wie viele von ihnen überleben und selbst wieder Nachkommen haben. Daraus ergeben sich unterschiedliche Fortpflanzungsstrategien. Erläutern Sie die Zusammenhänge.

⑦ Buschblauhäher haben sog. „Helfer am Nest", die sich selbst nicht fortpflanzen. Unter welchen Bedingungen kann dieses auf den ersten Blick uneigennützige (altruistische) Verhalten einen reproduktiven Fitnessgewinn darstellen?

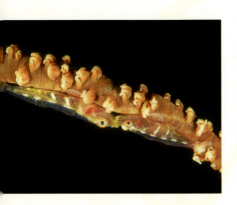

Geschlechtsbestimmung

Normalerweise wird das Geschlecht bei der Befruchtung der Eizelle irreversibel festgelegt *(genotypische Geschlechtsbestimmung)*. In seltenen Fällen können Außenfaktoren wie die Temperatur ausschlaggebend sein. Für den Igelwurm ist es der Kontakt des Larvenstadiums mit einem Weibchen, der die Entwicklung zum Männchen festlegt. Bei der Korallengrundel sind es ökologische Faktoren: Im Great Barrier Reef vor der australischen Küste findet dieser Fisch nur schwer geeignete Korallenstöcke, die das paarweise Brüten erlauben. Jungfische bleiben daher geschlechtsneutral. Frei werdende Brutplätze besetzen Fische sofort und der Partner nimmt dann jeweils das fehlende Geschlecht an.

Geschlechtsbestimmung

Zusammenhänge denken ● Zusammenhänge erkennen ● Zusammenhänge erarbeiten ●

Variabilität und Angepasstheit

Betrachtet man die Gliedmaßen der Wirbeltiere und ihren Körperbau, so ergeben sich meist eindeutige Hinweise auf Lebensraum und Lebensweise. Eine derartige Beziehung zwischen Bau, Funktion und Umwelt gilt für alle Lebewesen. Als *Angepasstheit* wird sie dann bezeichnet, wenn eine Struktur und die damit verbundene Funktion das Überleben der Organismen fördert. Ein Beispiel ist der Hase, der sich eng an den Boden drückt und durch seine Fellfarbe gut getarnt ist. Dieser im Verlauf der Evolution erreichte Zustand wird häufig von dem Prozess der *Anpassung* unterschieden. Damit ist nicht eine schrittweise genetische Veränderung über mehrere Generationen gemeint, sondern die individuelle Anpassung, wie sie z. B. das Chamäleon demonstriert bzw. wie sie durch Modifikationen hervorgerufen wird.

Angepasstheit wird durch *Variabilität* ermöglicht und durch Selektion bewirkt. Variabilität bedeutet, dass sich Individuen, Zellen, Programme, Funktionen, Strukturen oder Strategien unterscheiden. Einige dieser Varianten erfüllen die Anforderungen der Lebensbedingungen besser als andere. Ist dies genetisch fixiert, unterliegen sie der Selektion und bleiben bevorzugt erhalten oder sterben aus. Dadurch entsteht — im Verlauf vieler Schritte bzw. Generationen — die *Angepasstheit* bezüglich der augenblicklichen Umwelt.

Plastizität

Der Fähigkeit von Lebewesen zur individuellen Anpassung liegen Genotypen zugrunde, die abhängig von der Umwelt unterschiedliche Phänotypen entstehen lassen (im Gegensatz zum genetisch fixierten Polymorphismus). Dadurch entstehen sichtbare *Modifikationen*. Auch das Nervensystem passt sich anatomisch an gemachte Erfahrungen an *(Neuroplastizität)*. Unter ökologischen Gesichtspunkten ist die Plastizität die Fähigkeit der Organismen, in bestimmten Bereichen eines oder mehrerer Umweltfaktoren über längere Zeit zu existieren *(Reaktionskurve)*.

Plastizität

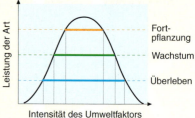

Leistung der Art / Intensität des Umweltfaktors

Fortpflanzung
Wachstum
Überleben

Gestalt und Umwelt

Durch eine ähnliche Lebensweise können unabhängig von der Verwandtschaft der Arten weitgehende Übereinstimmungen in der Form und Gestalt des Körpers oder einzelner Organe entstehen. Ein bekanntes Beispiel für diese *Konvergenz* ist die strömungsgünstige Körperform verschiedener Wirbeltierarten. Umgekehrt können sich aber auch — wie die Darwinfinken zeigen — Gründerpopulationen in zahlreiche neue Arten auffächern, wenn die Umwelt dies zulässt *(adaptive Radiation)*. Frösche oder Insekten verändern sich im Verlauf der Individualentwicklung *(Metamorphose)*.

Gestalt und Umwelt

Polymorphismus

Polymorphismus bedeutet, dass die Individuen in einer Population genetisch bedingt ein unterschiedliches Erscheinungsbild zeigen, aber keine Unterarten oder Rassen darstellen. Zwischen den verschiedenen Phänotypen muss es keine kontinuierlichen Übergänge geben, wie z. B. der Saisondimorphismus des Landkärtchens zeigt. Einige Pflanzen des Weißklees setzen z. B. Blausäure als Reaktion auf Pflanzenfresser frei, schützen sich aber dort nicht, wo wenig Schnecken vorkommen. Blausäure freisetzende Pflanzen sind empfindlicher gegenüber Frost und Infektionen.

Polymorphismus

● Zusammenhänge denken ● Zusammenhänge erkennen ● Zusammenhänge erarbeiten

Biochemische Anpassung

Biochemische Anpassung

Organismen können die meisten Stoffwechselprozesse veränderten Umweltbedingungen anpassen und dann auf dieser Basis durch Regulation wieder konstant halten. Menschen, die in großer Höhe leben, sind z. B. an ein vermindertes Sauerstoffangebot durch *erhöhte Hämoglobinkonzentrationen* angepasst. Insekten und Amphibien produzieren bei extrem niedrigen Temperaturen *Gefrierschutzproteine*, die Eisbildung in der Körperflüssigkeit verhindern. Im Gehirn der Regenbogenforelle variiert die Acetylcholinesterase in Abhängigkeit von der Temperatur. Auch die verstärkte Ausbildung von Muskeln bei häufigem Gebrauch kann auf biochemische Prozesse zurückgeführt werden.

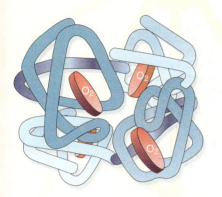

Aufgaben

① Man sagt, die Selektion arbeitet nach dem Schrotschussprinzip. Erläutern Sie dies.

② Suchen Sie nach je einem Beispiel für genetisch fixierten Polymorphismus, balancierten Polymorphismus sowie Plastizität und vergleichen Sie die Beispiele.

③ Nach Hirnverletzungen können Betroffene unter entsprechender Therapie bestimmte Tätigkeiten wieder erlernen oder vollständig gesund werden. Worauf beruht das und wie lässt es sich erklären?

④ Biochemische Anpassungen können auf Veränderung der Genexpression oder der Enzymaktivität beruhen. Erläutern Sie dies.

⑤ Durch die Evolution lässt sich einerseits die hohe Diversität der Lebensformen erklären, andererseits aber auch die Tatsche, dass alle Organismen gemeinsame Kennzeichen des Lebendigen aufweisen. Begründen Sie dies.

⑥ Prüfen Sie die Eignung des Begriffs „Überleben des Stärkeren" zur Beschreibung der Selektion.

⑦ Viele Krankheitserreger lassen sich durch Antibiotika nicht mehr bekämpfen. Beschreiben Sie den Prozess der Resistenzbildung und ermitteln Sie den Bezug zu Variabilität und Angepasstheit.

⑧ In der medizinischen oder industriellen Forschung wird ein Ausgangsstoff in kleinen Schritten gezielt oder zufällig verändert und dann auf Wirksamkeit geprüft. Vergleichen Sie dies mit der biologischen Evolution.

⑨ Vergleichen Sie die Umfärbung der Scholle, eines Hermelins im Winter und die Tarnfarbe eines Feldhasen unter dem Aspekt von Anpassung und Angepasstheit.

Klonselektion im Immunsystem

Das Immunsystem stellt unermesslich viele B-Zellen her, von denen jede einen anderen Antikörper bilden kann. Nur die Zelle, die ein Antigen erkannt hat, vermehrt sich und stellt als Plasmazelle den passenden Antikörper in großen Mengen her. Dadurch findet eine selektive Produktion von jenen Antikörpern statt, die der Bekämpfung der Eindringlinge dienen.

Klonselektion im Immunsystem

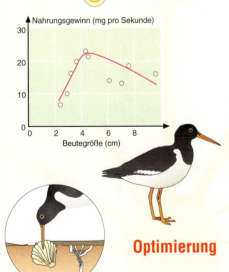

Nahrungsgewinn (mg pro Sekunde)

Beutegröße (cm)

Optimierung

Ziel einer Optimierung kann es sein, mit einem Minimum an Aufwand ein Maximum an Nutzen zu erreichen und unter dem Aspekt der Wirtschaftlichkeit die Ressourcen zu schonen. Biologen untersuchen ähnlich wie Wirtschaftswissenschaftler Gewinn und Verlust, in der Biologie aber bezogen auf Kosten und Nutzen der in der Evolution entstandenen Angepasstheiten. Als Kosten gelten die Energiemengen, die investiert werden; der Nutzen bezieht sich z. B. auf das Verhalten im Sinne von Fitnessmaximierung *(Adaptationswert)*.

Optimierung

Zusammenhänge denken ● Zusammenhänge erkennen ● Zusammenhänge erarbeiten ●

Basis
Konzepte

Geschichte und Verwandtschaft

"Nothing in biology makes sense except in the light of evolution." Dieser Satz von THEODOSIUS DOBZHANSKY (1900 – 1975) verdeutlicht, dass alle Beobachtungen in der Biologie letztlich durch die Evolutionsprozesse erklärt werden können. Alle heute existierenden Arten einschließlich des Menschen haben einen gemeinsamen Ursprung. Über die Zeit betrachtet ist nur die Dauer der gemeinsamen Entwicklung unterschiedlich. Das Maß für diese gemeinsame Geschichte ist der Verwandtschaftsgrad.

Die heute zu beobachtende Vielfalt der Lebewesen lässt sich aus der Geschichte und Verwandtschaft erklären, die wiederum in enger Verbindung zu den Konzepten von „Variabilität und Angepasstheit" und „Reproduktion" stehen.

Kennzeichen des Lebendigen

Stoffwechsel, zelluläre Organisation, Wachstum, Fortpflanzung, Reizbarkeit, Regulationsfähigkeit, Bewegung und Angepasstheit sind Kennzeichen des Lebendigen. Diese wenigen Kriterien charakterisieren — wenn alle zusammen zutreffen — ein Lebewesen. Sie sind seit der Entstehung der Organismen stabil. Daraus hat sich eine hohe Diversität der Lebensformen auf allen Organisationsebenen entwickelt.

Kennzeichen des Lebendigen

Zufallsprinzip

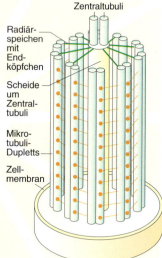

Zentraltubuli

Radiärspeichen mit Endköpfchen

Scheide um Zentraltubuli

Mikrotubuli-Dupletts

Zellmembran

Zufallsprinzip

Mutationen sind ebenso zufällig wie die Tatsache, dass sich ausgerechnet fünf Finger oder sieben Halswirbel entwickelt haben. Trotzdem unterschieden sich diese „Zufälle": Für einige — die objektiv zufälligen Entwicklungen — lassen sich keine Ursachen und für andere — subjektiv zufälligen — keine Erklärungen in Form von Angepasstheiten finden. Die Zahl der Mikrotubuli bei Geißeln und Wimpern in einer 9 x 2 + 2-Anordnung an sich scheint zufällig, das Vorhandensein bei allen Eukaryoten wird aber durch Abstammung von einer gemeinsamen Urform erklärt.

Eukaryoten

Gliederfüßer
Rundwürmer
Wimpertierchen, Dinoflagellaten
Braun- und Goldalgen
Wirbeltiere (Mensch)
Rotalgen
Weichtiere
Schleimpilze
Pilze
Grünalgen, Pflanzen
Euglenen
Amöben
Amöben-Flagellaten
Diplomonaden
Trichomonaden
Microsporidien

Systematik

Verwandtschaften können z. B. in Form eines Stammbaums aufgezeigt werden. Bei jeder neuen Erkenntnis müssen diese Stammbäume angepasst werden. So rücken zurzeit Archaebakterien aus heißen Quellen oder schwarzen Rauchern — das sind Minivulkane am Grund der Tiefsee — zunehmend ins Zentrum der Forschung. Diese Extremophilen bevorzugen hohe Temperaturen oder Schwefelkonzentrationen, Erdöl oder Salzseen. Der innere Aufbau der Archaebakterien stellt sie zwar in die Nähe der bisher bekannten Bakterien, ihre Biochemie weist aber so viele Besonderheiten auf, dass Systematiker ihnen eine Sonderstellung geben.

Systematik

● Zusammenhänge denken ● Zusammenhänge erkennen ● Zusammenhänge erarbeiten

Einmaligkeit

Einmaligkeit

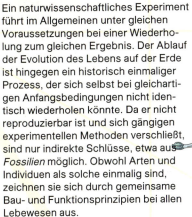

Ein naturwissenschaftliches Experiment führt im Allgemeinen unter gleichen Voraussetzungen bei einer Wiederholung zum gleichen Ergebnis. Der Ablauf der Evolution des Lebens auf der Erde ist hingegen ein historisch einmaliger Prozess, der sich selbst bei gleichartigen Anfangsbedingungen nicht identisch wiederholen könnte. Da er nicht reproduzierbar ist und sich gängigen experimentellen Methoden verschließt, sind nur indirekte Schlüsse, etwa aus *Fossilien* möglich. Obwohl Arten und Individuen als solche einmalig sind, zeichnen sie sich durch gemeinsame Bau- und Funktionsprinzipien bei allen Lebewesen aus.

Funktionale Fragen

Die Angepasstheiten der Lebewesen an ihre Umwelt sehen so auffällig nach gezielter Gestaltung aus, dass sie bis zur Formulierung des Prinzips der natürlichen Selektion als Beweis für die Existenz Gottes galten. Während in anderen Naturwissenschaften die Fragen „Was?", „Wie?" und „Warum?" bearbeitet werden, auf die es nur beschreibende und kausal begründende Antworten gibt, stellt die Biologie auch die funktionale Frage nach der biologischen Bedeutung: „Wozu?". Ohne Antwort auf diese Frage sind die Eigenschaften der Lebewesen nicht zu verstehen. In allen anderen Naturwissenschaften ist diese Frage sinnlos.

Funktionale Fragen

Aufgaben

① „Der genetische Code ist universell und redundant." Erläutern Sie diese Behauptung und den Bezug zum vorliegenden Thema.

② Gilt das Zufallsprinzip auch für die Koevolution? Diskutieren Sie mögliche Zusammenhänge.

③ Suchen Sie nach je einem Beispiel für „Zweckmäßigkeit" aus den Bereichen Biologie, Medizin und Technik. Welche Kriterien liegen der Auswahl zugrunde?

④ Lebewesen besitzen im Unterschied zu nicht lebenden Systemen ihr eigenes, über Millionen Jahre optimiertes, genetisches Programm. Betrachten Sie mögliche Auswirkungen der Gentechnik unter evolutionären Gesichtspunkten.

⑤ Analysieren Sie die besonderen Einflüsse, denen Inselpopulationen ausgesetzt sind, unter genetischen und evolutionsbiologischen Aspekten.

⑥ Das Aktualitätsprinzip wurde von C. LYELL (1797 – 1875) formuliert. Er versuchte, in der Vergangenheit abgelaufene Prozesse nur durch solche Kausalfaktoren zu erklären, die auch heute wirksam und daher analysierbar sind. Welche Evolutionsfaktoren könnten demgemäß zur biologischen Vielfalt geführt haben?

Wechselseitige Beziehungen

Blüten und ihre Bestäuber zeigen, dass der Bau einer Blüte genau an die Tierart angepasst sein kann, welche die Pollen transportiert. Derartige wechselseitige Beziehungen zwischen verschiedenen Arten führen zu Spezialisierungen auf beiden Seiten. Diese *Koevolution* gilt für Symbiosen, Räuber-Beute-Systeme oder Parasit-Wirt-Beziehungen. Dringen Arten in fremde Ökosysteme vor, fehlt der wechselseitige Anpassungsprozess. Aussterben oder Massenvermehrung der Eindringlinge kann die Folge sein. Werden einzelne Gruppen wie z. B. Inselpopulationen vom Prozess abgeschnitten, können neue Arten entstehen.

Wechselseitige Beziehungen

● Zusammenhänge denken ● Zusammenhänge erkennen ● Zusammenhänge erarbeiten ●

adaptive Radiation
Aufspaltung einer Ursprungs-(Stamm-) Art in zahlreiche abgeleitete Arten durch evolutive Anpassung an verschiedene ökologische Bedingungen in meist unbesetzten Lebensräumen in einem geologisch kurzen Zeitraum

aerob
werden Stoffwechselprozesse genannt, die nur in Gegenwart von Sauerstoff ablaufen bzw. die Lebensweise in sauerstoffhaltiger Umgebung (vgl. *anaerob*)

Aktivierungsenergie
der Mehrbetrag an Energie, der zusätzlich zum durchschnittlichen Energiegehalt der kleinsten Teilchen eines Stoffes notwendig ist, um eine chemische Reaktion zwischen ihnen auszulösen

Aktualitätshypothese
Annahme, dass heute geltende naturwissenschaftliche Gesetze auch in der Vergangenheit gültig waren

Allel
eine von mehreren möglichen Ausführungen eines Gens, von dem diploide Körperzellen zwei enthalten, haploide Keimzellen eines.

Allelhäufigkeit
relative Häufigkeit der Allele im Genpool; die Summe der Häufigkeiten der Allele eines Gens ist 1

allopatrisch
allos (gr.) „anders", *patria* (lat.) „Heimat" = „in verschiedenen Gebieten"; Entstehung von Arten aus geografisch isolierten Populationen einer Ursprungsart

allosterisch
Fähigkeit eines Moleküls, reversibel mehrere stabile Formen einnehmen zu können; bei Enzymen häufig eine aktive und eine inaktive Form

Altruismus
selbstloses Verhalten, Begünstigung anderer Artgenossen, Gegensatz zu Egoismus

Aminosäure
organische Säure, die neben der Carboxylgruppe eine Aminogruppe enthält; in freier Form und als Baustein von Peptiden und Proteinen in der Zelle allgemein verbreitet

anaerob
werden Stoffwechselprozesse genannt, die ohne Beteiligung von Sauerstoff ablaufen bzw. die Lebensweise von Organismen in sauerstofffreier Umgebung (vgl. *aerob*)

Analogie
Ähnlichkeit in Gestalt oder anderen Merkmalen, die aufgrund übereinstimmender Selektionsbedingungen unabhängig entstanden sind und die nicht auf gemeinsamer Herkunft beruht (vgl. *Homologie*)

Angepasstheit
Eigenschaft eines Lebewesens, die sein Überleben in einer bestimmten Umwelt fördert

Anpassung
Prozess, in dessen Verlauf Individuen Eigenschaften aufweisen, die für das Überleben förderlich sind

Archaebakterien (Archaea)
urtümliche, an extreme Lebensbedingungen angepasste Prokaryoten; im Zellaufbau den echten Bakterien *(Eubacteria)* ähnlich

Art
Man unterscheidet zwei verschiedene Konzepte, die beide je nach Zusammenhang sinnvoll sind:
morphologische Art: eine Gruppe von Lebewesen, die in wesentlichen Merkmalen übereinstimmen
biologische Art: alle Individuen, die unter natürlichen Bedingungen derselben Fortpflanzungsgemeinschaft angehören

Artbildung
Prozess der Entstehung neuer Arten aus einer Ursprungsart; man unterscheidet *allopatrische Artbildung* bei räumlicher Trennung von Populationen und *sympatrische Artbildung* bei gemeinsamem Vorkommen

Assimilation
bei Stoffwechselvorgängen: Aufbau organischer Substanzen aus anorganischen Ausgangsstoffen; auch Umbau aufgenommener Nährstoffe in körpereigene Stoffe (vgl. *Dissimilation*)

Atmung
äußere Atmung: Sauerstoff- und Kohlenstoffdioxidaustausch mit der Umgebung; *innere Atmung bzw. Zellatmung:* aerobe Stoffwechselvorgänge zur Energiefreisetzung in Zellen

ATP (Adenosintriphosphat)
wichtigster Energiespeicher und -überträger des Stoffwechsels, entsteht aus ADP und Phosphat unter Energieaufnahme; setzt beim Zerfall 30,5 kJ/mol frei und treibt dadurch endergonische Reaktionen an oder macht durch Übertragung von Phosphat andere Stoffe energiereicher und damit reaktionsfähiger

Autotrophie
Ernährungsweise, bei der nur anorganische Stoffe benötigt werden *(Fotosynthese, Chemosynthese;* vgl. *Heterotrophie)*

Bakteriophage (Phage)
Virus, das Bakterien befällt; es nutzt den Syntheseapparat der Bakterienzelle zur eigenen Vermehrung

Bakterium
Angehöriger einer systematischen Gruppe von einzelligen, zellkernlosen (prokaryotischen) Kleinstlebewesen; man unterscheidet echte Bakterien *(Bacteria)* von den Archaebakterien *(Archaea)*

Bateman-Prinzip
Tatsache, dass Männchen durch Paarungen mit mehreren Weibchen ihre Nachkommenzahl erhöhen können, Weibchen durch Paarungen mit mehreren Männchen jedoch normalerweise nicht

Befruchtung
Verschmelzung der Zellkerne zweier Keimzellen zu einer befruchteten Eizelle *(Zygote)*; nach der Besamung

Beschädigungskampf
risikoreiches Kampfverhalten, bei dem Tiere verletzende Waffen verwenden, wie z. B. Zähne, Krallen, Geweihspitzen u. a.; tödlicher Ausgang möglich (siehe *Kommentkampf*)

Biogenetische Grundregel
Während der Keimesentwicklung eines Individuums zeigen einige Stadien Merkmale von Organismengruppen, die man als frühere Stufen der Stammesentwicklung ansieht. Die Keimesentwicklung scheint also die Stammesgeschichte sehr kurz zu wiederholen.

Biomembran
Doppelmembran mit einer immer gleichen Grundstruktur, die jede Zelle umgibt bzw. in kleinere Räume aufteilt

Bionik
wissenschaftliche Disziplin, die sich mit der technischen Umsetzung und Anwendung von Strukturen nach dem Vorbild biologischer Systeme beschäftigt

Brückentier
Organismus, der Merkmale stammesgeschichtlich älterer und jüngerer Tiergruppen aufweist

Bruthelfer
Tier, das nahen Verwandten (meist Eltern oder Geschwistern) bei der Jungenaufzucht hilft und auf eigene Fortpflanzung verzichtet

Chordatiere
Tierstamm, der durch einen primär rückseitig *(dorsal)* liegenden Stützstab gekennzeichnet ist; neben den Wirbeltieren gehören dazu die Manteltiere und die Schädellosen

Cyanobakterien
zu den Bakterien gehörende *Prokaryoten*, die Fotosynthese betreiben können; früher „Blaualgen"

Darwinismus
Konzepte, die sich auf die Selektionstheorie von CHARLES DARWIN berufen, ausgehend von gemeinsamer Abstammung, Artbildung in Populationen, allmählichem Ablauf *(Gradualismus)* und natürlicher *Selektion*, die auf verschiedene Phänotypen in einer Population wirkt

Dendrogramm
Darstellung der Verwandtschaft von Lebewesen in einem baumartigen Schema; der Begriff wird vor allem für Stammbäume benutzt, denen eine statistische Clusteranalyse zugrunde liegt

Dissimilation
Gesamtheit aller abbauenden, der Energiefreisetzung dienenden Stoffwechselwege (vgl. *Assimilation*)

Divergenz
beschreibt das Auseinanderlaufen von evolutiven Entwicklungslinien zu größeren Unterschieden hin (vgl. *Konvergenz*)

Diversität
Arten-Mannigfaltigkeit in einem Ökosystem; bei gleicher Artenanzahl haben solche Biozönosen eine geringere Diversität, bei denen einzelne Arten gegenüber anderen stark dominieren.

DNA = DNS
(Desoxyribonucleinsäure)
schraubig gewundene, zweisträngige Kette von *Nucleotiden* (aus Desoxyribose, Phosphat und einer der 4 Basen Adenin, Thymin, Guanin und Cytosin); die Reihenfolge der Nucleotide in einem Nucleinsäurestrang verschlüsselt die genetische Information (Basensequenz)

Domestikation
der Prozess der Haustierwerdung und der Entwicklung von Kulturpflanzen aus Wildformen als Folge menschlicher Zuchtwahl

Einnischung
Spezialisierung auf eine ökologische Nische

Elektrophorese
Methoden, mit denen Moleküle *(Proteine, Nucleinsäuren)* in einem Gleichspannungsfeld nach ihrer Masse und Ladung aufgetrennt werden

Elterninvestment
Fürsorgeaufwand, den Eltern in die Aufzucht von Nachkommen investieren, der dessen Überlebenswahrscheinlichkeit erhöht, aber die Eltern teilweise daran hindert, weitere Nachkommen zu produzieren oder zu wachsen

endemisch
nur in einem bestimmten, meist recht kleinen Gebiet vorkommend, z. B. auf Inseln oder in einem See

Endosymbiontenhypothese
gut belegte Hypothese über den Ursprung der Eukaryotenzelle *(Eucyte)*; demnach ist die Eucyte aus einer symbiontischen Gemeinschaft von Zellen hervorgegangen; *Mitochondrien* entstanden aus bakterienartigen Zellen, *Plastiden* aus cyanobakterienartigen Zellen

Energie, freie
genauer: *freie Reaktionsenthalpie* (Symbol ΔG); Energieangabe, die *Enthalpie* und *Entropie* in Beziehung setzt; gibt an, ob eine Reaktion freiwillig ablaufen kann ($\Delta G < 0$) oder nicht ($\Delta G > 0$)

Enthalpie
genauer: *Reaktionsenthalpie*; Menge an Wärmeenergie, die bei einer chemischen Reaktion bei gleich bleibendem Druck umgesetzt wird (Symbol: ΔH)

Entropie
Maß für die Unordnung bzw. Wahrscheinlichkeit eines Zustandes in einem System (Symbol S); bei allen Veränderungen in einem abgeschlossenen System nimmt die Entropie zu ($\Delta S > 0$)

Enzym
Protein, das als Biokatalysator wirkt und dadurch die chemische Umsetzung bei Stoffwechselprozessen beschleunigt

Erdzeitalter
Phasen der Erdgeschichte, die durch kurze Zeiten massiven Aussterbens von Arten abgegrenzt sind; man unterscheidet Erdaltertum (Paläozoikum, vor 570 – 250 Mio. Jahren), Erdmittelalter (Mesozoikum, vor 250 – 65 Mio. Jahren) und Erdneuzeit (Känozoikum, jünger als 65 Mio. Jahre)

Ethnozentrismus
Sichtweise, nach der die Eigenschaften der eigenen Volksgruppe (Kultur) höher bewertet werden als die anderer Kulturen

Eucyte
Zelltyp; Grundbaustein aller *Eukaryoten*; unterscheidet sich u. a. durch den Besitz von Zellkern *(Nucleus)*, *Mitochondrien* und die reiche Kompartimentierung von der *Protocyte* (vgl. *Protocyte*)

Eukaryoten (auch Eukaryonten)
ein- und vielzellige Lebewesen, deren Zelltyp die Eucyte ist; dazu gehören Protisten, Pflanzen, Pilze und Tiere

Evolution
allgemein: alle Prozesse, die zur Entstehung des Lebens in seiner heutigen Vielfalt geführt haben
nach der Synthetischen Evolutionstheorie: Veränderung der Genotypen- und Allelhäufigkeit im Laufe von Generationen

Evolutionsfaktoren
Vorgänge und Prozesse, die zu Veränderungen der Allelhäufigkeiten in einer Population führen, also Mutation, Rekombination, Selektion, Isolation und Gendrift

Fitness, reproduktive
Maß für den Lebensfortpflanzungserfolg eines Individuums; es steht für die Fähigkeit, seine Gene in der Folgegeneration zu verbreiten

Flaschenhalseffekt
Form von *Gendrift*, die sich aus einer drastischen Verkleinerung einer Population, z. B. durch eine Naturkatastrophe, ergibt

Flechten
systematische Gruppe von Organismen, die aus einer Symbiose von Pilz und Grünalgen oder Cyanobakterien bestehen

Fließgleichgewicht
Zustand gleicher Konzentrationen von Stoffen in einem offenen System bei dauerndem Zu- und Abfluss von Stoffen und Energie

Fortpflanzung
Kennzeichen des Lebens, wobei durch die Weitergabe genetischer Information artgleiche, eigenständige Individuen entstehen. Zur geschlechtlichen *(sexuellen)* Fortpflanzung gehört die Befruchtung von Keimzellen. Bei der ungeschlechtlichen *(asexuellen)* Fortpflanzung entstehen neue Lebewesen aus einem Teil des Elternorganismus. Fortpflanzung ist meistens mit einer *Vermehrung* verbunden.

Fortpflanzungsstrategie
betrachtet den Anteil der verfügbaren Biomasse und Energie, der von Individuen einer Art für die Fortpflanzung eingesetzt wird; der Anteil ist genetisch bestimmt

Fossil
versteinerter Rest oder Spur eines Lebewesens in Gesteinen bzw. Sedimenten früherer Perioden der Erdgeschichte

Gamet (Geschlechtszelle, Keimzelle)
haploide Ei- oder Spermienzelle, die sich im Gegensatz zur *Spore* erst nach einer Befruchtung zu einem mehrzelligen Organismus weiterentwickelt; in diploiden Organismen entstehen Gameten in spezialisierten Organen *(Gonaden)* durch eine besondere Zellteilung *(Meiose)*, in haploiden Organismen durch *Mitose*

Gametophyt
mehrzellige, haploide Generation der Pflanzen, die (mitotisch) Keimzellen hervorbringt; aus den befruchteten Keimzellen geht anschließend die Sporen bildende diploide Generation *(Sporophyt)* hervor. Gametophyt der Moose: Moospflänzchen, Gametophyt der Farne: Prothallium, Gametophyt

der Samenpflanzen: unscheinbare Zellgruppe im Innern des Sporophyten.

Gärung
anaerobe Form der Energiefreisetzung; je nach Gärungstyp entstehen Endprodukte wie Ethanol und CO_2 oder Milchsäure

Gen
Funktionseinheit der Erbinformation, die auf einem *Chromosom* liegt und aus *DNA* besteht; ein Gen ist nach heutiger Auffassung der DNA-Abschnitt, der für ein RNA-Molekül codiert

Gendrift
durch Zufallsereignisse bedingte, sprunghafte Veränderung von Gen- bzw. Allelhäufigkeiten, die in kleinen Populationen von Bedeutung sind *(Gründereffekt, Flaschenhalseffekt)*

Generationswechsel
Entwicklungszyklus einer Art, bei der sich Generationen mit unterschiedlicher *Fortpflanzung* abwechseln

genetisch bedingte Krankheit
(auch Erbkrankheit)
Erkrankung, die auf der Vererbung veränderter *Gene* oder *Chromosomen* beruht

genetischer Fingerabdruck
Verfahren zur Analyse von DNA aus Haaren, Blutflecken und anderem Material zur Identifizierung von Personen, fachsprachlich auch *DNA-Typisierung* oder *DNA-Profiling* genannt

Genom
Gesamtheit des genetischen Materials (codierende und nicht codierende DNA-Abschnitte) eines Organismus im einfachen Chromosomensatz

Genotyp
Beschreibung der Gesamtheit der Gene eines Organismus

Genpool
Gesamtheit aller Gene in einer Population zu einem bestimmten Zeitpunkt

Glykolyse
erster Teil des Glucoseabbaus bis zur Brenztraubensäure

Gradualismus
Sichtweise der evolutionären Veränderungen von Lebewesen, die von

gleitenden, allmählichen *(graduellen)*, nicht sprunghaften Übergängen bei der Bildung neuer Organe oder Organsysteme ausgeht

Gründereffekt
Form von *Gendrift*, die auf die Besiedlung eines neuen Lebensraumes durch eine kleine Anzahl von Individuen (Gründerpopulation) zurückzuführen ist, die sich von einer großen Ausgangspopulation abgespalten hat

Habitat
von einer einzelnen Art bevorzugter bzw. besiedelter Lebensraum

Hardy-Weinberg-Gesetz
mathematisches Modell zur Berechnung der Häufigkeiten von *Allelen* und *Genotypen* in einer *Population* (siehe *Populationsgenetik*)

Heterotrophie
Ernährungsweise, bei der organische Nahrungsstoffe als Energie- und Kohlenstoffquellen aufgenommen und in körpereigene Verbindungen umgewandelt bzw. abgebaut werden

heterozygot (mischerbig)
mit zwei verschiedenen *Allelen* für ein bestimmtes Merkmal ausgestattet (vgl. *homozygot*)

Heterozygotenvorteil
Heterozygote Träger eines Allels für eine Erbkrankheit haben manchmal einen Selektionsvorteil in einem anderen Bereich. Beispiel: Heterozygote Träger des Gens für Sichelzellanämie sind weniger anfällig für die Infektionskrankheit Malaria.

Hominiden
Menschenaffen (Orang Utan, Gorilla, Schimpanse, Bonobo) und Mensch einschließlich aller ausgestorbener Vorfahren; nach älterer Gliederung nur der Mensch und seine ausgestorbenen Vorfahren (heute: Hominine)

Hominoide
dazu zählen die Gibbons, die Menschenaffen und der Mensch incl. aller ausgestorbener Vorfahren

homoiotherm (gleichwarm)
Temperaturkonstanz von Organismen, die ihre Körpertemperatur stoffwechselphysiologisch unabhängig von den Außenbedingungen innerhalb enger Grenzen regeln; homoiotherm sind Säugetiere und Vögel

Homologie
Ähnlichkeit in Gestalt oder anderen Merkmalen, die sich auf Verwandtschaft bzw. gleiche Herkunft und damit auf ähnliche genetische Ausstattung gründet (vgl. *Analogie*)

Homologiekriterien
Verfahren zur Ermittlung von Homologien nach dem Kriterium der Lage, dem Kriterium der spezifischen Qualität und dem Kriterium der Stetigkeit

homozygot (reinerbig)
mit zwei identischen Allelen für ein bestimmtes Merkmal ausgestattet (vgl. *heterozygot*)

Hybride
Mischlinge unterschiedlicher Rassen, Sorten oder Arten; stellen bei Nutzpflanzen häufig besonders ertragreiche Formen dar

Hybridisierung
Molekulare Genetik: komplementäre Einzelstränge von *Nucleinsäuren* unterschiedlicher Herkunft lagern sich nach gemeinsamer Erhitzung bei anschließender Abkühlung bei hinreichender Ähnlichkeit zusammen (siehe *Gensonde*)
Klassische Genetik: Kreuzung verschiedener Rassen oder Arten

Hyperzyklus
System, das zu Selbstvermehrung, Stoffwechsel und Mutation befähigt ist

hypotonisch
Die Konzentration der gelösten Teilchen in der Lösung ist geringer als in einer Vergleichslösung (siehe *Osmose*).

Infantizid
Tötung von Jungtieren der eigenen Art (meist durch die Männchen)

Inzucht
Fortpflanzung relativ nahe verwandter Individuen; wird in der Pflanzenzucht zur Züchtung reiner Sorten verwendet; kann z. B. bei Zootieren zur Verminderung der Fitness führen

Isolation
trennender Mechanismus, der den Genaustausch von Individuen unterbindet; man unterscheidet *präzygote Mechanismen*, die vor der Befruchtung einer Eizelle wirken, und *postzygote Mechanismen*, die die Entwicklung der Zygote zu einem fruchtbaren Individuum verhindern. *Isolation* trennt verschiedene Genpools bzw. Arten und ermöglicht dadurch deren eigenständige Weiterentwicklung.

isotonisch
Die Konzentration der gelösten Teilchen in der Lösung ist identisch mit der in einer Vergleichslösung (siehe *Osmose*).

Isotope
Atome eines Elementes, die sich durch die Anzahl ihrer Neutronen unterscheiden; radioaktive Isotope zerfallen unter Energieabstrahlung

Klonen
Vervielfältigung genetisch identischer Zellen; nicht zu verwechseln mit „klonieren", der Vervielfältigung einzelner Gene (siehe *PCR*)

Koazervate
Tröpfchen, die sich aus einer Lösung von Polypeptiden, Nucleinsäuren und Kohlenhydraten selbst zusammenlagern; mögliche Vorstufe bei der Entstehung lebender Zellen

Koevolution
gegenseitige Beeinflussung der Evolution zweier oder mehrerer Arten, die miteinander in Wechselbeziehungen stehen und durch Anpassung bzw. Gegenanpassung ihre Existenz und Fortpflanzung zunehmend sichern

Kommentkampf
risikoarmes Kampfverhalten, bei dem die Tiere keine verletzende Waffen verwenden oder diese lediglich nicht verletzend einsetzen: z. B. Drohen, Schieben

Konflikt (biologische Definition)
liegt innerhalb eines Individuums vor, wenn für zwei sich widersprechende Verhaltensweisen gleich starke Motivationen vorliegen; liegt zwischen zwei Individuen vor, wenn das Verhalten eines Partners seine eigene reproduktive Fitness erhöht, aber die des anderen dadurch senkt

Konjugation
Zusammenlagerung von Protozoen oder Bakterien mit nachfolgendem Austausch von Erbgut

Konkurrenz
gegenseitige Einschränkung von Lebewesen durch die Nutzung gleicher begrenzter Ressourcen; Konkurrenz kann innerhalb einer Art *(innerartlich)* oder zwischen verschiedenen Arten *(zwischenartlich)* vorliegen.

Konkurrenzausschlussprinzip
Verschiedene Arten in einem Lebensraum können auf Dauer nicht koexistieren, wenn sich ihre ökologischen Nischen bezüglich der genutzten knappen Ressourcen gleich bzw. zu ähnlich sind.

Kontrastbetonung
Kommen ähnliche bzw. nahe verwandte Arten in einem Gebiet vor, so führt eine Selektion in Richtung stärkerer Unterschiede zu einer Verminderung der Konkurrenz.

Konvergenz
beschreibt eine im Verlauf der Evolution zunehmende Ähnlichkeit von Individuen oder Organen bei verschiedenen Entwicklungslinien; Ursache ist meist ein ähnlicher Selektionsdruck; so entstandene Ähnlichkeiten deuten nicht auf stammesgeschichtliche Verwandtschaft hin (vgl. *Divergenz*)

Kreationismus
Überzeugung, nach der die Entstehung des Lebens und die Vielfalt der Arten nicht rein naturwissenschaftlich erklärt werden kann

Lactase
Enzym, das Milchzucker (Lactose) in Galactose und Glucose spaltet

Lamarckismus
überholte Lehre von der allmählichen Veränderung der Lebewesen durch Gebrauch oder Nichtgebrauch von Organen sowie der Vererbung der dabei erworbenen Eigenschaften

Leitfossil
Fossil, das für eine bestimmte erdgeschichtliche Zeit charakteristisch ist und damit eine zeitliche Einordnung von Gesteinen bzw. anderen Fossilien ermöglicht (siehe *Fossil*)

Lotus-Effekt
Fähigkeit der Selbstreinigung von Oberflächen durch Mikrostrukturen, die eine Adhäsion (Anlagerung) von Schmutzpartikeln und Flüssigkeiten verhindern

Makroevolution
großschrittige Evolutionsphänomene oberhalb der Artebene (vgl. *Mikroevolution*)

Makrophage
differenzierte Zelle des Immunsystems, die auf die *Phagocytose*
spezialisiert ist, also den Abbau meist
körperfremder Zellen und Stoffe

Meiose
zweischrittige Kern- und Zellteilung
im Rahmen der geschlechtlichen
Fortpflanzung; die Meiose führt zur
Bildung von Keimzellen mit einem
einfachen Chromosomensatz aus
Urkeimzellen mit einem doppelten
Chromosomensatz. Dabei wird die genetische Information neu kombiniert.

Mendel'sche Regeln
drei von GREGOR MENDEL aufgestellte
Vererbungsregeln (Uniformitätsregel,
Spaltungsregel und Neukombinations-
regel), die zu erwartende Phänotypen-
häufigkeiten bei Kreuzungen erklären

Mikroevolution
kleinschrittige Evolutionsphänomene
auf der Populations- und Artebene
(vgl. *Makroevolution*)

Mikrosphären
Hohlkugeln aus Proteinoiden in kaltem
Wasser; mögliche Vorstufe bei der
Entwicklung lebender Zellen

Mimese
meist Nachahmung von leblosen
Objekten oder Pflanzenteilen zur Tarnung; auch bei Pflanzen vorkommen-
de Nachahmung von Insektenformen
zur Anlockung von deren Partnern zur
Bestäubung

Mimikry (Scheinwarntracht)
Nachahmung von Warnsignalen
wehrhafter Tierarten durch Arten
ohne Wehrhaftigkeit; erhöht bei
Anwesenheit von genügend wehrhaften Vorbildern im Lebensraum die
Überlebensrate

missing link
fehlendes Bindeglied; aus evolutionsbiologischer Sicht zu erwartender,
aber bisher nicht gefundener Organismus, der Merkmale von stammesgeschichtlich älteren und jüngeren
Lebewesen in sich vereint

Mitose
Kernteilung, bei der die zwei Chromati-
den eines Chromosoms auf die beiden
neu entstehenden Tochterzellen
verteilt werden; die Chromosomenzahl
bleibt erhalten. Der Kernteilung folgt in
der Regel die Zellteilung

Modifikation
umweltbedingte Veränderung im
Erscheinungsbild *(Phänotyp)* eines
Organismus, die nicht genetisch festgelegt ist und also auch nicht vererbt
wird

Monogamie
lebenslange Fortpflanzungsgemeinschaft zwischen zwei Individuen einer
Art

Mutagene
Substanzen, die in einem DNA-Mole-
kül Veränderungen der Erbinformation
(Mutationen) auslösen können

Mutation
spontan oder durch *Mutagene* verursachte qualitative oder quantitative
Veränderung des genetischen Materials; in Abhängigkeit vom Ausmaß
unterscheidet man *Gen-, Chromoso-
men-* und *Genommutationen*

Mutationsrate
Wahrscheinlichkeit einer Mutation an
einem Genort pro Generation

Mykorrhiza
Symbiose von bestimmten Pilzen mit
den Wurzeln bestimmter Pflanzen

Nische, ökologische
Gesamtheit der Ansprüche, die eine
Art an ihre Umwelt stellt; die Ansprüche werden durch den Einfluss
von Umweltfaktoren und durch die
Nutzung von lebensnotwendigen Ressourcen bestimmt. Die ökologische
Nische kann auch als Gesamtheit der
ökologischen Potenzen beschrieben
werden.

Nomenklatur, binäre
wissenschaftliche Benennung von
Organismen; die Namensgebung ist
zweiteilig. Der erste Teil bezeichnet
die Gattung, zu der die Art gehört,
der zweite Teil benennt die einzelne Art und unterscheidet sie von
den anderen innerhalb der gleichen
Gattung. Beispiele: Homo sapiens,
Pinus silvestris (Gemeine Waldkiefer).
Die festen Regeln der Nomenklatur
garantieren eine weltweit einheitliche
Bezeichnungsweise für alle Organismen.

Ontogenese
Individualentwicklung; Entwicklung
eines Lebewesens von der befruchteten Eizelle bis zum erwachsenen
Lebewesen (vgl. *Phylogenese*)

Optimierungsprinzip
Organismen sind so strukturiert bzw.
verhalten sich so, dass die Nutzen N
(Fitness fördernde Faktoren) dieser
Strukturen bzw. dieses Verhaltens ihre
Kosten K (Fitness mindernde Fakto-
ren) überwiegen: $N > K$

Osmose
Diffusion zwischen zwei durch eine
semipermeable Membran getrennten
Lösungen, bei denen nur die Lösungs-
mittelteilchen, nicht aber die Teilchen
des gelösten Stoffes die Membran
passieren können

Paläontologie
Wissenschaft aus Teilen von Geologie
und Biologie; beschäftigt sich mit
Resten und Spuren von Lebewesen
(siehe *Fossilien)* in Gesteinen früherer
Perioden der Erdgeschichte

Paläoökologie
Ökologie vergangener Lebensgemein-
schaften

Panmixie
gleiche Paarungswahrscheinlichkeit
für jedes Individuum einer Population mit jedem anderen des anderen
Geschlechts; damit vollständige genetische Durchmischung der Population

Paradigma
vorherrschende Lehrmeinung

Parasit
spezialisierte Tiere, Pflanzen, Bakteri-
en und Viren, die sich von der Körper-
substanz ihres Wirtes ernähren und
ihn dadurch schwächen, aber nicht
unmittelbar töten

PCR (Polymerasekettenreaktion)
engl. *polymerase chain reaction*; Verfahren zur gezielten Vervielfältigung
bestimmter DNA-Abschnitte (Basis-
methode der Molekularbiologie)

Phage
Virus, das Mikroorganismen befällt,
z. B. Bakteriophage

Phylogenese
Evolutionsgeschichte einer Art oder
Verwandtschaftsgruppe (vgl. *Onto-
genese)*

Phylogenetik
Teilgebiet der Biologie, das sich mit
der Klärung der Verwandtschaft von
Lebewesen und der Aufstellung von
Stammbäumen beschäftigt

Planstelle, ökologische
Struktur eines Ökosystems, die für bestimmte Arten Lebensmöglichkeiten bietet; Arten mit gleichen *ökologischen Nischen* nutzen in verschiedenen Regionen gleiche ökologische Planstellen

poikilotherm (wechselwarm)
Organismen, deren Körpertemperatur weitgehend von der Umgebungstemperatur abhängt

Polyandrie
Zusammenleben von einem Weibchen mit mehreren Männchen

Polygamie
Zusammenleben von einem Individuum mit mehreren Individuen des anderen Geschlechts

Polygynie
Zusammenleben eines Männchens mit mehreren Weibchen

polyploid
Organismus mit mehr als zwei kompletten homologen Chromosomensätzen in den Zellen

Population
Gruppe von Individuen einer Art in einem bestimmten Gebiet, die eine abgeschlossene Fortpflanzungsgemeinschaft bilden

Population, ideale
Fortpflanzungsgemeinschaft, in der keine Mutationen, keine Selektionen, keine Bevorzugung bestimmter Partner und keine zufälligen Häufungen bei der Partnerwahl vorkommen; theoretische Grundlage für Berechnungen

Populationsgenetik
befasst sich mit den Häufigkeiten von Genen und Phänotypen in einer Population; auch die Gesetzmäßigkeiten möglicher Veränderungen der Häufigkeiten gehören dazu (siehe *Hardy-Weinberg-Gesetz*)

Prädisposition
Merkmal, das unter veränderten Umweltbedingungen eine zusätzliche oder andere Funktion hat als vorher und dadurch einen Selektionsvorteil darstellt

Präzipitation
Zusammenballung von Molekülen unter dem Einfluss von Brückenmolekülen (z. B. Antikörper)

Primer
engl. Starter; kurze, einsträngige Nucleotidkette, die basenkomplementär zu einer Matrize (z. B. DNA) ist; dient als Ausgangspunkt für die Synthese des Komplementärstranges durch Polymerasen (siehe *PCR, Replikation*)

Prokaryot (auch Prokaryont)
einzelliges, aus einer *Protocyte* (auch *Procyte*) bestehendes Lebewesen; zu den Prokaryoten gehören Eubakterien, und Archaebakterien (vgl. *Eukaryot*)

Protocyte (Procyte)
Zelltyp der Prokaryoten, der keinen Zellkern besitzt (vgl. *Eucyte*)

Protisten
eukaryotische Einzeller bzw. einfache Mehrzeller, die nicht zu den Pilzen, Pflanzen und Tieren gehören; Reich der Lebewesen neben Prokaryoten, Tieren, Pflanzen und Pilzen; Bespiele: Kieselalgen, Grünalgen, Amöben

Rasse
Mitglieder einer Art (meist bei Tieren), die sich durch eine Gruppe gemeinsamer Merkmale von anderen Artgenossen unterscheiden; die Fortpflanzung mit anderen Rassen dieser Art ist meist eingeschränkt

Rasterelektronenmikroskopie (REM)
Variante der Elektronenmikroskopie, bei der das Präparat mit einem Elektronenstrahl abgetastet wird; zeigt Oberflächen besonders gut

Redundanz
Begriff aus der Nachrichtentechnik; bedeutet teilweise Wiederholung einer Nachricht oder „überflüssige Information"; kann beabsichtigt sein, um die fehlerfreie Übertragung sicherzustellen (z. B. liegen Gene in mehrfachen Kopien im Genom vor); auch Codierung von Aminosäuren durch unterschiedliche Basentripletts

Rekombination
Um- und Neukombination des genetischen Materials, z. B. im Rahmen der *Meiose*; die *Rekombination* führt zur genetischen Variabilität einer Art und ist ein wichtiger Evolutionsfaktor

Replikation
identische Verdopplung der DNA, die vor jeder Zellteilung stattfindet; der DNA-Doppelstrang wird getrennt und die Einzelstränge dienen als Vorlage für je einen Tochterstrang

Resistenz
erblich bedingte Widerstandsfähigkeit gegenüber Medikamenten, Giften oder klimatischen Faktoren

rezessiv
Eigenschaft eines Allels, bei heterozygoten Lebewesen nicht ausgeprägt zu werden (siehe *Erbgang*)

Rote Liste
regionale und überregionale Listen, in die vom Aussterben bedrohte oder im Bestand gefährdete Arten aufgenommen werden

Rudiment
in der Entwicklungsgeschichte einer Art verkümmertes, ganz oder teilweise funktionslos gewordenes Organ; manche Rudimente haben eine andere Funktion als vorher, die sich aus einer ursprünglichen Nebenfunktion entwickelt hat

Saisondimorphismus
jahreszeitliche Schwankungen in der Häufigkeit von Varianten einer Art aufgrund wechselnder Selektionsbedingungen

Selbstorganisation
Verschiedene Elemente können aufgrund ihrer spezifischen Eigenschaften zusammenwirken und spontan gemeinsam ein neues System bilden.

Selektion (Auslese)
natürliche Selektion (natürliche Auslese): beruht auf dem unterschiedlichen Fortpflanzungserfolg verschiedener *Phänotypen*, der auf die Wechselbeziehungen zwischen den Organismen und ihrer Umwelt zurückzuführen ist
künstliche Selektion (künstliche Zuchtwahl): Auswahl von Haustieren und Kulturpflanzen entsprechend der menschlichen Zuchtziele
sexuelle Selektion (geschlechtliche Zuchtwahl): Auswahl durch den Geschlechtspartner; beruht auf der Variabilität der sekundären Geschlechtsmerkmale, verstärkt den Geschlechtsdimorphismus

Selektionsfaktoren
Faktoren, die den unterschiedlichen Fortpflanzungserfolg verschiedener *Phänotypen* bewirken; man unterscheidet *abiotische Selektionsfaktoren* (z. B. Kälte, Dunkelheit) und *biotische Selektionsfaktoren* (z. B. Räuber, Parasiten, Sexualpartner)

Selektionstheorie
Theorie über die Ursachen der Evolution, begründet von CHARLES DARWIN und ALFRED RUSSEL WALLACE

Selektionstypen
aufspaltende Selektion (disruptiv): Individuen am Rande des phänotypischen Spektrums werden gegenüber denen in der Mitte begünstigt. Folge: Im ursprünglichen Maximum der Häufigkeitskurve entsteht ein Minimum.
gerichtete Selektion (transformierend): Individuen eines Teils des phänotypischen Spektrums werden begünstigt. Folge: Häufigkeitsverteilung verschiebt sich in die Richtung der begünstigten Teilpopulation.
stabilisierende Selektion: Individuen in der Mitte des phänotypischen Spektrums werden gegenüber denen am Rande begünstigt. Folge: Häufigkeitsverteilung bleibt konstant.

Simulation
modellhaftes Nachvollziehen eines Vorgangs oder einer Entwicklung mit definierten Anfangsbedingungen, variierbaren „Spielregeln" und offenem Ausgang

Soziobiologie
Wissenschaft, die sich mit der Evolution des sozialen Verhaltens von tierischen und menschlichen Populationen beschäftigt

Spermienkonkurrenz
liegt vor, wenn sich Spermien verschiedener Männchen gleichzeitig in einem Weibchen befinden

Spore
Fortpflanzungszelle, aus der sich ohne eine Befruchtung ein mehrzelliger Organismus entwickeln kann. Sporen entstehen in spezialisiertem Gewebe durch Mitose *(Mitosporen)* oder Meiose *(Meiosporen)*. Sie können diploid oder haploid sein. Bei Bakterien werden Überdauerungsstadien Sporen (Endosporen) genannt.

Sporophyt
mehrzellige, diploide Generation von Pflanzen, die (meiotisch) *Sporen* hervorbringt; aus den unbefruchteten Sporen geht anschließend die Gameten bildende haploide Generation *(Gametophyt)* hervor. Sporophyt der Moose: gestielte Sporenkapsel, Sporophyt der Farne: Farnpflanze, Sporophyt der Samenpflanzen: sichtbare Pflanze

Stammbaum
bildliche Darstellung der verwandtschaftlichen Beziehungen von systematischen Gruppen und gemeinsamen Vorfahren

Stoffkreislauf
Zirkulation von Stoffen bzw. chemischen Elementen, wie Kohlenstoff oder Stickstoff, in einem Ökosystem; ein Kreislauf besteht aus Speichern (z. B. Biomasse, Atmosphäre, Ozeane, Gesteine) und Flüssen (z. B. Assimilation, Zersetzung, Fossilisierung). *Produzenten* binden in ihrer Biomasse Stoffe aus den Speichern. *Konsumenten* bzw. *Destruenten* setzen sie wieder frei.

Strategie
genetisch bedingte Verhaltensregel eines Individuums

Stromatolith
Gestein, das als sehr alte biogene Ablagerung gedeutet wird; vermutlich Überreste von Cyanobakterien

Sukkulenz
Fähigkeit von Pflanzen, Wasser in spezifischen Geweben zu speichern, z. B. im Spross oder in Blättern; tritt besonders bei Pflanzen in Trockenlebensräumen und auf salzhaltigen Böden auf

Symbiose
Wechselbeziehung zwischen zwei Arten mit gegenseitigem Nutzen

sympatrisch
syn (gr.) „zusammen", patria (lat.) „Heimat" = „zusammen vorkommend"; vergleicht das Vorkommen verschiedener Arten oder Populationen bzw. den Weg der Artbildung (vgl. *allopatrisch*)

Synthetische Evolutionstheorie
Theorie zur Erklärung und Beschreibung der Evolution, die die Aussagen DARWINS (Variation, Selektion) mit den Ergebnissen von Genetik, Zellbiologie und Populationsforschung verbindet

Taktik
alternative Verhaltensmöglichkeit innerhalb einer Strategie

Taxon
Gruppe von Lebewesen, die sich durch gemeinsame Merkmale beschreiben und von anderen Gruppen unterscheiden lässt (Plural: *Taxa*)

Taxonomie (Systematik)
Teilgebiet der Biologie, das sich mit dem Beschreiben, Benennen und Ordnen der Organismen nach systematischen Kriterien beschäftigt

Uratmosphäre
Gasgemisch, das die Erde nach Abkühlen der Erdkruste umgab. Neben Wasserdampf enthielt sie hauptsächlich Stickstoff, Methan, Kohlenstoffdioxid, Ammoniak und Wasserstoff. Diese reduzierende Atmosphäre war praktisch sauerstofffrei.

Variabilität
die Erscheinung, dass die Individuen einer Population ungleich sind; dies kann genetisch bedingt sein *(genetische Variabilität, Polymorphismus)* oder auf Umweltunterschieden beruhen *(modifikatorische Variabilität)*

Variation
Vorgänge, die zur Abwandlung eines Lebenstyps führen und dadurch Variabilität hervorrufen

Vermehrung
Kennzeichen des Lebens, bei dem die Anzahl der Individuen vergrößert wird; Vermehrung ist stets mit *Fortpflanzung* verbunden

Verwandtschaftsgrad
Maß für die genetische Übereinstimmung zwischen zwei Individuen, gemessen am Anteil abstammungsgleicher Gene in Prozent des Genoms

Virus
nichtzelluläre genetische Einheit aus Nucleinsäuren und Proteinen, die sich nur in einer Wirtszelle vermehren kann

Zellatmung
Energiefreisetzung in der Zelle durch Oxidation von energiereichen chemischen Verbindungen

Züchtung
vom Menschen kontrollierte Auswahl und Vermehrung von Lebewesen, bei der Individuen mit gewünschten Merkmalen ausgewählt werden

Zwillingsarten
äußerlich sehr ähnliche Arten, die das gleiche Verbreitungsgebiet haben, sich aber nicht kreuzen

Zygote
befruchtete Eizelle; Produkt der Verschmelzung von Eizelle und Spermium

Bildnachweis

Fotos: 4.1 Okapia (NAS/Gregory G. Dimijan), Frankfurt — 4.2 Picture-Alliance (Okapia/Werner Otto), Frankfurt — 4.3 Silvestris (Heiner Heine), Dießen — 5.1 Corbis (Roger Ressmeyer), Düsseldorf — 5.2 Getty Images (Eastcott Momatiuk), München — 5.3 Deutsches Museum, München — 6.1a Okapia (H. Farkaschovsky), Frankfurt — 6.1b Angermayer (Rudolf Schmidt), Holzkirchen — 6.1c Okapia (J. L. Klein, M. L. Hubert), Frankfurt — 6.1d Okapia (Hans Reinhard), Frankfurt — 6.1e Okapia (Institut Pasteuer, CNRI), Frankfurt — 6.1f Angermayer (Rudolf Schmidt), Holzkirchen — 6.1g Klett-Archiv, Stuttgart — 6.1h Corel Corporation, Unterschleissheim — 6.1i Okapia (Klaus von Mandelsloh), Frankfurt — 6.1j Okapia (Karl Gottfried Vock), Frankfurt — 6.1k Fotosearch RF, Waukesha, WI — 6.1l Angermayer (Hans Pfletschinger), Holzkirchen — 6.2 Okapia (Hans Reinhard), Frankfurt — 8.S BIOS (Gunther Michel), Berlin — 8.1 Okapia (F. Gohler), Frankfurt — 8.2 Okapia (Alex Kerstitch), Frankfurt — 8.3 Naturfotografie Frank Hecker (Sauer), Panten-Hammer — 8.4 Corbis (DK Limited/Colin Keates), Düsseldorf — 8.5 Getty Images (National Geographic/Robert F Sisson), München — 9.1 aus „Herder-Lexikon Symbole", 4. Aufl. 1996, S. 16. Herder Verlag, Freiburg — 9.2 Michael Klopschar, Braunschweig — 9.3 Museum für Naturkunde der Universität Berlin — 9.4 Okapia (Roland Seitre/P. Arnold, Inc.), Frankfurt — 9.5 blickwinkel (Sailer/Schnizler), Witten — 9.6 Okapia (Harald Lange), Frankfurt — 9.7 Corbis (RF), Düsseldorf — 10.1a Klett-Archiv, Stuttgart — 10.1b Mauritius (Rosenfeld), Mittenwald — 10.Rd.1 blickwinkel (O. Giel), Witten — 10.Rd.2 blickwinkel (R. Baia), Witten — 11.2 Corbis (Darama), Düsseldorf — 12.1a/b Okapia (NAS, Michael Tweedie), Frankfurt — 12.Rd. Prof. Dr. Ulrich Kattmann, Bad Zwischenahn — 17.1a Alfred Limbrunner, Dachau — 18.1b Dr. Eckart Pott, Stuttgart — 18.3b Wildlife (D. Harms), Hamburg — 19.1a blickwinkel (Lamm), Witten — 19.1b Okapia (Stouffer), Frankfurt — 19.1c Juniors Bildarchiv, Ruhpolding — 19.1d Klett-Archiv (Aribert Jung), Stuttgart — 19.1e Manfred Pforr, Langenpreising — 19.2 Angermayer (Günter Ziesler), Holzkirchen — 20.S Fotosearch RF, Waukesha, WI — 20.4a Look GmbH (Hauke Dressler), München — 20.4b/c Arco Digital Images (NPL), Lünen — 22.1 Okapia (Herbert Schwind), Frankfurt — 23.S Klett-Archiv (Komaamok), Stuttgart — 24.1a Paul Rodach, Sachsenheim — 24.1b Okapia (J. L. Klein, M. L. Hubert), Frankfurt — 24.1c IFA (F. Prenzel), Ottobrunn — 24.1d Okapia (Vedie, Cogis), Frankfurt — 24.1e Getty Images (Tim Davies), München — 24.1f Okapia (Hermelinge, Cogis), Frankfurt — 24.1g Angermayer, Holzkirchen — 24.1h Picture-Alliance (Bernhard Brinkmann, Okapia), Frankfurt — 24.1i Corel Corporation, Unterschleissheim — 26.2a Silvestris (Lane), Dießen — 26.2b Natural History Phot. Agency, London — 27.S Corel Corporation, Unterschleissheim — 28.S Corbis (RF), Düsseldorf — 28.1 Picture-Alliance (dpa), Frankfurt — 28.2 Deutsches Technikmuseum, Berlin — 28.3a Okapia (Stephen Dalton, OSF), Frankfurt — 28.3b AKG (Biblioteca Ambrosiana), Berlin — 28.4 Deep Sea Images, Deerfield Beach — 28.5 DaimlerChrysler, Stuttgart — 29.1 Bildagentur Schapowalow (Heaton), Hamburg — 29.2 Prof. Dr. Wilhelm Barthlott, Bonn — 29.3 Bildagentur Schapowalow (Schlottmann), Hamburg — 29.4 Corbis (John Conrad), Düsseldorf — 30.1a Angermayer (Rudolf Schmidt), Holzkirchen — 30.1b Angermayer (Rudolf Schmidt), Holzkirchen — 30.Rd. Angermayer, Holzkirchen — 31.Rd.1/Rd.2 Reinhard-Tierfoto, Heiligkreuzsteinach — 32.1 IFA (R. Maier), Ottobrunn — 32.2a Reinhard-Tierfoto, Heiligkreuzsteinach — 32.2b blickwinkel (H. Schmidbauer), Witten — 33.S Klett-Archiv (Aribert Jung), Stuttgart — 33.1a Bildagentur Geduldig, Maulbronn — 33.1b alimdi.net (Günter Fischer), Deisenhofen — 33.3 Dr. Horst Müller, Dortmund — 34.S, 2 Arco Digital Images (K. Wothe), Lünen — 34.1 Angermayer (Rudolf Schmidt), Holzkirchen — 35.1a Corbis (Chinch Gryniewicz; Ecoscene), Düsseldorf — 35.2a BIOS (Fotograf), Berlin — 35.2b Wildlife (R.Usher), Hamburg — 35.2c Okapia (Patrick Da-Costa), Frankfurt — 35.Rd. Okapia (Tom Brakefield), Frankfurt — 39.Rd.1 Dr. Eckart Pott, Stuttgart — 39.Rd.2 blickwinkel (F. Pölking), Witten — 39.Rd.3, Rd.4 Okapia (Alan Root), Frankfurt — 40.1a Arco Digital Images (Layer), Lünen — 40.1b Arco Digital Images (Therin-Weise), Lünen — 40.1c Okapia (NAS/Tom McHugh), Frankfurt — 40.1d Wildlife (Bogon), Hamburg — 41.S Corbis (RF), Düsseldorf — 41.1 Naturmuseum Senckenberg, Frankfurt/Main — 42.S Getty Images (Photodisc), München — 42.1 Argus (Schwarzbach), Hamburg — 42.2 Corbis (Adam Woolfitt), Düsseldorf — 42.3 Peter Brown, Armidale — 42.4 NASA, Washington, D.C. — 43.1 Tilman Wischuf, Tilman, Cleebronn — 43.2 Corbis (Sergio Dorantes), Düsseldorf — 43.3 Reinhard-Tierfoto, Heiligkreuzsteinach — 43.4 Corbis (Phil Banko), Düsseldorf — 43.5 NASA, Washington, D.C. — 44.3 Corbis (Carl & Ann Purcell), Düsseldorf — 45.K.1 Klett-Archiv (Aribert Jung), Stuttgart — 45.K.2 Okapia (Darlyne A. Murawski/P. Arnold, Inc.), Frankfurt — 45.K.3 MEV, Augsburg — 47.1 Juniors Bildarchiv, Ruhpolding — 47.2 Wildlife (J. Giustina), Hamburg — 48.S FOCUS, Hamburg — 49.1a Manfred P. und Christina Kage, Lauterstein — 49.1b FOCUS (Royal Free Hospital, SPL), Hamburg — 50.1 Silvestris (Volkmar Brockhaus), Dießen — 50.2 Okapia (NAS, P. A. Zahl), Frankfurt — 50.Rd.1 Roland Frank , Stuttgart — 50.Rd.2 Okapia (Save, Cramm), Frankfurt — 51.S Klett-Archiv (Aribert Jung), Stuttgart — 51.1 Angermayer (H. Pfletschinger), Holzkirchen —52.1a Okapia (Jürgen Vogt, Mössingen), Frankfurt — 52.1b FOCUS (eye of science), Hamburg — 52.2 Naturfotografie Frank Hecker (F. Sauer), Panten-Hammer — 53.S Avenue Images GmbH (Image 100), Hamburg — 53.1 Egli, Simon, Birmensdorf — 53.2 vario images (Michael Moxter), Bonn — 53.4 R. R. Hessler, Scripps Institution of Oceanography, La Jolla, California — 54.1 Silvestris (E. und D. Hosking), Dießen — 55.1 Stockphoto (Boleslaw Kubica), Calgary, Alberta — 56.1 Manfred Danegger, Owingen — 56.2 Angermayer (Tierpark Hellabrunn), Holzkirchen — 57.2 Angermayer (Rudolf Schmidt), Holzkirchen — 58.Rd. Manfred Pforr, Langenpreising — 59.K Corbis (Franco & Bonnard/Sygma), Düsseldorf — 60.S Okapia (P. Laub), Frankfurt — 60.1 Silvestris (Roger Wilmshurst), Dießen — 62.1 Angermayer (Günter Ziesler), Holzkirchen — 64.1 Okapia (Jany Sauvanet), Frankfurt — 66.S Angermayer (Sigi Köster), Holzkirchen — 66.1 Silvestris (Kelvin Aitken), Dießen — 66.3, 67.1 IFA (R. Maier), Ottobrunn — 70.1 AKG, Berlin — 71.1 Deutsches Museum, München — 72.S Okapia (Alan Root), Frankfurt — 72.1 Pixtal, New York NY — 72.2, 4 Deutsches Museum, München — 72.3 AKG, Berlin — 73.1 Dr. Bruno P. Kremer, Wachtberg — 73.2 Deutsches Museum, München — 73.3 FOCUS, Hamburg — 73.4 Corbis (Rick Friedman), Düsseldorf — 77.1a Okapia (Kjell B. Sandved), Frankfurt — 77.1b Arco Digital Images (K. Wothe), Lünen — 77.2a Bayerische Staatssammlung für Paläontologie, München — 77.2b Corbis (Douglas P. Wilson; Frank Lane Picture), Düsseldorf — 77.K Landesmedienzentrum Baden-Württemberg (Klaus Paysan), Stuttgart — 78.1a Juniors Bildarchiv, Ruhpolding — 79.1 Wildlife (N. Wu), Hamburg — 79.2 aus „Alberts/Bray/Lewis/Roberts/Watson, Molekularbiologie der Zelle", S. 1287, VCH-Verlag, Weinheim — 79.3 Corbis (Tom Brakefield), Düsseldorf — 81.K.1 Klett-Archiv (Aribert Jung), Stuttgart — 81.K.2 laif (Varin Visage/Jacana Janjac), Köln — 81.K.3 Dr. Eckart Pott, Stuttgart — 81.K.4 Angermayer (Hans Pfletschinger), Holzkirchen — 82.1a Albert Bonniers Förlag AB (Lennart Nilsson), Stockholm — 83.Rd.1 Okapia (Wolfgang Pölzer), Frankfurt — 83.Rd.2 creativ collection, Freiburg — 84.S Reinhard-Tierfoto, Heiligkreuzsteinach — 85.2 Okapia (Joe McDonald), Frankfurt — 86.1 Picture-Alliance (dpa-Bildarchiv), Frankfurt — 86.2a

Mauritius, Mittenwald — 86.2b FOCUS (SPL, C. Nuridsany & M. Perennou), Hamburg — 86.Rd. Corbis (Robert Gill; Papilio), Düsseldorf — 87.1a Okapia (Lutz Gerken-Stefan Ernst), Frankfurt — 87.1b Prof. Jürgen Wirth, Dreieich — 89.1a Okapia (Joe McDonald), Frankfurt — 89.1b Okapia (Michael Leach, OSF), Frankfurt — 89.Rd.1 Okapia (Rolf Bender), Frankfurt — 89.Rd.2 Klett-Archiv (Michael Ludwig), Stuttgart — 91.S Corel Corporation, Unterschleissheim — 91.2a/b Dr. Eckart Pott, Stuttgart — 92.1a Arco Digital Images (C. Hütter), Lünen — 92.1b Arco Digital Images (C. M. Bahr), Lünen — 99.S Klett-Archiv (Aribert Jung), Stuttgart — 99.2 Prof. Dr. Klaus Hausmann, Berlin — 100.1 Naturmuseum Senckenberg (Foto: Abteilung Messelforschung), Frankfurt/Main — 101.Rd.1 Okapia (Breck P. Kent), Frankfurt — 101.Rd.2, Rd.3, Rd. 4 Silvestris (Frieder Sauer), Dießen — 103.S Avenue Images GmbH (Ingram Publishing), Hamburg — 103.1 FOCUS (Christian Darkin/SPL), Hamburg — 103.2, 3, 5-7, 9, 12 Bernhard Knauer, Göttingen — 103.4 STOCK4B (Felbert + Eickenberg), München — 103.8 blickwinkel (H. Schmidbauer), Witten — 103.10 Wildlife (C. Gomersall), Hamburg — 103.11 blickwinkel (B. Eichenseher), Witten — 106.S Avenue Images GmbH (Ingram Publishing), Hamburg — 106.1-3 Corbis (Jonathan Blair), Düsseldorf — 108.1 Okapia (Johann Brandstetter), Frankfurt — 109.K Corbis (Steve Austin; Papilio), Düsseldorf — 109.Rd.1 Corbis (Kit Houghton), Düsseldorf — 109.Rd.2 Getty Images (National Geographic/ James L Stanfield), München — 109.Rd.3 Klett-Archiv (Andrea Lang), Stuttgart — 114.Rd.1 FOCUS (John Reader, SPL, Photo Researchers), Hamburg — 114.Rd.2 FOCUS (John Reader, SPL, Photo Researchers), Hamburg — 115.Rd.1 William H. Kimbel, Institute of Human Origins, Tempe, AZ 85287-4101 — 115.Rd.2 Nevraumont Publishing Company (John Reader), New York — 115.Rd.3, 116. Rd.1-Rd.4, David L. Brill, Fairburn — 117.3 aus „Evolution des Menschen", Spektrum Akademischer Verlag, S. 67, Patricia C. Wynne — 119.1 Silvestris (Kerscher), Dießen — 119.2 Patrick Landmann, (Arenok), Romeny-sur-Marne — 119.4 Silvestris (GDT-Tierfoto, Brandl), Dießen — 119.5 Achim Sperber, Hamburg — 119.6 Mauritius (Crader), Mittenwald — 119.7 Mauritius (Weyer), Mittenwald — 119.8 Mauritius (Fritz), Mittenwald — 119.9-16 Bilderberg (Ernsting), Hamburg — 121.1 FOCUS (Michael Donne/SPL), Hamburg — 122.S Okapia (Ulrich Zillmann), Frankfurt — 124.1, Rd.3 Rheinisches Landesmuseum (F. Willner), Bonn — 124.Rd.1 aus „Hans Bauer, vom Ursprung des Menschen", Der Kinderbuchverlag, Berlin, 3. Auflage 1960 — 124.Rd.2 Gerhard Wandel, Bonn — 125.S Bilderberg (Ernsting), Hamburtg — 127.S Manfred Ulmer — 128.1 vario images (Design Pics), Bonn — 128.Rd. FOCUS (Heiner Müller-Elsner), Hamburg — 129.S Bananastock RF, Watlington/Oxon — 130.1 FOCUS (Mauricio Anton/SPL), Hamburg — 132.S Corel Corporation, Unterschleissheim — 132.1 Corbis (Peter Guttman), Düsseldorf — 132.2 EPD (Anja Kessler), Frankfurt — 132.3a/b, 4 Okapia (NAS/Art Wolfe), Frankfurt — 132.5 EPD, Frankfurt — 133.1 Prof. Jürgen Wirth, Dreieich — 133.2 EPD (Höria), Frankfurt — 133.3 Corbis (Peter Harholdt), Düsseldorf — 133.4, 5 Hans-Peter Krull, Kaarst — 133.6 Okapia (Fritz Pölking), Frankfurt — 133.7 Okapia (Gordon Wiltsie/ P. Arnold), Frankfurt — 133.8 Corbis (Momatiuk/ Eastcott), Düsseldorf — 133.9 Okapia (Michel Schneider/UNEP/Still Pictures), Frankfurt — 133.10 Corbis (David Muench), Düsseldorf — 134.S creativ collection, Freiburg — 134.1 Corbis (RF), Düsseldorf — 134.2 Mandala „Astrologischer Tierkreis" von Heike Owusu, Schirner Verlag, Darmstadt, aus „Mandala-Welten", ISBN 3-930944-32-4 — 135.1 Arnold Barmettler (EUMETSAT), Albis — 135.2 Pablo Picasso, Friedenstaube, 1961; Foto: AKG, Berlin (Succession), Picasso/ VG Bild-Kunst, Bonn 2006 — 135.3 Visum (Alfred Buellesbach), Hamburg — 135.4 Cinetext (aus dem Filmplakat „I Robot", USA 2004, 20th Cent. Fox), Frankfurt/M. — 135.5 Corbis (Digital Art), Düsseldorf — 135.6 Corbis (zefa/Matthias Kulka), Düsseldorf — 135.7 Corbis (Bettmann), Düsseldorf — 135.8 Yoseph Bar-Cohen, Jet Propulsion Laboratory/Caltech/NASA, Pasadena — 137.1 aus „Neil A. Campbell: Biology", The Benjamin/Cummings Publishing Company, Inc., Redwood City, California, USA — 138.2 Axel Munnecke, Paläontologisches Institut, Erlangen — 138.Rd. Okapia (F. Gohler), Frankfurt — 139.Rd. FOCUS (SPL), Hamburg — 140.Rd. Dr. Joachim Wygasch, Paderborn — 142.1a Arco Digital Images (C. Hütter), Lünen — 142.1b Juniors Bildarchiv (W. Layer), Ruhpolding — 142.1c Arco Digital Images (C. Wermter), Lünen — 142.Rd.1 Deutsches Museum, München — 142.Rd.2 Picture-Alliance (dpa), Frankfurt — 147.Rd.1 Klett-Archiv (Aribert Jung), Stuttgart — 147.Rd.2 Dr. Eckart Pott, Stuttgart — 150.Rd. Prof. Jürgen Wirth, Dreieich — 151.S Ingram Publishing, Tattenhall Chester — 151.1a Museum für Naturkunde der Universität Berlin — 151.1b Prof. Jürgen Wirth, Dreieich — 151.3b Corbis (Lester V. Bergman), Düsseldorf — 151.4a Museum für Naturkunde der Universität Berlin (W. Harre) — 151.4b BIOS (Pons), Berlin — 151.4c Allover (Kirchhof), Kleve — 151.5b Alan Feduccia, University of North Carolina, USA — 152.Rd. Arco Digital Images (Huetter), Lünen — 154.1a Okapia (D. Scharf, Peter Arnold, Inc.), Frankfurt — 154.1b creativ collection, Freiburg — 154.1c Okapia (Ca. Biological; Phototake), Frankfurt — 154.1d Reinhard-Tierfoto, Heiligkreuzsteinach — 154.1e Okapia (Lond. Sc. Films, OSF), Frankfurt — 154.1f Gerhard Fuchs, Flein — 154.Rd.1 Klett-Archiv (Nature + Science, Aribert Jung), Stuttgart — 154.Rd.2 Georg Quedens, Norddorf-Amrum — 154.Rd.3 Okapia (Eckart Pott), Frankfurt — 158.1 aus „E. Passarge, Taschenatlas der Genetik", S. 81, Georg Thieme Verlag — 158.2 Okapia (Ulrich Zillmann), Frankfurt — 159.1 Corbis (Roger Tidman), Düsseldorf — 159.2 Silvestris (Volkmar Brockhaus), Dießen — 159.3 Silvestris (Fleetham), Dießen — 160.1a Silvestris (J. & Ch. Sohns), Dießen — 160.1b Okapia (Konrad Wothe), Frankfurt — 160.2 Silvestris (Gerhard Kalden), Dießen — 160.3 IFA (The Natural History), Ottobrunn — 161.1 Corbis (Michael Kevin Daly), Düsseldorf — 162.1 IFA (Index Stock), Ottobrunn — 163.1 Okapia (Frith Hanneforth), Frankfurt

Grafiken: Prof. Jürgen Wirth, Visuelle Kommunikation, Dreieich unter Mitarbeit von Eveline Junqueira, Matthias Balonier und Nora Wirth

Nlcht in allen Fällen war es möglich, den Rechteinhaber der Abbildungen ausfindig zu machen. Berechtigte Ansprüche werden selbstverständlich in Rahmen der üblichen Vereinarungen abgegolten.